Ensemble:
Culture et Société

Ensemble: Culture et Société

An Integrated Approach to French

Raymond F. Comeau /*Boston University*

Francine L. Bustin /*Milton Academy*

Normand J. Lamoureux /*College of the Holy Cross*

HOLT, RINEHART AND WINSTON
New York • San Francisco • Toronto • London

Library of Congress Cataloging in Publication Data

Comeau, Raymond F.
   Ensemble culture et société.

   1. French language—Readers.   I. Bustin, Francine L.,
joint author.   II. Lamoureux, Normand J., joint author.
III. Title.
PC2117.C69   448'.2'421   76-49630
ISBN 0-03-018271-9

Acknowledgments for the use of reading selections appear on p. 215.

Illustration Credits: (by page number)
Robert Rapelye from Editorial Photocolor Archives: 3, 84 Courtesy French Embassy Press
and Information Division: 5, 18, 20, 22, 70, 75, 91, 123, 153, 154, 155, 177 Photo Bernard
Chelet: 7, 74 Michos Tzovaras from Editorial Photocolor Archives: 15 HRW: 30, 34, 38, 47,
57, 92, 110, 175, 81 (PT 3) Vigno et J. C. Lheureux paru dans le Soir: 35 Helena Kolda: 48,
44 (PT 2), 64, 105, 134 (PT 4), 137 Courtesy Air France: 53 Gisèle Freund from Monkmeyer
Press Photo Service: 54 Guide Michelin: 58 Wide World Photos: 83, 128, 156 Francine
Bustin: 107 Wolinski, HRW: 111 Betch: 117 Carleman, paru dans le Monde: 57 Associated
Press Photos de Paris: 170 Drawings by Denis Charles Bustin

Printed in the United States of America
 8 9 0 1   090   9 8 7 6 5

Contents

3 ème partie INSTITUTIONS ET INFLUENCES

4 ème partie VIE CULTURELLE

Preface

ENSEMBLE   is an integrated approach to the study of French language, literature and culture. It has been designed as a complete Intermediate French course, although it may profitably be used in more advanced courses as well. In concrete terms, *Ensemble* consists of three texts — a review grammar (with accompanying language laboratory program), a literary reader, and a cultural reader — which have been thematically and linguistically coordinated with one another, although each text may be used independently of the other two.

ENSEMBLE: CULTURE ET SOCIÉTÉ   responds to the interest which students have in the human aspects of a culture of which they have thus far experienced primarily the language. The material is organized around a number of themes of permanent relevance (education, the family, justice, politics, the arts, etc.), with an emphasis on issues of current interest in the French-speaking world (urban renewal, immigrant workers, French-Canadian nationalism, ''Franglomania,'' etc). Each of the eleven chapters of the reader includes the following features:

An Introduction giving background information about the issues discussed in the selections. It has been written in English in order to offer immediate access to the subjects at hand and to eliminate unnecessary guesswork and contextual misunderstanding.

The selections have been chosen for their intrinsic cultural value. They include newspaper or magazine articles, excerpts from essays, literary works or travel guides, interviews, cartoons. In order to help students with their reading, words included in the vocabulary section appear in italics. Words marked with a superscript [c] are meant to be looked up in the cultural index located at the end of the text.

The *Vocabulaire* includes all entries required to help students cope with the potential difficulties contained in the original material.

In a set of preliminary questions called *Intelligence du texte,* students are checked for their literal understanding of the selections. Questions should be answered by referring to the texts themselves, which supply key concepts and terminology to be used in subsequent discussions. As the students progress in the book and increase their reading ability, questions calling for a broader understanding are gradually introduced into this section.

The grammar review exercises, *Exercices de grammaire,* treat the same points presented in the corresponding chapter of the grammar book. Most of the sentences used in this section are directly derived from the selections or are based on the terms and ideas covered by the theme under discussion. In the event that the reader is used separately, the exercises will still prove helpful in recalling important grammar points.

The supplementary vocabulary section, *Vocabulaire satellite,* consists of an associative grouping of terms needed for the activities outlined in the following two sections.

The *Pratique de la langue* encourages students to express articulate opinions on the topics introduced by the various selections. A large number of role-playing activities are also proposed at this point. Collective writing assignments (signs, slogans, pamphlets) are suggested for the purpose of testing the group's ability to combine writing competence with oral effectiveness.

The Sujets de discussion ou de composition are intended to promote a more substantial development of students' ideas in the form of written or oral essays.

In addition to the divisions outlined above, the cultural reader also includes an *Index culturel* which supplies basic factual information about a number of cultural terms that need to be explained in the context of modern French society. It also contains a French-English vocabulary.

F.L.B.

A word about ENSEMBLE: AN INTEGRATED APPROACH TO FRENCH.

The three books — the review grammar, the cultural reader and the literary reader — which comprise the *Ensemble* series are each designed to stand alone, but more importantly they fit together to form an "ensemble." The review grammar and the laboratory manual which accompanies it integrate grammar and theme by incorporating thematic vocabulary in examples and exercises. The two readers, in turn, contain grammar exercises drawn directly from the literary and cultural readings.

A single program composed of three separate yet integrated texts offers distinct advantages. First of all, it provides greater opportunity for reading and exercises, thereby allowing for a more comprehensive, mature and articulate treatment of the subject. In addition, the recurrence of the same thematic vocabulary and grammar points in all three different texts provides continuous vocabulary and grammar reinforcement. The unique comprehensive and integrated nature of *Ensemble* will encourage, we believe, more lively and meaningful student participation.

For most intermediate classes it is recommended that instruction begin with a chapter in the grammar and proceed to the same chapter in either of the readers. Instructors may wish to vary the reading selections within a given chapter by alternating between the literary and the cultural reader. An instructor teaching an advanced course may wish to assign the grammar as outside work and spend class time with readings and oral reports. Since the three texts are thematically and grammatically coordinated, a lesson may even begin with the readings and end with a rapid grammar review.

Acknowledgments   We wish to express our appreciation to the staff of Holt, Rinehart and Winston and, in particular, to our development editor, Marilyn Hofer, for her ready availability and professional assistance. We want to acknowledge, too, the important contributions of our copy editor, Clifford Browder, whose stimulating suggestions helped enliven and tighten the final draft. Finally, we owe a very special debt of gratitude to our spouses — Jean Comeau, Edouard Bustin, and Priscilla Lamoureux — without whose unfailing support the three texts comprising this program could not have come to fruition.

R.F.C. / F.L.B. / N.J.L.

1ère PARTIE

Vie Sociale

1

Les Jeunes

Enseignement secondaire

This chapter, which is devoted to young people in France, stresses the role of the schools. This is because the French school system, which is nationally administered, greatly affects the life of every young person, whether he negotiates the system's challenges successfully or has his career options drastically curtailed by it.

In France, primary and secondary education are obligatory: when he completes the former, the student receives a diploma that permits him to enter the *sixième*, the lowest grade of the *collège d'enseignement secondaire* (C.E.S.), which corresponds roughly to the American junior high school. After four years of secondary studies—at the end of the *troisième*, since the grades are numbered in reverse order—students take an important examination and receive another degree. At this point, many leave school to start work, but others continue their secondary schooling in a *lycée*, which corresponds to the last years of an American high school and to junior college.

At the *lycée*, after two years of studies in a specialized field of their choice (letters, social sciences, natural sciences, etc.), students who are career oriented take a seventh and final year of secondary studies, *la terminale*, which prepares them for a nationally administered examination, the *baccalauréat* (familiarly, the *bac* or *bachot*). Comprehensive and demanding, this much-discussed, much-dreaded exam tests the students' general and specialized knowledge. It is a crucial obstacle, for only those who pass it can go on to the university.

Such is French secondary education: tough, disciplined, rigorously selective, its standards the very highest. But are the French satisfied with it—students, teachers, and parents? A glance at the press is revealing.

L'Opinion française et l'école

I

Les parents mécontents du «*rendement*» de l'école:
- un élève sur cinq seulement entre en 6ᵉ à l'âge normal
- on passe le bac à 19 ou 20 ans au lieu de 17

Le Figaro

II

Un père de famille: «Je vois bien, dans la classe de mon fils ils travaillent sérieusement en maths et en physique parce que c'est important pour l'examen. Mais ils *chahutent* pendant les cours.»

L'Express

III

Que veut-on faire du bachot? Si c'est un examen d'enseignement supérieur, alors il faut évidemment qu'il constitue une sélection. Je n'ai pas peur du mot!

M. Pompidou, Président de la République, *L'Express*

IV

À entendre de nombreux professeurs, ces nouveaux lycéens qui *exigent* d'être traités en adultes sont en réalité moins sérieux, moins *appliqués*, moins savants que *leurs aînés*. «*L'orthographe*, la grammaire, le calcul tout se perd. On *brade* les examens.»

L'Express

V

Editorial

Une fois de plus—pour la troisième année consécutive—le deuxième *trimestre* se termine sur un *paysage* d'agitation et de *grèves* lycéennes. Un fait *demeure*: on en vient à considérer comme ordinaire que chaque année des dizaines de milliers de

lycéens et de collégiens cessent de travailler et préfèrent les «*manifs*» à la classe.

Le Monde de l'Éducation

VI

FRANCE: Cinq cent mille jeunes *en quête* d'emploi —*Débutants s'abstenir*

Le Monde

VII

La situation des cent vingt mille jeunes demandeurs d'emploi—36.5% des jeunes *chômeurs recensés* en décembre—qui n'ont aucun diplôme est encore moins enviable. 25.2% des jeunes de seize à dix-neuf ans (au 1er janvier 1971) n'ont aucun diplôme. Le quart des jeunes!

Le Monde

Vocabulaire

le **rendement** *output*
chahuter *to cause a rumpus*
exiger *to demand*
appliqué *studious*
leurs aînés *the students before them (lit., their elders)*
l'**orthographe** (f) *spelling*
brader *to cheapen, to depreciate*
le **trimestre** *quarter, three-month period*

le **paysage** *backdrop*
la **grève** *strike*
demeurer *to remain*
la «**manif**» = la manifestation: *demonstration, protest march*
en quête de *in search of*
débutants s'abstenir *the inexperienced need not apply*
le **chômeur** *unemployed person*
recensé *surveyed*

INTELLIGENCE DES TEXTES

1. Pourquoi les parents sont-ils mécontents?
2. Que dit M. Pompidou du baccalauréat?
3. Qu'est-ce que les professeurs disent des lycéens d'aujourd'hui?
4. Quelles disciplines se perdent?
5. Le père de famille a-t-il l'impression que les étudiants sont appliqués au lycée? Le fils vous paraît-il sérieux?
6. Quel examen le fils étudiant prépare-t-il? Pourriez-vous nommer sa spécialisation?
7. Comment finit souvent le deuxième trimestre dans les écoles secondaires en France de nos jours?
8. Aux États-Unis, les étudiants du même âge que les lycéens français participent-ils à des mouvements semblables (*similar*)? Si oui, dans quels cas?

9. Les étudiants français paraissent-ils avoir de bonnes raisons de protester? Citez quelques raisons que vous approuvez, et d'autres que vous n'approuvez pas.
10. Dans le texte VI, quelle phrase nous indique que la situation n'est pas encourageante pour les jeunes?
11. Pourquoi la situation de certains jeunes chômeurs est-elle encore moins enviable?
12. Les problèmes que *Le Monde* décrit sont-ils particuliers à la France? À votre avis, un quart des jeunes Américains sont-ils aussi sans diplôme? Discutez votre réponse.

Because of the strict discipline traditionally imposed on the school-age group in France, students regard their teachers—and even their professors— as the enemy, and challenge this enemy whenever they feel supported by the strength of "the gang." Some *chahuts* have become a ritualized part of a student tradition dating from the past century and even from the Middle Ages. On special days of the school year students march in the streets, holding hands or locking arms in a sort of human chain (*le monôme*), while singing traditional songs and giving cheers.

In recent years, however, French students seem to have become more aggressive. Does this represent a new phenomenon? In the following excerpt, certain types of rebellious student behavior are analyzed by the *proviseur* (principal) of a large *lycée*.

Formes de rébellion

Le chahut traditionnel pouvait être méchant (j'ai vu des professeurs en pleurer), il n'était jamais réellement subversif, il ne mettait pas en question l'ordre du monde. C'était un jeu, avec ses règles implicites et sa double fonction, individuelle et collective. Par définition, le chahut est gai, *détendu*, je dirais presque gentil. Et même quand le chahut était vraiment le signe d'un *malentendu* ou d'un conflit *et qu'il isolait* le maître, c'est sa personne qui était *visée*: son aspect physique, son *comportement*, ses ridicules.

La contestation,[c][1] c'est tout autre chose. Elle ne vise pas *l'être* du professeur, mais sa fonction, sa situation (définie par l'autorité qu'il *détient* et par la nature du pouvoir qui la lui a conférée), sa méthode, son *engagement* et ses *options* à la fois pédagogiques, idéologiques, *syndicales*, etc. Les contestataires insistent toujours sur le fait qu'ils

---

[1]Words marked with the superscript *c* are explained in the *Index culturel* on pp. 183–189.

ne s'attaquent pas aux personnes mais aux rep-
résentants d'un système qu'ils condamnent pour
des raisons politiques.

Robert Brechon, *La Fin des lycées*

Vocabulaire

détendu *relaxed*
le **malentendu** *misunderstanding*
et qu'il isolait = et quand il isolait
visé *aimed at*
le **comportement** *behavior*

l'**être** (m) *the person*
détenir *to hold*
l'**engagement** (m) *involvement*
l'**option syndicale** (f) *union option*

INTELLIGENCE DU TEXTE

1. *Définissez* **le chahut** *en barrant* (crossing out) *le mot inexact dans les formules suivantes:*

   a. Le chahut est $\begin{cases} \text{une attaque} \\ \text{un jeu} \end{cases}$

   b. Le chahut est parfois méchant mais le plus souvent il est $\begin{cases} \text{agressif} \\ \text{détendu} \end{cases}$

   c. C'est le signe $\begin{cases} \text{d'un malentendu} \\ \text{d'une opposition politique} \end{cases}$

   d. Il vise $\begin{cases} \text{les opinions du professeur} \\ \text{la personne du professeur} \end{cases}$

2. *Définissez* **la contestation** *en complétant ces phrases:*

   a. La contestation n'est pas . . .
   b. Elle ne vise pas . . .
   c. Les contestataires insistent sur le fait que . . .
   d. Ils condamnent . . . pour . . .

Enseignement supérieur

In contrast with the secondary school system, French higher education seems calm; thanks to certain organizational reforms, it appears to have surmounted the crisis provoked by the student revolt of May 1968.[c]

Even in these less troubled times, however, many aspects of the French university system might surprise and puzzle Americans. The system is entirely government-run, government-supported, and free, yet by no means open to everyone: perhaps thirty percent of those in *troisième* will be permitted to reach this level. Though the choice of programs may vary among the thirty-seven universities, any program offered is meant to be identical with the same program at other universities. Thus the universities in no sense compete, and a given degree from one is the exact equivalent of the same degree from another. The courses offered are not general but specialized, leading to a specific degree and career (law, medicine, teaching, etc.). Students may select their program, but not their university: they normally attend whatever school in their geographical area offers the program desired.

This geographical assignment of students results in yet another circumstance that vastly surprises Americans: the almost total absence of campus life. Though some French students reside in dormitories near their universities, great numbers of them live at home and commute—often over a considerable distance. The universities generally have no campus as such, and very little by way of organized social life, cultural activities, or sports.

Does this mean that French university students lack social life? Not at all.

Dans son livre, *La Condition étudiante*, basé sur des *enquêtes* couvrant les différents aspects de la vie académique, sociale et culturelle des étudiants français, Christiane Vallabrègue examine comment ces étudiants passent leurs loisirs:

Vie sociale et culturelle des étudiants

Dans la vie sociale des étudiants français le café joue un rôle important. Le temps important que tant d'étudiants passent au café, peut apparaître comme une «*perte* de temps.» Il répond, à vrai dire, en grande partie, à tout un *ensemble* de besoins que l'étudiant cherche à satisfaire, *en dehors du* temps consacré au travail. Aller au café, ce n'est pas uniquement chercher un refuge entre deux cours quand la bibliothèque est pleine, ou *éviter* un *déplacement* lorsqu'on habite une chambre éloignée de la Faculté, ou trop *exiguë*, ou mal *chauffée*, ou encore coûteuse à chauffer. Il semble que le café réponde avant tout à un besoin de contacts que les structures universitaires n'ont pas satisfait jusqu'à maintenant. Le café est bien souvent le seul lieu où fuir la solitude, où *nouer des connaissances* et se faire des amis.

Des étudiants, habitués du Quartier Latin, expriment leurs opinions sur le rôle du café dans la vie de l'étudiant:

«S'il n'y avait pas de café, on se sentirait *lâché dans la nature*.» «On se sent moins seul. La chaleur humaine fait du bien. C'est gai, on oublie ses idées noires,» vous diront les habitués du Quartier Latin.

Les plus *esseulés* vont toujours au même café. Ils s'y sentent un peu *chez eux*, ils prennent plaisir à retrouver les mêmes habitués, à être traités amicalement par les garçons. À l'âge où les relations amicales ou amoureuses commencent à prendre plus d'importance que les relations familiales, les étudiants apprécient *tout ce que peut leur apporter l'ambiance* d'un café familier. «L'amitié, la camaraderie, ne peuvent pas se trouver dans la famille. Au café, on n'est pas forcé de répondre à tous les appels. Ça *détend*, on est entre copains, entre jeunes, c'est mieux que d'être en famille.»

Au café, l'étudiant devient un être sociable. Il goûte l'*imprévu des rencontres, qu'elles soient* de peu d'importance ou marquantes. Il se sent disponible, détaché de toute contrainte. Le fait d'inviter des amis chez soi suppose une sélection, *alors qu*'au café on ne se sent pas engagé vis-à-vis de ceux que l'on y fréquente. C'est souvent là *que se racontent le film à voir*, le livre à lire, le disque à acheter. C'est aussi l'endroit où rencontrer des gens qui peuvent vous indiquer du travail, une chambre à louer, bref, c'est sortir du monde clos des cafétérias de Facultés[c] ou de Résidences.

Au cours d'une enquête sur les loisirs faite par la Mutuelle des Étudiants, un garçon déclarait: «On acquiert au café une culture générale, bien mieux qu'à la Faculté, parce qu'on y rencontre des non-étudiants. On écoute les conversations des voisins, on regarde vivre les autres. C'est le lieu où se forme l'intelligence de la vie, pas seulement la connaissance: on se dépolarise.»

Quels autres délassements occupent une place dans les loisirs des étudiants?

D'une enquête que nous avons effectuée en avril 1969, auprès de 150 garçons et filles des Facultés parisiennes, *il ressort* que la lecture occupe la place prépondérante dans le temps des loisirs, parce qu'il est facile d'arrêter de travailler pour prendre un livre, et que la lecture est une détente pour l'esprit en même temps qu'un enrichissement. Les trois quarts des étudiants interrogés lisent *en moyenne* un roman par mois (dont un quart sont des romans policiers) et régulièrement de la poésie alors que les poètes sont souvent *délaissés* par les lecteurs plus âgés, malgré les efforts faits pour publier de la poésie en livre de poche. Mais n'oublions pas que dans notre enquête, les «littéraires»[2] sont les plus nombreux étant donné que, globalement, ils représentent 60% des étudiants.

Dans la très grande variété de revues et d'hebdomadaires politiques, techniques, littéraires, *de mode*, lus par les étudiants les noms de *L'Express* et du *Nouvel Observateur* sont cités les premiers. Mais on continue de lire *Spirou, Pilote, Tintin* et *Astérix*.

Dans le seul domaine de l'information, *un sondage* fait à l'*E.S.S.E.C.* révèle que 65% de l'École écoutent la radio tous les jours, 9,25% regardent la télévision. Les autres (23,2%) préfèrent lire le journal en écoutant des disques. Toujours dans cette même École, 59% lisent *un quotidien* tous les jours, 22%, deux à trois fois par semaine, 15% une fois par semaine.

La lecture est suivie d'assez loin par le cinéma. C'est, avec le café, l'endroit favori des étudiants dans la journée, entre deux cours. On peut y entrer à tout moment de midi à minuit et la distraction est peu coûteuse. Le théâtre attire moins d'étudiants: 30% ont déclaré y aller entre 15 et 30 fois par an. Quant aux concerts: 40% y vont mais de 1 à 5 fois par an.

Catherine Vallabrègue, La Condition étudiante

Vocabulaire

l'**enquête** (f) *survey*
la **perte** *loss*
l'**ensemble** (m) *set, group*
  en dehors de *outside of*
  éviter *avoid*
le **déplacement** *trip*
  exigu *small*
  chauffé *heated*
  nouer des connaissances *to make acquaintances*
  lâché dans la nature *dropped in the jungle*

esseulé *lonely*
chez eux *at home*
tout ce que peut leur apporter l'ambiance . . . = tout ce que l'ambiance . . . peut leur apporter
détendre *to relax*
l'**imprévu** (m) **des rencontres** *chance encounters*
qu'elles soient *whether they be*
alors que *whereas*
que se racontent le film à voir . . . = que le film à voir . . . se racontent

---

[2]les étudiants en lettres, en histoire, en philosophie et sciences sociales, par contraste avec les «scientifiques.»

le **délassement** *pastime*
il **ressort** *it emerges*
en moyenne *on an average*
délaisser *to abandon*
la **mode** *fashion*
L'Express, le Nouvel Observateur
news magazines (see Chapter 7)
Spirou, Pilote, Tintin et Astérix
popular comic books (see Chapter 9)
le **sondage** *public opinion poll*
l'**E.S.S.E.C.** l'École des Sciences Sociales et Économiques Catholique
le **quotidien** *daily newspaper*

INTELLIGENCE DU TEXTE

1. Les étudiants ont-ils l'impression qu'ils perdent leur temps au café? À quels besoins répond le café dans la vie des étudiants français?
2. Par quels mots ou expressions s'exprime l'enthousiasme des habitués des cafés du Quartier Latin?
3. Citez trois raisons pour lesquelles l'étudiant «esseulé» va toujours au même café.
4. Pourquoi est-ce qu'on se détend au café? De quoi parle-t-on? Pensez-vous qu'on peut acquérir une culture générale au café? Comment?
5. Pourquoi la lecture occupe-t-elle la place la plus importante dans les loisirs des étudiants?
6. Que lisent les étudiants français? Quelles sont leurs bandes dessinées (comic strips) favorites? En connaissez-vous, vous-même?
7. En dehors du café, quel est l'endroit préféré par les étudiants? Pourquoi?
8. Les étudiants français vont-ils plus souvent au théâtre et au concert que les étudiants américains?

En France, où les études peuvent se prolonger pendant de longues années, les étudiants ont beaucoup moins l'habitude qu'aux États-Unis de prendre un emploi temporaire. En conséquence, Catherine Vallabrègue remarque que certains étudiants ressentent un malaise en se comparant aux travailleurs. «Ils ont mauvaise conscience vis-à-vis des salariés tenus à la régularité dans le travail et au rendement.» Mais il y a d'autres étudiants qui ne ressentent aucunement ce malaise.

La Mauvaise Conscience des étudiants

—J'avais un peu honte d'être une étudiante pendant tant d'années, nous dit une jeune fille médecin, devant mes parents qui *se crèvent* au travail, et devant la bonne qui arrive à huit heures alors que je n'avais pas d'heure pour me lever. Aucune *réussite* aux examens ne m'a procuré autant de satisfaction que d'être rémunérée pour mon travail. C'est seulement depuis que je suis payée à l'hôpital que je ne doute plus de l'utilité de ce que je fais.

—Ce qui me révolte, me disait un futur psychologue, c'est que les gens ne considèrent pas l'étudiant comme un travailleur. Il faut les entendre quand ils vous demandent votre profession et que vous répondez: étudiant. Si vous vous présentez pour être *embauché* dans une entreprise *quelle qu'elle soit*, on vous dit: «Vous n'avez donc jamais travaillé.» Alors je me fâche en disant: «Comment! je n'ai pas travaillé! je n'ai fait que ça!» Mais on ne travaille pas *au sens où les gens l'entendent*.

Catherine Vallabrègue, *La Condition étudiante*

Vocabulaire

se **crever** *to kill oneself*
la **réussite** = le succès
    embaucher *to hire*
    quelle qu'elle soit *of whatever kind*

au sens où les gens l'entendent *in the way that people understand the word*

INTELLIGENCE DU TEXTE

1. Devant qui la jeune fille médecin avait-elle honte autrefois? Pourquoi?
2. Pourquoi n'a-t-elle plus honte?
3. Qu'est-ce qui irrite le futur psychologue?
4. Quelle réplique fait-il à ceux qui lui disent qu'il n'a jamais travaillé? Quel malentendu y a-t-il?

Vocabulaire satellite: Les Jeunes

    assister au cours *to attend class*
    suivre un cours *to take a course*
    sécher un cours *to cut a class*
s' **ennuyer** *to be bored*

    payer les frais (m) **d'inscription** *to pay tuition*
    travailler à mi-temps *to work part time*
    l'argent (m) **de poche** *pocket money*

le **loisir** *leisure*
se **détendre** *to relax*
    détendu *relaxed*
les **distractions** (f) *amusements, entertainment*
    s'amuser *to have a good time*

le **copain** *buddy, chum*
   sortir *to go out*
   prendre un verre *to have a drink*
   aller danser *to go dancing*
   aller au théâtre, au cinéma *to go to
     the theater, to the movies*

   sportif *fond of sports*
   jouer au football, au tennis *to play
     soccer, tennis*
   jouer du piano, de la guitare *to play
     the piano, the guitar*
  s'occuper d'activités sociales *to go in
     for social life*
  s'occuper de politique *to go in for
     politics*
se **cultiver** *to improve one's mind*

le **malentendu** *misunderstanding*
   inciter *to incite, to stir up*
   dissuader *to dissuade*
se **révolter** *to revolt, to rebel*
   mettre (remettre) en question *to call
     into question, to challenge*
   faire du bruit *to make noise*
   jeter des boules de papier *to throw
     wads of paper*
   écrire des graffiti *to write graffiti*
   faire la grève *to go on strike*
   crier des slogans *to shout slogans*
   manifester *to demonstrate, to be in
     a demonstration*
   protester contre *to protest against*
le **militant** *militant*
 l'**émeute** (f) *riot*
la **manifestation, la** «**manif**» *protest
   march, demonstration*

Pratique de la langue

1. Quels cours préférez-vous? Êtes-vous un «littéraire» ou un «scientifique»?
2. Pourquoi séchez-vous les cours? Pourquoi pas?
3. Est-ce que vous travaillez pour gagner votre argent de poche? pour payer les frais d'inscription à l'université? Si oui, que faites-vous comme travail?
4. Quelles sont vos activités pendant vos heures de loisirs?
5. À l'âge du lycée, sortiez-vous plus fréquemment avec un(e) ami(e) ou avec des copains(copines)? Pourquoi?

6. Improvisez les scènes suivantes:
   a. Un groupe d'étudiants propose d'organiser un chahut contre un certain professeur; ils essaient d'encourager les autres à l'action.
   b. Un étudiant militant se présente devant la classe et incite le groupe à la contestation. Un autre étudiant s'oppose véhémentement à cette contestation. Quels arguments ce second étudiant emploie-t-il pour dissuader ses camarades?
7. Pourquoi, à votre avis, les étudiants français pratiquent-ils plus le chahut ou la contestation que les étudiants américains?
8. Est-ce qu'il est important de se cultiver? Formez un groupe de discussion où certains vont jouer le rôle d'un(e) étudiant(e) passionné(e) d'art, un militant politique, un étudiant qui ne s'intéresse qu'aux sports.
9. Improvisez le dialogue suivant: un père reproche à son fils ou à sa fille de passer trop de temps au café (ou au Student Union).
10. Quelles différences voyez-vous entre la vie des étudiants français et la vôtre?

Sujets de composition

1. Faites une enquête parmi les étudiants de votre classe ou de votre école
   a. sur la principale préoccupation de leurs loisirs
   b. sur leurs distractions favorites
   c. sur leurs lectures
   d. sur leur intérêt pour les bandes dessinées
   Présentez vos questions de telle manière que les personnes interrogées répondent par un mot ou bien par «oui» ou «non.»
2. Catherine Vallabrègue a remarqué que certains étudiants ressentent un malaise vis-à-vis des travailleurs, mais que d'autres étudiants ne le ressentent point. De quel groupe faites-vous partie? Composez une courte confession commençant par: «J'ai un peu honte d'être étudiant(e) . . .» ou «Je n'ai jamais eu honte d'être étudiant(e) . . .»

2 Les Femmes

Les Femmes et le travail

The role of French women in the family and in society is a powerful one. Throughout French history, women have been influential. They have achieved fame in the literary and artistic world—and even in science, as witness two Nobel Prize winners: the Polish-born Marie Curie (1903, 1911) and her daughter Irène Joliot-Curie (1935). Yet women in France have not taken part in movements involving their sex as a whole. French women regard themselves as equal to men, but different. As John Ardagh says in *The New French Revolution:* "France is still the land, cliché or not, of *la petite différence:* it is not the land of the suffragettes, nor of the women's club, beloved of Anglo-Saxon amazons."

In recent years, however, the position of women has improved markedly with respect to civil rights, marriage, and birth control. Women have achieved a growing self-awareness and a new active role in society, as evidenced by the conference Les États Généraux de la Femme in 1970 (see page 37); the campaign of a woman for the presidency in 1974; the creation of a cabinet post for women's affairs which was replaced in 1976 by a Delegation for Women's Rights; and the appointment of the first woman as a full cabinet member: Mrs. Simone Veil, Minister of Public Health. In addition, the number of women occupying prominent positions in the government, the legislature, and even the top ranks of the rigid French bureaucracy—although small—is increasing.

Whether these advances point to a growing trend, or represent mere isolated examples of individual achievement, it is still too soon to say. But sociologists agree that for French women this is an age of transition. In France today more than one out of three workers is a woman. Women account for 18 percent of the lawyers, 10 percent of the physicians, 45 percent of the research and teaching staffs. The ratio of women in the French civil service—50 percent—is one of the highest in the world, though in 1969 women held only 12 percent of the senior administrative posts. Whatever political role they may or may not play in the future, more French women are working than ever before; all evidence indicates that they intend to keep on doing so.

Le magazine *L'Express* a interrogé trente-six jeunes filles, étudiantes au lycée d'Orsay. Comment voient-elles leur avenir de femmes?

Femmes de demain

Ces lycéennes d'Orsay, dans la grande *banlieue* parisienne, ont entre 14 et 16 ans et suivent les cours de 3e au C.E.S.[1] Alexander-Fleming. Leurs parents sont artisans, employés, ouvriers professionnels, ingénieurs, enseignants ou médecins. Trente-six d'entre elles ont accepté de se raconter. Elles parlent de leur futur *métier*, de leur rôle dans la société, des inégalités entre les deux sexes. Cette photographie de trente-six adolescentes *fige une minuscule parcelle* de la réalité. *Telle quelle,* elle permet cependant de *dessiner à grands traits* le profil *actuel* des femmes de demain.

Pas une seule de ces jeunes filles n'envisage «de rester à la maison.» Elles veulent toutes exercer un métier. La femme ne doit plus être «la maman» qui «fait seulement la cuisine, le ménage, la vaisselle et élève les enfants.» Elle *a* aussi *droit,* parallèlement, *à* une vie professionnelle, «ce qui n'est pas en contradiction avec la féminité.»

Et ces adolescentes ne se satisfont pas de la situation présente. Cinq d'entre elles seulement estiment que les femmes ont autant de *débouchés* que les hommes. Les autres *retiennent* le favoritisme dont ces derniers bénéficient et se révoltent contre les différences de salaires: «Je ne comprends pas pourquoi une femme ingénieur gagne une certaine somme et un homme exerçant le même métier gagne plus.» Si elles veulent bien admettre que «les femmes n'ont pas intérêt à faire des efforts physiques trop durs,» elles les jugent

---

[1]Collège d'enseignement secondaire.[c]

parfaitement aptes à toutes les autres *tâches*. *De fait,* beaucoup se préparent à des métiers qui ne sont pas spécifiquement «féminins»: ingénieur, médecin, *chercheur.* «Les femmes devraient avoir plus de volonté pour essayer de faire les grandes écoles.»[c]

Ce désir de mener une vie active ne les conduit pas à renier la maternité: elles veulent toutes, sans exception, avoir des enfants, rarement plus de deux ou trois. Vingt-neuf d'entre elles, dans le cadre de la famille traditionnelle; sept seulement envisageant une vie hors du mariage. «Je ne me marierai pas, car, si je n'aime plus l'homme avec qui je vis, le divorce c'est cher, beaucoup de formalités.»

Quelles sont, *prises sur le vif,* leurs opinions sur le rôle de la femme et l'homme dans le couple?

«Il faut que les hommes prennent une part de responsabilité dans l'*éducation* des enfants, partagent le travail familial.» Elles ne veulent plus de mari qui affirme: «C'est moi qui amène le *fric,* je veux que tu sois là pour préparer la *bouffe.* C'est pour *choyer* l'homme que les femmes sont nées.»

Quant aux enfants, elles se promettent d'avoir avec eux un *comportement* différent de celui que leurs parents ont eu avec elles: «Je souhaite rester jeune d'esprit pour pouvoir parler avec mes enfants, discuter avec eux sur tous les problèmes de la vie.»

En fait, ce qu'elles désirent, c'est la vérité: «La femme ne doit pas négliger la vie, elle doit s'occuper, aller aux *expositions,* au théâtre, au cinéma, voyager.» Et, avant tout, la liberté sexuelle: «Je trouve que la femme est trop souvent à la disposition de l'homme. Elle n'a pas pu imposer sa loi et ses droits de disposer de son corps *comme elle l'entend.*» . . .

Deux adolescentes se prononcent contre l'*avortement.* Aucune contre *la pilule.* Les trente-six pensent que la contraception est un *acquis* fondamental mais trois ou quatre se révoltent déjà: «Pourquoi les femmes doivent-elles *supporter* tous les moyens de contraception? Peut-on alors parler d'égalité?»

Ces jeunes filles s'intéressent-elles aux mouvements féministes?

... Pour l'instant, elles sont très frappées par l'absence d'égalité politique entre les hommes et les femmes: «Il faudrait une femme chef de l'État, et beaucoup plus de femmes ministres, maires ou préfets.^c» «Pourquoi nous faisons-nous toujours gouverner par des hommes?» Mais il n'y en a que dix sur trente-six pour se déclarer prêtes à militer dans un parti politique ou à se battre pour une société socialiste qui leur paraît plus conforme à leurs *voeux. Le M.L.F. ne jouit pas* auprès d'elles *d'une grande audience:* elles ne sont que deux à vouloir y adhérer.

En somme, des adolescentes réformistes plutôt que révolutionnaires, qui ont assimilé la nouvelle image culturelle de la femme—«Liberté, égalité, sexualité»—que les combats politiques[2] et les média ont imposée depuis quelques années. Qu'en feront-elles?

Élisabeth Schemla, "Femmes de demain," *L'Express*

Vocabulaire

la **banlieue** *suburbs, outskirts*
le **métier** *profession*
fige une minuscule parcelle *captures a small fraction*
telle quelle *such as it is*
dessiner à grands traits *to sketch in broad lines*
actuel *current*
avoir droit à *to have the right to*
le **débouché** *job opportunity*
retenir *to recall*
la **tâche** *task*
de fait *in point of fact*
le **chercheur** *research worker*
pris sur le vif *taken on the spot*
l'**éducation** (f) *raising, upbringing*
le **fric** (argot) = l'argent

la **bouffe** (argot) = la nourriture
choyer *to coddle*
le **comportement** *behavior*
l'**exposition** (f) *art exhibit*
comme elle l'entend *as she understands it*
l'**avortement** (m) *abortion*
la **pilule** *the pill*
l'**acquis** (m) *right*
supporter *to bear*
le **voeu** *wish*
le **M.L.F.** = Mouvement de Libération des Femmes: *France's best-known women's rights movement.*
ne jouit pas d'une grande audience *does not get much of a hearing*

INTELLIGENCE DU TEXTE

1. Décrivez le milieu social et les études des jeunes filles interrogées.
2. Comment envisagent-elles l'avenir?

---

[2]Allusion à la controverse politique et morale en 1973 et 1974 concernant la légalisation de l'avortement.

3. Le souci (concern) de la féminité est-il remarquable chez ces jeunes filles? Vous étonne-t-il?
4. Contre quoi se révoltent-elles?
5. À quelles carrières «masculines» se préparent certaines?
6. Quelle attitude ont-elles à l'égard de la maternité?
7. Parmi les opinions citées sur le vif, y en a-t-il que vous approuvez particulièrement? Critiquez-vous certaines?
8. Dans quel domaine trouvent-elles qu'il y a le plus d'inégalité entre les hommes et les femmes?
9. Pourquoi, à votre avis, le M.L.F. n'a-t-il pas beaucoup de succès auprès de ces jeunes filles?
10. Avez-vous l'impression que les média donnent aujourd'hui une nouvelle image de la femme? Si oui, citez des exemples.
11. Sur la base de cette enquête, dessinez un profil des Françaises de demain.

Les statistiques suivantes sont destinées à vous aider à former votre opinion sur ce que pensent les Françaises au travail aujourd'hui.

Le Travail féminin

Les Femmes et le travail

Sans penser à l'aspect financier du problème, si vous aviez le choix entre vous arrêter de travailler et continuer de travailler, que feriez-vous?

Je continuerais de travailler	60%
Je m'arrêterais de travailler	39%
Sans opinion	1%

Le Nombre idéal d'enfants

Quel est, d'après vous, le nombre idéal d'enfants qu'un *foyer* devrait avoir?

Un	3%
Deux	63%
Trois	28%
Quatre	3%
Cinq ou plus	1%
Sans opinion	2%

Les Femmes et l'argent

Si une *allocation mensuelle* de 500 Francs était attribuée à chaque mère de famille restant au foyer, continueriez-vous de travailler ou bien vous arrêteriez-vous? Et si l'allocation était de 750 Francs? Et si l'allocation était de 1.000 Francs?

S'arrêteraient si l'allocation était de 500
    Francs.. 18%
S'arrêteraient si l'allocation était de 750
    Francs.. 13%
S'arrêteraient si l'allocation était de 1.000
    Francs.. 27%
Continueraient même si l'allocation était de
    1.000 Francs 42%

Le Travail et les enfants

À votre avis, vaut-il mieux qu'une femme, quand elle a des enfants, s'interrompe de travailler ...
Jusqu'à ce que les enfants entrent à l'école
    maternelle 36%
Jusqu'à ce que les enfants entrent à l'école
    primaire 36%
Jusqu'à ce que les enfants entrent à l'école
    secondaire 17%
Définitivement ou, en tout cas, jusqu'à ce que
    les enfants aient quitté le foyer 10%

Travail et condition familiale

3,1% des *salariées* confient leur enfant à une *crèche* publique.

3% des maris des *femmes au foyer*
11,5% des maris des femmes salariées } aident leur épouse dans les tâches familiales.

Cité dans *La Grande Aventure du travail féminin*

Vocabulaire

le **foyer** *home*
l'**allocation mensuelle** (f) *a monthly allowance*

le **salarié** *a wage earner*
la **crèche** *day-care center*
la **femme au foyer** *homemaker*

INTELLIGENCE DU TEXTE

Vrai ou **faux?**

1. Sans la pression financière, la majorité des femmes cesseraient de travailler.
2. Les Françaises veulent de grandes familles.
3. Si la femme au foyer recevait une allocation importante, la plus grande partie des femmes cesseraient de travailler.
4. La plupart des femmes approuvent que l'on interrompe le travail quand les enfants sont à l'école secondaire.

5. Un grand nombre de femmes mettent leur enfant dans une crèche.
6. La majorité des maris français aident leur femme dans les tâches familiales.

Opinions des Français sur le travail féminin

Il existe une véritable discorde entre Français et Françaises. Si 26,7% des femmes se déclarent hostiles au travail féminin, 56,1% des hommes sont contre. Et, chez les ouvriers, la proportion des hommes hostiles monte à 65%!!

Combien de fois n'entend-on pas encore des parents dire de leur fille, dont l'instruction est négligée: «Pour une fille, c'est moins grave. Elle se mariera.» Françoise Parturier a véhémentement répondu: «Il est incroyable qu'au XXe siècle les parents sacrifient encore l'éducation de leurs filles au bénéfice des garçons. L'injustice est constante et la liste serait longue des familles connues où les fils occupent les plus hauts postes ... lorsque leurs soeurs sont *sténodactylos*. Le *secrétariat* absorbe les trois quarts des filles de la bourgeoisie; ce doit être la forme moderne du couvent.»

Quand un antiféministe tel que Jean Cau s'écrie: «Laissez donc le travail aux hommes, ce n'est pas tellement drôle,» il oublie de se demander ce que deviendrait l'économie française, si, *du jour au lendemain*, les 7.200.000 femmes qui travaillent rentraient chez elles. . . .

La moitié des Françaises croient qu'il existe des métiers plus particulièrement féminins et d'autres où les hommes font mieux l'affaire. Plus de la moitié pensent qu'elles surclassent les hommes dans certains métiers. Mais 25% jurent qu'elles peuvent exercer *n'importe quel* métier, cependant que 15% se jugent «moins bien armées que les hommes pour travailler.»

Deux tiers des femmes françaises protestent contre la condition inférieure qui leur est faite dans le travail: sur le plan moral, elles ne se sentent pas traitées aussi bien que les hommes. La quasi-unanimité des Françaises (95%) affirment «qu'à travail égal une femme doit avoir un salaire égal à celui de l'homme.»

Cette protestation et ce souhait se comprennent—ô combien! *Que de* femmes diplômées d'études supérieures *s'entendent demander* si elles savent taper à la machine! Posera-t-on la même question à un *licencié en droit* mâle? L'Association des *anciennes élèves* des sciences politiques, à la suite d'une étude sur les postes occupés par les diplômés de l'École, filles et garçons, a *constaté* qu'un grand nombre de filles végètent dans des emplois *subalternes:* «On leur a demandé au début, explique Christine Ravenne, de donner un coup de main pour taper quelques rapports et on les y a laissées.» Depuis, la présidente des anciennes élèves de l'École: «Quand on vous demande si vous savez taper, n'avouez jamais!»

Alain Decaux, *Histoire des Françaises*

Vocabulaire

la **sténodactylo** *typist*
le **secrétariat** *secretarial work*
  du jour au lendemain *at a moment's notice*
  n'importe quel *any kind of*
  deux tiers *two thirds*
  Que de ...! *How many ...!*

s'entendre demander *to hear oneself asked*
le **licencié en droit** *law school graduate*
les **anciennes élèves** *alumnae*
  constater *to note, to observe*
  subalterne *subordinate*

INTELLIGENCE DU TEXTE

1. Existe-t-il un accord entre Français et Françaises sur le travail féminin? Expliquez.
2. Pourquoi à votre avis trouve-t-on la plus grande proportion des hommes hostiles parmi les ouvriers?
3. Donnez un exemple d'injustice qu'on observe dans les familles au sujet du travail des fils et des filles.
4. Quel slogan français correspond à «equal pay, equal work?»
5. À votre avis, les Françaises manquent-elles d'assurance quand elles se comparent aux hommes pour le travail?
6. Pourquoi l'économie ne peut-elle pas suivre le conseil de Jean Cau?
7. Quel établissement était le refuge des filles non mariées de la bourgeoisie française dans le passé? Qu'est-ce qui le remplace aujourd'hui?
8. Quelle question insidieuse pose-t-on souvent aux femmes diplômées d'études supérieures? Quel piège (trap) y est caché?

La Femme, la société et les institutions

For a long time French law treated women as minors. Legislation regarding the rights of women was surprisingly slow in coming, compared to the United States. Women gained the right to vote in national elections and to stand for public office only in 1945. Although the principle that "the law shall guarantee women equal rights with men" was written into the 1946 constitution, implementation of this principle lagged. A bill passed in 1964 removed most of the remaining inequalities between husband and wife regarding property and legal grounds for divorce. In 1970, legislation on parental authority further established the notion of equal parental responsibilities.

In addition, the state has concerned itself with some specific aspects of women's emancipation. In 1974 the French parliament legalized abortion in certain cases. The cost of contraceptives is now absorbed by the Sécurité Sociale, freeing all women from the fear of unwanted pregnancies. Expectant mothers are entitled to a fourteen-week maternity leave with pay. Government-subsidized day-care centers (*crèches*) are available at from $1.25 to $6.00 a day, depending on the family's means, though their number is insufficient to meet the growing demand.

Strangely enough, French women have not been vitally interested in the movement for equality. The piecemeal advances registered in civil rights for women have been due more to the lawmakers' initiative than to a mobilized effort on the part of women. In the following excerpt Ménie Grégoire, a popular radio psychologist who offers advice on marriage, sex, and the family, identifies the cultural and historical factors accounting for the relative passivity of French women.

La Femme dans l'histoire

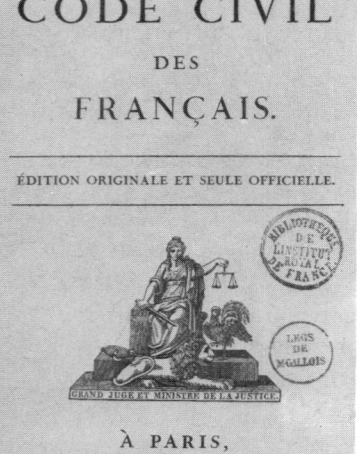

CODE CIVIL
DES
FRANÇAIS.

ÉDITION ORIGINALE ET SEULE OFFICIELLE.

À PARIS,
DE L'IMPRIMERIE DE LA RÉPUBLIQUE.
An XII. 1804.

On peut *déceler* enfin des *séquelles* de notre passé, dans nos lois, tellement plus lentes à se mouvoir que nos *moeurs* ou que nos esprits. En France, la conception du mariage et ses normes, incroyablement en retard sur celle de l'ensemble du monde *occidental,* en est une preuve. Notre mariage porte, de ce point de vue, un héritage particulièrement lourd. Il est issu du *droit romain,* à peine *adouci* par le droit germanique et le *droit canon.* Pour les Romains, le mariage était une institution purement sociale, où les individus comptaient *fort* peu, et les femmes en particulier. Le chef de famille, *nanti d'*un pouvoir absolu sur les personnes et sur *les* *biens,* était toujours un homme. Dans les régimes germaniques, le mariage était plutôt un accord privé entre individus; la femme y gardait ses droits. Les deux conceptions se sont *mélangées* diversement, *selon* les coutumes régionales, dans l'ancienne France, tandis que le droit canon ajoutait une troisième marque, renforçant l'importance des personnes mais surtout des hommes.

En fait, jusqu'à la Révolution, la condition des femmes était assez variée selon les *droits coutumiers,* laissant aux personnalités la possibilité de se révéler et de s'imposer. C'est le code civil, en 1804, qui a choisi de retourner en arrière. Ce fut l'oeuvre d'un militaire[3] pour qui «la femme était la propriété de l'homme comme l'arbre à fruit celle du jardinier» et qui proclamait: «la nature a fait de la femme notre esclave!» Ce n'était pas nécessairement l'opinion traditionnelle et courante des Francais, pas plus que celle de leurs penseurs, au XVIIIème siècle. Ce fut *néanmoins* celle qui, après avoir *pesé* pendant deux *millénaires* régna pendant tout le XIXème siècle, sans la moindre protestation, *marquant* les femmes *d'un sceau* particulier que la loi met au front des «fous, des mineurs et des faibles d'esprit.»

De 1804 à 1938, pendant 150 années, qui sont décisives dans l'histoire des femmes, la Française a sans doute été la plus mineure des Européennes: en se mariant elle perdait sa liberté, en ce qui concernait sa personne, ses biens, sa nationalité et même ses droits sur ses enfants. C'est ainsi que nos mères et nos grand-mères ont encore vécu; leurs actes ont été soumis à la *tutelle* exclusive de leur mari. Elles lui devaient «obéissance» et étaient placées «sous sa protection.»

Aujourd'hui la question n'est plus de savoir si les femmes vont être les «égales» des hommes comme l'ont *réclamé* les féministes d'hier. C'était leur problème et il est *dépassé.* Le nôtre, c'est de savoir qui nous allons être, puisque nous sommes autres. Ce sont les difficultés venues de nous qui sont les plus longues et les plus dures à vaincre. La question qu'il faut se poser aujourd'hui, oubliant

---

[3]Napoléon.

tout ce qui traîne de vieilleries dans nos moeurs et en nous-mêmes, c'est la question essentielle: «Qu'est-ce qu'une femme?»

Ménie Grégoire, *Le Métier de femme*

Vocabulaire

déceler *to detect*
les **séquelles** (f) *aftermath*
les **moeurs** (f) *mores*
occidental *western*
le **droit romain** *Roman law*
adoucir *to soften*
le **droit canon** *ecclesiastical law*
fort *very*
nanti de *in possession of*
les **biens** *material goods*
se mélanger *mingle*
selon *according to*

le **droit coutumier** *common law*
néanmoins *nevertheless*
peser *to weigh*
le **millénaire** *a thousand years*
marquer d'un sceau *to stamp with a seal*
la **tutelle** *supervision*
réclamer *to demand*
dépassé *left behind, out of date*
tout ce qui traîne de vieilleries *all the old ideas that lie about*

INTELLIGENCE DU TEXTE

1. Les lois françaises concernant le mariage ont-elles été rapides à se moderniser?
2. Pourquoi l'héritage romain dans les lois sur le mariage est-il particulièrement lourd? Qui était, dans cette tradition, le possesseur de tous les biens?
3. Quelle différence voyez-vous entre la tradition germanique et la tradition romaine?
4. Quels sont les droits qui se sont mélangés dans l'ancienne France?
5. Quelle possibilité les droits régionaux donnaient-ils aux femmes?
6. Qu'est-ce qui a provoqué un retour en arrière dans la condition de la femme en France?
7. Quelle opinion Napoléon avait-il des femmes?
8. Comment les femmes sont-elles traitées dans le Code Civil?
9. Décrivez le régime sous lequel les mères de la présente génération ont encore vécu.
10. Quel était le problème des féministes d'hier? Selon Ménie Grégoire, quel est le problème des femmes d'aujourd'hui?

Exercices de grammaire

I. **Le temps présent** *Employez le temps présent ou, selon le sens, la forme* **être en train de** *pour compléter les phrases suivantes.*

1. Les jeunes Françaises _____ (vouloir) travailler.
2. Les femmes _____ (remplir) peu de postes importants.

3. Les Françaises _____ (devenir) plus indépendantes.
4. Certains hommes ne _____ (admettre) pas que les femmes occupent les mêmes emplois qu'eux.
5. Françoise Giroud _____ (lutter) pour l'amélioration de la condition féminine.
6. Les femmes ne _____ (devoir) pas négliger leur éducation.
7. Nous _____ (apprendre) à partager les débouchés (openings) dans les emplois.
8. Certaines femmes ne _____ (savoir) pas quelle carrière elles désirent.
9. Cette firme _____ (payer) moins bien les femmes que les hommes.
10. Nous _____ (étudier) la condition des femmes en France.

II. L'impératif *Employez l'impératif pour communiquer les ordres suivants.*
   modèle: Dites à votre compagne qu'elle doit être féminine.
      Sois féminine.

   1. Dites à votre compagne qu'elle avoue qu'elle tape à la machine.
   2. Demandez qu'on vous donne du travail.
   3. Demandez à votre amie de ne pas entrer au couvent.
   4. Invitez vos compagnes à chanter une chanson de militantes féministes avec vous.
   5. Demandez à votre ami de faire la cuisine ce soir.

III. Les pronoms
   A. *Répondez en remplaçant les termes en italiques par un pronom.*
      modèle: Votre mari partage-t-il *le travail familial*?
         Oui, il le partage.

   1. Connaissez-vous *Madame Giroud*?
   2. Vous intéressez-vous *à la condition des femmes*?
   3. Condamnez-vous *le divorce*?
   4. Avez-vous parlé *à votre professeur* de cette féministe?
   5. Connaissez-vous beaucoup *de femmes politiciennes*?
   6. Les jeunes filles veulent-elles vivre comme *leur mère*?
   7. Pensez-vous *à votre avenir*?
   8. Les femmes veulent-elles travailler avec *les hommes*?
   9. La situation actuelle satisfait-elle *les femmes*?
   10. Beaucoup de Françaises adhèrent-elles *au M.L.F.*?

   B. *Répondez en remplaçant les mots en italiques par deux pronoms.*
      modèle: Napoléon a-t-il imposé *cette loi aux femmes*?
         Oui, Napoléon la leur a imposée.

   1. Les femmes ont-elles réclamé *leurs droits aux hommes*?
   2. Votre femme met-elle *votre enfant dans une crèche*?
   3. Les hommes encouragent-ils *les femmes à travailler*?

4. Le pape a-t-il accordé *l'annulation* de son mariage *à Napoléon*?
5. Le droit romain donnait-il beaucoup *de droits aux femmes*?

C. *Répondez aux questions en employant les pronoms* **en** *ou* **y.**
   modèle: Obéissez-vous au code civil?
          Oui, j'y obéis.

1. Connaissez-vous beaucoup de femmes qui travaillent?
2. Met-elle son enfant dans une crèche?
3. Voyez-vous des différences entre les Françaises et les Américaines?
4. Combien d'enfants voulez-vous?
5. Va-t-elle dans une école de secrétariat?

IV. Emploi particulier du présent *Complétez le texte en employant* **depuis**, **il y a . . . que**, **voici . . . que** *ou* **voilà . . . que** *suivi du temps présent.*
   modèle: Les Américaines _____ (lutter) pour des réformes _____ un siècle.
   Les Américaines luttent pour des réformes depuis un siècle.

1. Les Françaises _____ (avoir) le droit de vote _____ environ trente ans.
2. _____ des siècles _____ les femmes _____ (réclamer) leurs droits.
3. _____ quand est-ce que Madame Giroud _____ (diriger) ce cabinet?
4. _____ cinquante-cinq ans que les Américaines _____ (voter).
5. Vous _____ (traiter) votre femme comme une mineure _____ votre mariage.

Vocabulaire satellite: Les Femmes

la **condition féminine** *the position (status) of women*
la **féminité** *femininity*
la **masculinité** *masculinity*

la **femme au foyer** *housewife*
la **ménagère** *housewife*
  avoir besoin d'être protégé *to need to be protected*
la **suprématie du sexe fort** *supremacy of the male sex*
  l'**esclave** (m, f) *slave*
  l'**esclavage** (m) *slavery*

le **féministe** *feminist*
le **militant** *militant*
le **garçon manqué** *tomboy*

la **lutte** *struggle*
l'**égalité** (f) *equality*
les **droits civils** (m) *civil rights*
  réclamer *to demand*
  changer les moeurs *to change one's way of life*
  améliorer *to improve*
  avoir droit à *to have a right to*
  émancipé *emancipated*
  docile *docile*
  hardi *bold*
  timide *timid*

  choisir (abandonner) une carrière *to choose (give up) a career*
  délaisser le foyer *to neglect the home*
  manquer de (patience) *to lack (patience)*
se **sentir utile** *to feel useful*
le **métier** *profession*
la **sténodactylo** *typist*
  travail égal, salaire égal *equal work, equal pay*

  encourager *to encourage*
  décourager *to discourage*
  montrer de la bonne volonté *to show good will*
le **préjugé** *prejudice*

l'**avortement** (m) *abortion*
la **pilule** *pill*
la **crèche** *day-care center*

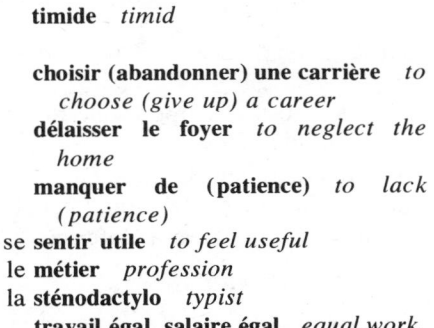

Pratique de la langue

1. Êtes-vous d'accord ou non avec les opinions qui suivent? Lisez chacune, dites VRAI ou FAUX.

  a. «Si les femmes qui travaillent restaient chez elles, il n'y aurait plus de chômage.»

  b. «Les féministes sont responsables de l'angoisse du monde moderne parce qu'elles ont abandonné les valeurs proprement féminines.»

  c. «Avec toutes les histoires, les militantes troublent celles qui étaient heureuses et qui maintenant s'interrogent.»

  d. À une femme écrivain qui vient d'écrire un livre sur les femmes: «Encore un livre, genre M.L.F.! Ça embête (*annoys*) tout le monde. Il y a tellement de choses sur les femmes!»

2. Testez votre «index anti-féministe» en comptant vos réponses «vrai» aux quatre arguments anti-féministes dans la question précédente. Si votre index est entre 2 et 4, vous êtes *anti-féministe;* avec un index 2, vous avez des *préjugés,* avec un index 1, vous montrez de la *bonne volonté*; avec un index 0, vous êtes un ou une *féministe.*
   Sur la base de vos convictions, formez des groupes de discussion pour débattre de la vérité de ces arguments.

3. Est-ce qu'une «femme au foyer» est une personne sans profession? À votre avis, doit-elle recevoir un salaire? une allocation (government allowance)? Que pensez-vous de «l'homme au foyer»? Est-ce un aspect de la société de demain?

4. Les enfants des femmes qui travaillent sont-ils délaissés? Risquent-ils plus de devenir des délinquants?

5. Que représente le féminisme pour vous? Une femme perd-elle de sa féminité quand elle travaille? si elle est féministe?

6. Les Françaises vous paraissent-elles plus émancipées que les Américaines? Sont-elles plus avancées sur le chemin de l'égalité? Quels aspects de la condition féminine actuelle vous paraissent différents?

Sujets de discussion ou de composition

1. Voyez-vous un paradoxe dans le fait que les lois qui ont amélioré la condition des femmes en France ont été faites par des hommes? Commentez.

2. Quelles sont à votre avis les «difficultés venues de nous»—c'est-à-dire, des femmes—qui sont «les plus dures à vaincre» dans la lutte pour l'intégration des sexes?

3. Françoise Giroud a dit un jour à une journaliste américaine qu'elle pensait, qu'à cause de profondes raisons culturelles et historiques, la France était le pays le mieux placé pour réaliser l'harmonie entre les sexes. Faites un commentaire favorable ou opposé à cette déclaration.

3
La Famille

La Famille et l'enfant

Although there are various ways in which children are brought up in France, the French people strongly adhere to the traditional family ideal. This ideal is shared not only by individual families but by society also, which sustains it through its public institutions. Parents, educators, and adults in general all play a role in "socializing" the child—that is, in encouraging him to conform to his social environment so as to achieve greater success within it.

In the following excerpt Laurence Wylie, an American sociologist who is a keen observer of French cultural traits, analyzes some of the basic concepts underlying the socialization of French children.

Conception traditionnelle
de l'éducation des enfants

Quels sont les points de vue français sur la socialisation des enfants?

Le premier de ces points de vue porte sur l'enfance, sur la conception que les Français en ont. La famille française *accueille* l'enfant avec enthousiasme. Elle veut avoir des enfants; elle estime qu'un *ménage* sans enfant est incomplet; en fait, c'est

souvent pour en avoir qu'on se marie, et parfois le ménage dure parce qu'on en a: les enfants donnent à la famille sa raison d'être et son unité. Toutefois, il est admis que l'enfant n'est pas une fin en soi. L'enfance n'est que la première *étape* de la vie. La vie adulte est le vrai but. L'enfant n'a pas de valeur absolue en soi; il n'est qu'un *apprenti-adulte*.

Comme les Français, nous le savons, respectent le passé, l'âge et la tradition, comme ils placent la vie adulte au-dessus de la jeunesse, *il s'ensuit que* le bonheur immédiat de l'enfant n'est pas essentiellement important. L'enfant doit apprendre que la vie est dure et difficile, qu'il faut s'y préparer sérieusement; selon l'expression dont se servent souvent les parents: «La vie n'est pas faite pour s'amuser.» Il doit être prêt à *affronter* le bonheur et le malheur, *indifféremment,* sans surprise. Le bébé, *dépourvu de* toute raison et sans discernement, peut sans danger être *choyé;* mais dès qu'il acquiert un certain contrôle rationnel de l'existence sous ses divers aspects, on n'a plus le droit de le *gâter.*

Le second point de vue concerne l'étude, l'acquisition de *connaissances.* Aussi longtemps que l'enfant reste *privé de* discernement, il ne peut évidemment pas s'instruire par lui-même. *Être humain en puissance,* il est aussi un monstre en puissance, surtout s'il est abandonné à lui-même, car l'être humain contient en lui-même le bien et le mal. Il faut donc le modifier pour la vie sociale, le *mouler;* la *matière première* ne se transforme pas toute seule. Par tradition et par principe, *il ne vient à l'idée de personne* de laisser s'exprimer en toute liberté cette future personnalité. Toute initiative et tout critère en matière de socialisation doivent venir d'éducateurs *attitrés,* seuls capables de *faire jouer* les forces rationnelles: parents, *maîtres,* professeurs et tous les adultes compétents en matière d'éducation et d'instruction.

La socialisation française doit donc, de par sa nature, être établie sur l'autorité: l'enfant apprend chez lui exactement comme il apprend dans ses livres de classe. On lui enseigne d'abord les principes, ensuite les applications de ces principes, puis on vérifie, on s'assure qu'il a compris et assimilé. L'école laisse peu de place à son imagination.

Le troisième point est celui de la responsabilité des parents. C'est à eux essentiellement *qu'incombe* le devoir de transformer en un adulte acceptable par la société celui qui, si ses mauvais instincts n'étaient pas réprimés, pourrait devenir un monstre: leur enfant, auquel il faut donner le sentiment de ses propres responsabilités et de ses limitations, clairement et légalement définies.

Lorsqu'aux États-Unis un enfant ou un adolescent commet un acte blâmable, c'est d'abord l'enfant ou l'adolescent que l'on incrimine parce qu'on estime qu'il est habitué à une grande indépendance et théoriquement tout au moins *entraîné à* connaître ses responsabilités. En France, ce sont toujours les parents qui sont tenus moralement et légalement responsables des actes de leurs enfants. Un article du magazine *Paris-Match*[1] illustre fort bien cette *prise de position*. Un certain M. Rapin, riche ingénieur, avait un fils, Bill, mal préparé à la vie, mal «socialisé,» dont il satisfaisait tous les désirs. Devenu *majeur,* «Monsieur Bill» a voulu un bar; son père lui a acheté un petit café à Montmartre, *ignorant que s'y pratiquait le trafic des stupéfiants;* c'est alors que les *ennuis* ont commencé: «Monsieur Bill» a emmené une de ses *petites amies* dans un bois de la région parisienne, l'a *arrosée d'essence,* à laquelle il a mis le feu. Arrêté et jugé, il a été condamné à mort; M. Rapin père est sorti du tribunal, poursuivi par une foule hostile qui, spontanément, refusait toute pitié au père dont le fils avait mal tourné; elle l'accusait bien plutôt d'être antisocial parce qu'il avait mal élevé son garçon. Cet homme était un danger pour la société: il avait produit un monstre. *En tant que* père il était totalement responsable. Ceci est vrai dans d'autres sociétés, dira-t-on peut-être, mais certainement plus encore en France.

Et ces responsabilités-là pèsent lourdement sur les grandes personnes, et les rendent plus strictes à l'égard de leurs enfants qu'aux États-Unis.

Laurence Wylie et Armand Bégué, *Les Français*

---

[1]*Paris-Match*, no. 574 (9 avril 1960).

Vocabulaire

l'**éducation** (f) *upbringing*
accueillir *to welcome*
le **ménage** *household*
l'**étape** (f) *stage*
l'**apprenti** (m) *apprentice*
il **s'ensuit que** *it follows that*
affronter *to face, to confront*
indifféremment *coolly*
dépourvu de *devoid of*
choyer *to pamper*
gâter *to spoil*
les **connaissances** *knowledge*
privé de *deprived of, without*
être humain en puissance *a potential human being*
mouler *to mold*
la **matière première** *raw material*
il **ne vient à l'idée de personne** *it occurs to no one*

attitré *responsible*
faire jouer *to set in operation*
le **maître** *teacher*
qu'incombe le devoir *that the duty falls*
entraîné à *schooled in*
la **prise de position** *stand, (intellectual) position*
majeur *of full legal age*
ignorer *to be unaware*
que s'y pratiquait le trafic des stupéfiants *that narcotics were being sold there*
les **ennuis** (m) *troubles*
la **petite amie** *girlfriend*
arroser d'essence *to sprinkle with gasoline*
en tant que *as, in his capacity as*

INTELLIGENCE DU TEXTE

1. Comment la famille française accueille-t-elle l'enfant? Quel effet l'enfant a-t-il sur le mariage?
2. Est-ce que l'enfance est le vrai but de la vie? Pourquoi, selon les Français, l'enfant n'a-t-il pas de valeur en soi?
3. Comment les Français considèrent-ils le passé, l'âge, la tradition? Cette opinion a-t-elle une conséquence sur la manière d'élever les enfants?
4. Pourquoi est-ce que le bébé peut être choyé sans danger? Quand est-ce qu'on n'a plus le droit de le gâter?
5. L'éducation à la maison est-elle différente de l'éducation à l'école? Sur quelle conception de la nature humaine reposent l'éducation familiale et l'éducation scolaire?
6. Qui sont les éducateurs attitrés? Pour rendre l'enfant apte à la vie sociale, que doivent-ils faire? Quel terme sert à designer cette action?
7. Sur quel principe la socialisation est-elle basée?
8. Indiquez dans le texte les mots ou expressions qui vous donnent l'impression que cette conception de l'éducation des enfants est essentiellement conservatrice.
9. Quel est le rôle des parents, selon les Français?
10. Par contraste, à quoi les adolescents américains sont-ils habitués?
11. Racontez, à votre manière, l'anecdote concernant M. Rapin et son fils, «Monsieur Bill.»
12. Pourquoi la foule est-elle hostile au père plutôt qu'au fils à la sortie du tribunal?
13. Résumez les trois points de vue que, selon cet auteur, les Français ont sur l'éducation des enfants.

La Famille et l'État

Unlike the United States, France has a long history of government involvement in the family. Social legislation in this field first developed after World War I and was coordinated into a Code of Family Law. In 1956 a new and much enlarged *Code de la Famille* was designed to incorporate the many advances in social legislation introduced during and after World War II.

The system of *allocations familiales* was initiated in 1940 and generalized during the latter part of the decade. Originally designed to stimulate the distressingly low birth rate that had affected France for several generations, it is now an established feature of French society. *Allocations familiales* are monthly benefits paid by the government, based on the number of children in a family. These benefits are extended to all families, irrespective of need, to help them raise their children. To those who see in social legislation a kind of welfare system, the fact that rich people—or for that matter, aliens working for a French employer—are entitled to such *allocations* may seem surprising, but these payments must be viewed as a direct commitment by the government to the children, who are equal under the law. An additional bonus (*prime de naissance*) is also paid out at the birth of each child. Mothers from low and middle-income families who stay home to take care of their children also receive special benefits that compensate them to some extent for the income they could have derived from outside employment (*prime de salaire unique*). Of course the usual income tax deductions for dependent children are also allowed in France.

Additional forms of government support are extended to large families (*familles nombreuses*) in terms of access to public housing, reduced rates on the railroads and other forms of public transportation, etc. In certain cases large families are also entitled to a housing allowance (*allocation de logement*) that permits them to pay a rent they could not otherwise afford.

The following excerpt highlights, in a humorous vein, the direct and indirect effects of such social legislation on the life style of a low-income family. Christiane Rochefort, a contemporary prize-winning novelist, evokes in her style the language of the common people, with frequent use of slang and unacademic syntax.

Naître ou ne pas naître

C'était le début de l'hiver, il faisait bon dans le lit, rien ne pressait.

À la mi-juillet, mes parents se présentèrent à l'hôpital. Ma mère avait les *douleurs*. On l'examina, et on lui dit que ce n'était pas encore le moment. Ma mère insista qu'elle avait les douleurs. *Il s'en fallait de quinze bons jours*, dit l'*infirmière; qu'elle resserre sa gaine.*

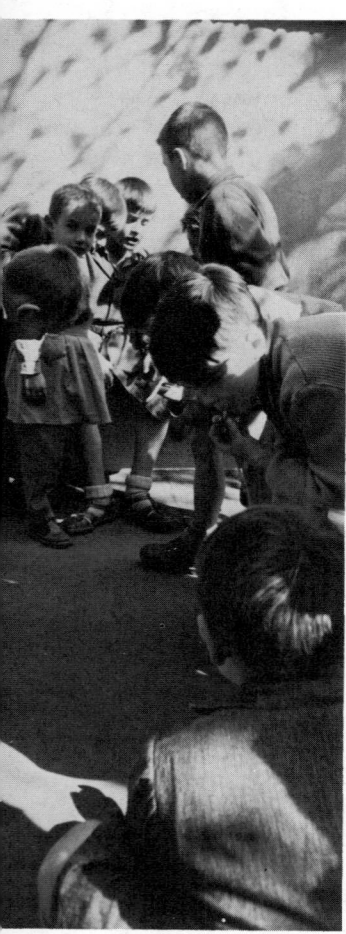

Mais est-ce qu'on ne pourrait pas *déclarer* tout de même *la naissance* maintenant? demanda mon père. Et on déclarerait quoi? dit l'infirmière: une fille, un garçon ou un *veau*? Nous fûmes renvoyés sèchement.

Zut, dit mon père, *c'est pas de veine,* à quinze jours *on loupe la prime.* Il regarda le ventre de sa femme *avec rancoeur. On n'y pouvait rien.* On rentra en métro. Il y avait des bals, mais on ne pouvait pas danser.

Je suis née le 2 août. C'était ma date correcte, puisque je résultais *du pont de la Toussaint.* Mais l'impression demeura, que j'étais *lambine.* En plus j'avais fait louper les vacances, en retenant mes parents à Paris pendant la fermeture de *l'usine.* Je ne faisais pas les choses comme il faut.

Ma mère était déjà *patraque* quand je la connus; elle avait une descente d'organes; elle ne pouvait pas aller à l'usine plus d'une semaine *de suite,* car elle travaillait debout; après la naissance de Chantal elle s'arrêta complètement, d'ailleurs on n'avait plus avantage, avec le *salaire unique,* et surtout pour ce qu'elle gagnait, sans parler des complications avec la *Sécurité* à chaque Arrêt de Travail, et ce qu'elle allait *avoir sur le dos* à la maison avec cinq tout petits enfants à s'occuper, ils calculèrent qu'*en fin de compte* ça ne valait pas la peine, du moins si le bébé vivait.

À ce moment-là je pouvais déjà rendre pas mal de services, *aller au pain,* pousser les *jumeaux* dans leur double voiture d'enfant, le long des blocs, pour qu'ils prennent l'air, et avoir l'oeil sur Patrick, qui était en avance lui aussi, malheureusement. Il n'avait pas trois ans quand il mit un chat dans la machine à laver; cette fois-là tout de même papa lui donna une *fessée*: la machine n'était même pas payée.

Je commençais à aller à l'école. Le matin je faisais déjeuner les garçons, je les emmenais à la *maternelle,* et j'allais à mon école. Le midi, on restait à la *cantine.* J'aimais la cantine, on s'assoit et les assiettes arrivent toutes remplies; c'est toujours bon ce qu'il y a dans des assiettes qui arrivent toutes remplies; les autres filles en général n'aimaient pas la cantine, elles trouvaient que c'était mauvais; je me demande ce qu'elles avaient à la maison; quand je les questionnais, c'était

ELODIE, par Vigno et J.-C Lheureux

pourtant la même chose que chez nous, de la même *marque*, et venant des mêmes boutiques, sauf la moutarde, que papa rapportait directement de l'usine; chez nous on mettait de la moutarde dans tout.

Le soir, je ramenais les garçons et je les laissais dans la cour, à jouer avec les autres. Je montais prendre les sous et je redescendais aux *commissions*. Maman faisait le dîner, papa rentrait et ouvrait la télé, on mangeait, papa et les garçons regardaient la télé, maman et moi on faisait la vaisselle, et ils allaient se coucher. Moi, je restais dans la cuisine, à faire mes devoirs.

Maintenant, notre appartement était bien. Avant, on habitait dans le *treizième*, une sale chambre avec l'eau sur le *palier*. Quand le coin avait été démoli, on nous avait mis ici; dans cette *Cité* les Familles Nombreuses étaient *prioritaires*. On avait reçu le nombre de pièces auquel nous avions droit selon le nombre d'enfants. Les parents avaient une chambre, les garçons une autre, je couchais avec les bébés dans la troisième; on avait une *salle d'eau*, la machine à laver était arrivée quand les jumeaux étaient nés, et une *cuisine-séjour* où on mangeait; c'est dans la cuisine, où était la table, que je faisais mes devoirs. . . .

Le vendeur vint reprendre la télé, parce qu'on n'avait pas pu payer les *traites*. Maman essayait d'expliquer que c'est parce que le bébé était mort, et que ce n'était tout de même pas sa faute s'il n'avait pas vécu, et avec la santé qu'elle avait ce n'était déjà pas si drôle.

C'était un mauvais moment. Ils comptaient le moindre sou. *Je sais pas* comment tu t'*arranges* disait le père, je sais vraiment pas comment tu t'arranges, et la mère disait que s'il n'y avait pas le P.M.U.[c] elle s'arrangerait sûrement mieux. Le père disait que le P.M.U. ne coûtait rien avec les gains et les pertes qui s'équilibraient et d'ailleurs il jouait seulement de temps en temps et s'il n'avait pas ce petit plaisir alors qu'est-ce qu'il aurait, la vie n'est pas déjà si drôle. Et moi qu'est-ce que j'ai, disait la mère, moi j'ai rien du tout, pas la plus petite distraction dans *cette vacherie d'existence*, toujours à travailler du matin au soir.

Le soir on ne savait pas quoi faire sans télé, toutes les occasions étaient bonnes pour des *prises de bec*. Le père *prolongeait l'apéro*, la mère *l'engueulait*. Les petits criaient, *on attrapait des baffes perdues*.

J'ai horreur des scènes. Le bruit que ça fait, le temps que ça prend. Je *bouillais* intérieurement, attendant qu'ils se fatiguent, qu'ils se rentrent dans leurs *draps*, et que je reste seule dans ma cuisine, en paix.

Christiane Rochefort, *Les Petits Enfants du siècle*

Vocabulaire

les **douleurs** (f) *labor pains*
  il s'en fallait de quinze bon jours
    she still had a good two weeks to go
  l'**infirmière** (f) *nurse*
  qu'elle resserre sa gaine *she should tighten her girdle*
  déclarer la naissance *to register the birth of a child*
le **veau** *calf*
  c'est pas de veine = nous n'avons pas de chance
  on loupe (argot) *we'll miss*
la **prime** = la prime de naissance
  avec rancoeur *grudgingly*
  on n'y pouvait rien *it couldn't be helped*
le **pont de la Toussaint** *the long week-end of All Saint's Day*
  lambine *slow, a dawdler*
  l'**usine** (f) *plant, factory*
  patraque (argot) = en mauvais état
  de suite *consecutively*
le **salaire unique** = la prime de salaire unique (*see page 33*)
la **Sécurité** = la Sécurité Sociale
  avoir sur le dos *to be overloaded with*
  en fin de compte *all things considered*
  aller au pain = aller chercher du pain
les **jumeaux** (m) *twins*

la **fessée** *spanking*
la **maternelle** = école maternelle: *nursery school, kindergarten*
la **cantine** *school cafeteria*
la **marque** *brand (of a product)*
la **commission** *errand*
le **treizième** = le XIIIème arrondissement^c: *a low-income section of Paris*
le **palier** *landing (of a staircase)*
la **Cité** *public housing project*
  être prioritaire *to have priority*
la **salle d'eau** *combination wash and laundry room, containing a sink and shower*
la **cuisine-séjour** *combination kitchen and living room*
la **traite** *installment, monthly payment*
  je sais pas = je ne sais pas
  s'arranger *to manage, to get by*
  cette vacherie d'existence *this lousy life*
la **prise de bec** (argot) = dispute
  l'**apéro** (m) = l'apéritif^c (m)
  prolonger l'apéritif *he stops for a drink and comes home late for dinner*
  engueuler (argot) *to bawl out*
  on attrapait des baffes perdues *we got slaps not meant for us*
  bouillir *to boil*
le **drap** *sheet (of a bed)*

INTELLIGENCE DU TEXTE

1. Pourquoi la mère va-t-elle à l'hôpital? La naissance d'un bébé donne droit à une prime. Pourquoi les parents veulent-ils déclarer la naissance de l'enfant quinze jours trop tôt?

2. À l'occasion de quelle fête bien connue y a-t-il des bals publics en France? Quelle est la date de cette fête?
3. Quand l'héroïne est-elle née? Quand êtes-vous né(e)?
4. Quelles impressions la petite faisait-elle sur ses parents?
5. Pourquoi la mère avait-elle avantage à rester à la maison? Parmi les raisons qu'elle donne, citez-en deux qui sont propres à la société française. Pourquoi certains termes, tels que le mot «Allocations,» ont-ils des majuscules (capital letters) dans le texte?
6. Pourquoi était-il nécessaire que le bébé vive?
7. Que faisait la petite fille à ce moment-là pour aider la famille?
8. Qu'a fait Patrick à l'âge de trois ans?
9. Quand la fillette va à l'école, où conduit-elle les plus jeunes?
10. Où mangent les enfants, à l'école? Quelles différences y a-t-il entre la cuisine des autres enfants et celle de la famille de la petite fille?
11. Que faisait la fillette avant le dîner?
12. Après le dîner, que faisaient les divers membres de la famille?
13. Pourquoi la famille était-elle prioritaire pour être logée dans une Cité?
14. Décrivez le nouvel appartement.
15. Pourquoi la famille ne peut-elle plus avoir la télévision?
16. Comment le père perd-il son argent, selon sa femme?
17. Que faisaient le père et la mère depuis que la famille était sans télévision? Quelle est la réaction de la fillette devant toutes ces scènes de famille?

La Famille dans le monde moderne

In a rapidly evolving French society, the views of some young parents today are in sharp contrast with those of their elders. As schools and families slowly move away from traditional patterns, parents and educators are experiencing great concern. Many traditionally oriented parents complain that the schools no longer support their efforts to discipline the child, while professional educators say that many families leave it to the teachers to raise as well as instruct the young. Since home, schools, and the state are closely interrelated, this change is seen as a serious crisis by society as a whole.

National awareness of this problem can be traced back to 1970, when, with the assistance of a national polling organization, France's leading women's magazine, *Elle*, conducted a wide-ranging survey of opinions concerning women, the family, and the raising of children. To compare the data obtained and explore the issues in greater depth, a conference of women from all walks of life and all parts of France was convened at Versailles in November 1970. Named *Les États Généraux de la Femme* after the famous gathering that sparked the Revolution of 1789, this conference let women's liberationists address a nationwide audience, and served as a unique forum where sociologists, physicians, educators, writers, and journalists met with the participants to discuss problems involving women and the family.

The following excerpt illustrates the type of exchange that took place when the convention examined the question of children growing up in our consumer-oriented society.

La Démission des parents

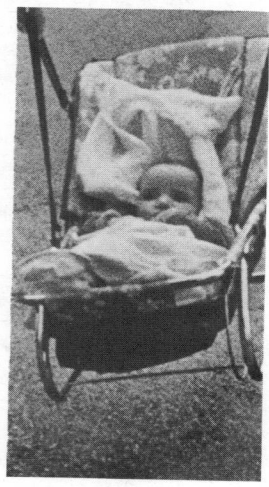

Les enfants trop libres perdent le *sens des convenances*, le respect, la mesure d'eux-mêmes et des autres. Les enfants *comblés* deviennent des enfants blasés. Dans une *société de consommation* qui veut se justifier en donnant aux hommes le goût des biens matériels et le goût de l'effort dont ils sont la récompense, il est grave de *faire passer* la satisfaction du besoin avant le besoin lui-même. Une interviewée raconte: «Un de mes amis a offert à son fils une caméra très coûteuse; il l'a retrouvée dans le *grenier* où l'enfant l'avait abandonnée après quelques jours.» Le temps est la mesure du désir; l'effort, la mesure de la joie. Quel goût ont encore les plaisirs de la vie quand on les obtient sans avoir à les désirer? *Privés de* cela qui pouvait leur donner une âme, les *jouets* les plus coûteux retournent au *néant*. Et quand la liberté elle-même devient un jouet, tout *s'effondre*.

«Ils ont eu tout, trop vite, trop tôt. Ils sont devenus très *exigeants*. Et cette situation est très *inquiétante* dans l'immédiat» (*exploitante agricole* mariée, 6 enfants).

De combien de joie ont été privés ces enfants gâtés de la bourgeoisie d'après-guerre? Il faudrait le leur demander. D'ailleurs, ils l'ont dit en mai 68.[c] Ils le disent même au cours de l'enquête. À *Agen*, une jeune fille de 20 ans attaque avec violence: «Mes parents ont été trop faibles. J'ai quitté l'école, je suis des cours par correspondance; je fais ce que je veux; ce que je veux n'est finalement rien de bon.»

Un mot revient d'un *bout* à l'autre de l'enquête: «démission des parents.» Les enfants ne sont pas mal élevés, ils ne sont pas élevés du tout. Ces garçons terribles, ces filles en crise ne sont souvent que des garçons et des filles abandonnés. Pourquoi? Il faut être deux pour faire un enfant. Il faut être deux jusqu'au bout pour le former. C'est ce que pensent 87% des femmes. Or beaucoup de mères se plaignent d'avoir été seules à *faire face*. Cette démission des parents est d'abord la démission des pères. Il est vrai, remarque une *Lilloise*, qu'un père harassé peut difficilement faire un père attentif. Mais les femmes ne sont-elles pas harassées aussi?

La crise de l'adolescence inquiète particulièrement les Françaises et les Français. Crise éternelle, mais qu'autrefois *étouffaient* plus ou moins les convenances, le respect, l'autorité pétrifiante du père. Crise d'autant plus grave que l'adolescent aujourd'hui se trouve dans une situation ambiguë, à la fois reconnu comme adulte (par la société de consommation d'abord) et tenu en *tutelle* par les conditions sociales et culturelles.

Jean Mauduit, *La Révolte des femmes*

Vocabulaire

la **démission** *abdication*
le **sens des convenances** *the sense of what is proper*
comblé *overindulged*
la **société de consommation** *consumer-oriented society*
faire passer *to induce*
le **grenier** *attic*
privé de *deprived of*
le **jouet** *toy, plaything*
le **néant** *nothingness*
s'effondrer *to collapse, to crumble*

exigeant *demanding*
inquiétant *disturbing*
l'**exploitante agricole** (f) *woman farm worker*
Agen *ville du Sud-Ouest de la France*
le **bout** *end*
faire face *to cope*
une **Lilloise** = une habitante de Lille, ville industrielle du Nord
étouffer *to stifle*
la **tutelle** *guardianship, protection*

INTELLIGENCE DU TEXTE

1. Qu'est-ce que les enfants trop libres perdent?
2. Qu'est-ce qui est grave pour les jeunes dans notre société de consommation?
3. Qu'est-ce qui fait apprécier la joie d'obtenir quelque chose? Illustrez votre réponse en racontant l'anecdote de l'enfant et de sa caméra.
4. Qu'est-ce qui est inquiétant selon l'exploitante agricole?
5. Comment la jeune fille de vingt ans parle-t-elle de ses parents?
6. Quels mots reviennent d'un bout à l'autre de l'enquête quand on parle des parents?
7. Quel sens donnez-vous à l'expression un enfant «mal élevé»? Est-ce qu'un enfant trop libre est un enfant mal élevé à vos yeux?
8. Qu'est-ce qui étouffait autrefois la crise éternelle de l'adolescence?
9. Pourquoi la condition de l'enfant dans le monde d'aujourd'hui est-elle ambiguë?

Exercices de grammaire

I. Le genre des noms   *Vérifiez votre connaissance du genre des noms en complétant ces phrases par l'article* **le, la, un, une** *selon le sens.*

1. Les enfants gâtés perdent _____ respect d'eux-mêmes.
2. Les allocations familiales sont _____ institution française.
3. L'effort est la mesure de _____ joie.
4. _____ bébé doit être choyé.
5. Il a reçu _____ éducation très sévère.
6. Le père de M. Bill a produit _____ monstre.
7. Les petits Français vont à _____ Maternelle.
8. Elle faisait ses devoirs à _____ table de cuisine.
9. Maman faisait _____ vaisselle.
10. Il fait bon dans _____ lit, en hiver.
11. _____ salaire unique permet à la mère de ne pas travailler.
12. Elle est née _____ jour de la Toussaint.
13. _____ bruit des disputes fatiguait l'enfant.
14. Une mère aime son enfant même avant _____ naissance.
15. _____ perte de votre argent au P.M.U. me chagrine.

II. L'article

A. *Complétez les réponses aux questions suivantes en employant un* **article défini** *ou* **indéfini** *ou une* **préposition** *sans article.*

1. Quand la petite fille est-elle seule?—_____ soir.
2. Quelle est la profession de l'homme qui vient reprendre la télévision?—C'est _____ vendeur.
3. Dans quels pays y a-t-il des allocations familiales?—_____ France, _____ Danemark, _____ Belgique.
4. Quels jours ne travaille-t-on pas? _____ samedi et _____ dimanche.
5. Dans quel arrondissement habite cette famille pauvre? Dans _____ treizième.

B. *Complétez les phrases suivantes en employant* **de, de la, du** *ou* **des.**

1. Ces enfants ont été privés _____ affection.
2. Les enfants mal élevés deviennent _____ enfants malheureux.
3. Elle suit _____ cours par correspondance.
4. Beaucoup _____ parents se plaignent.
5. Cet homme aime faire _____ bien.
6. Trop _____ parents démissionnent.
7. Le fils n'a pas _____ bons rapports avec le père.
8. Peu _____ étudiants sont satisfaits de leurs cours.
9. Tant _____ biens matériels ne font pas le bonheur des enfants.
10. Les enfants gâtés n'ont pas _____ respect pour les convenances.

Vocabulaire satellite: La Famille

les **rapports familiaux** *family relationships*
  s'**entendre bien** *to get along well*
  être d'accord *to agree*
  être bien équilibré *to be well balanced*
  s'**arranger** *to manage, to get by*

  se **disputer** *to fight*
  la **scène de ménage** *family quarrel*
  harassé *harassed*

  l'**éducation** (f) *upbringing.* (The English word "education" is translated by *l'enseignement* [m] or *l'instruction* [f].)
les **convenances** (f) *decorum, propriety, (social) convention*
les **bonnes manières** *good manners*

  punir *to punish*
  récompenser *to reward*
  donner une gifle à *to slap*
  donner une fessée à *to spank*
  privé de *deprived of*
  manquer de liberté *to lack freedom*
  étouffer *to smother, to stifle*

  élever un enfant *to raise a child*
  bien (mal) élevé *well (ill) bred*
  choyer *to pamper*
  gâter *to spoil*
  l'**enfant gâté** *spoiled child*
  reprocher à quelqu'un d'être permissif (strict) *to blame someone for being permissive (strict)*

  inquiéter *to worry, to disturb*
  inquiétant *disturbing*

les **travaux ménagers** (m) *housework*
  faire le lit *to make the bed*
  passer l'aspirateur *to do the vacuuming*
  mettre le couvert *to set the table*
  faire la cuisine *to cook, to do the cooking*
  faire la vaisselle *to do the dishes*

sortir les poubelles *to take out the*	**garder les enfants** *to baby-sit*
trash (lit., trash cans)	**se préoccuper de** *to take care of*

Pratique de la langue

1. Quelles sont à votre avis les étapes les plus importantes de la vie?
   a. l'enfance
   b. l'adolescence
   c. la jeunesse
   d. l'âge adulte
   Faites le compte des réponses positives de vos compagnons de classe pour chaque étape. L'opinion de la classe est-elle conforme à l'opinion des Français? Justifiez et discutez ces points de vue.

2. Est-ce que vos parents ont joué ou jouent encore avec vous? À quoi passez-vous du temps ensemble?

3. Vos parents ont-ils un ou plusieurs points de vue communs avec les parents français? Formez des groupes de discussion accueillant les partisans d'une conception:
   a. conservatrice
   b. intermédiaire } de l'éducation des enfants
   c. progressive

4. Le sens extrême de la responsabilité qui caractérise les parents français est-il bénéfique? Quels sont les avantages? Quels sont les inconvénients (disadvantages)? Y a-t-il, à votre avis, un rapport entre cette vue de la famille et le nombre limité des divorces en France?

5. De quelle façon la législation sociale française facilite-t-elle le bien-être matériel de cette famille? Y a-t-il un lien plus étroit (a closer link) entre les familles et l'État en France qu'aux États-Unis? Donnez des exemples.

6. Improvisez de brefs dialogues qui mettent en scène:
   a. les parents et l'infirmière
   b. la mère et une voisine qui la complimente sur sa fille. La mère explique ce que sa fille fait pour l'aider.
   c. le vendeur qui vient reprendre l'appareil de télévision et la mère
   d. une scène de ménage entre le père et la mère.

7. Avez-vous aussi horreur des scènes de famille? Pensez-vous qu'il est préférable que les enfants n'assistent jamais (never be present) à des disputes entre leurs parents?

8. Improvisez la scène suivante: un étudiant joue le rôle d'un sociologue enquêtant sur l'enfance moderne et le thème: la société de consommation est-elle une menace pour la famille? Les étudiants sont invités à représenter des personnes d'âge, de profession et même de sex différents. Ils peuvent raconter une anecdote pour illustrer leur position.

Sujets de discussion ou de composition

1. Composez une lettre adressée à un(e) ami(e) par un enfant qui se trouve dans des conditions culturelles semblables à celles décrites dans le passage des *Petits Enfants du siècle*.

2. À votre avis, la télévision affecte-t-elle les rapports familiaux? Est-ce une influence positive ou négative sur les relations de famille?

3. Que pensez-vous de la "démission des parents"? Est-ce que vous partagez le point de vue de la jeune fille d'Agen dans le troisième extrait? Pouvez-vous reprocher à vos parents d'être trop permissifs?

2ème PARTIE

2 Modes de Vie

4 Ville et Campagne

La Ville surpeuplée

Anyone going to France for the first time—even more so, perhaps, someone returning there after ten or fifteen years—may be startled by the number of new apartment buildings in every town and suburb. It is disconcerting to see the traditional architecture of Paris silhouetted against the futuristic skyscrapers of *La Défense* or the brash *Tour Montparnasse*. The romantic banks of the Seine now roar with automobiles racing along the embankment speedway.

France's major cities—and especially Paris—have grown tremendously since the end of World War II. Ten million people, or one-fifth of the total population of France, now live in the greater Paris area, which has been subdivided into seven departments. A metropolis as well as a capital, Paris monopolizes every form of national activity: it serves as headquarters for 70 percent of French business firms, provides employment for 40 percent of all senior executives, attracts 35 percent of the student population and 70 percent of the country's research personnel. One-half of the total expenditure for urban development goes to the Paris area.

The predominance of Paris over the provinces has been reinforced by the whole course of French history: the forging of national unity by the Capetian kings, lords of Paris; the centralization initiated by the Bourbon kings and completed by Napoleon; and the economic expansion of the nineteenth century, which created a vast network of roads and railroads radiating from Paris. As France entered the modern age, Baron Haussmann, a technocrat with a vision, drove wide boulevards through the congested sections of the old city, and by the last quarter of the nineteenth century turned Paris into the most elegant capital in Europe. The working-class population was driven to the outskirts of the city; especially to the north and east, Paris was soon ringed by a string of drab, impoverished working-class districts known as "the red belt" (*la ceinture rouge*) because of their leftist political sentiment.

By 1950, systematic planning was introduced to limit and control the growth of the Paris area. Initially, the quickest and most economical solution seemed to be urban renewal for the suburbs in the form of large housing projects (*grands ensembles*) and low-income housing (*habitations à loyers modérés,* or *H.L.M.*). This did not relieve the congestion of the urban area, however, and other alternatives were sought. In 1965 a master plan (*schéma directeur*) was drawn up, based on forecasts of a metropolitan Paris population of fourteen million by the end of the century. The plan proposed new centers of urbanization to compete with Paris and stabilize the growing population in normal, decent living conditions. As a counterpoise to the capital, new cities (*villes nouvelles*) sprang from the ground: Evry and Melun-Senart to the southeast, Saint-Quentin to the west, Marne-la-Vallée and Cergy-Pontoise to the northwest. Ten years after the implementation of the master plan, these new cities appear to be positive answers to the problem.

With the assistance of the central government, other vigorous measures have renovated the capital itself. Slum clearance programs have restored the beauty of the historic *Marais* district. *Les Halles*, the central market district, has been moved from Paris to suburban Rungis to reduce heavy trucking in the city. The slum sections of southwest Montparnasse and the Fifteenth Arrondissement[c] have been rejuvenated. Major monuments and buildings have been scoured clean of age-old soot and grime. The construction of new buildings and the wrecking of old ones is carefully regulated, and picturesque sections such as the *Cité fleurie*, an artist community in the Thirteenth Arrondissement, have been deliberately preserved.

Pierre Miquel indique ici les problèmes que pose l'urbanisation en France et nous montre comment la crise du logement demeure un problème national, en même temps qu'*un souci* majeur pour le Français *moyen.*

L'Urbanisation

L'urbanisation affecte très inégalement les grandes régions[c] économiques; la région parisienne atteint en 1968 9.500.000 habitants, bientôt 10 millions, une région seulement *dépasse* 4 millions d'habitants, celle de Lyon-Grenoble (Rhône-Alpes). Deux régions ont entre 3 et 4 millions d'habitants (Provence-Côte d'Azur et le Nord); cinq régions entre 2 et 3 millions; 10 régions entre 1 et 2 mil-

Régions économiques
de la France

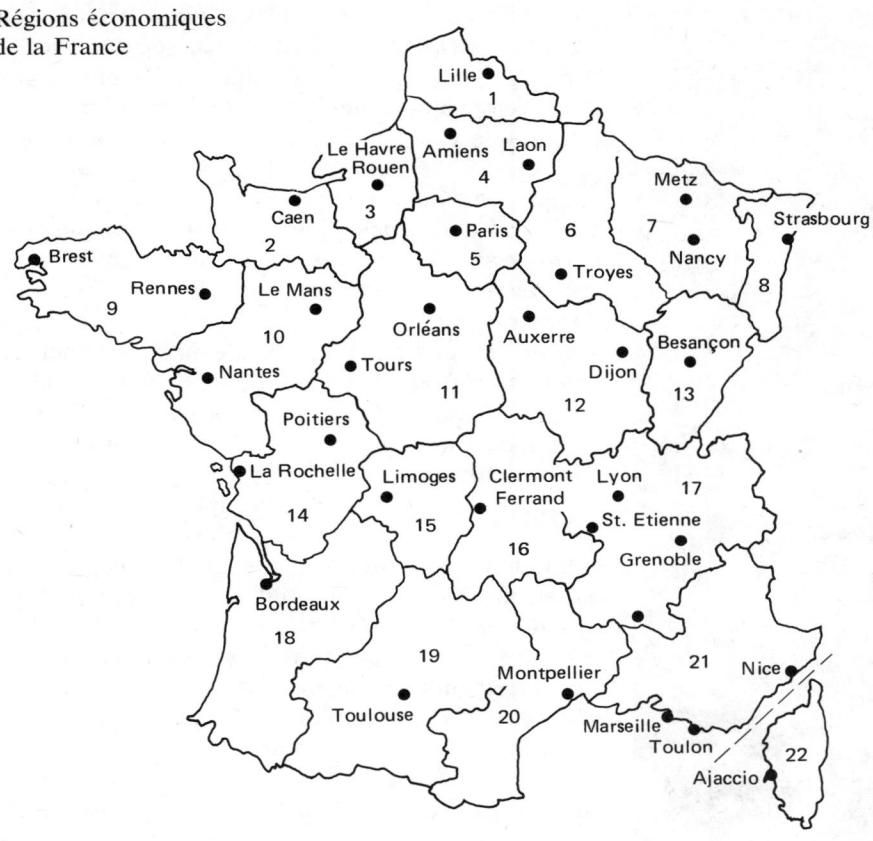

1 Nord	9 Bretagne	16 Auvergne
2 Basse Normandie	10 Pays de la Loire	17 Rhône-Alpes
3 Haute Normandie	11 Centre	18 Aquitaine
4 Picardie	12 Bourgogne	19 Midi-Pyrénées
5 Région Parisienne	13 Franche-Comté	20 Languedoc
6 Champagne	14 Poitou-Charentes	21 Provence-Côte
7 Lorraine	15 Limousin	d'Azur
8 Alsace		22 Corse

lions; enfin deux régions n'atteignent pas le million d'habitants: le Limousin, et la Franche-Comté.

La progression démographique est particulièrement spectaculaire dans la région parisienne. Si la ville même de Paris perd 7% de la population de 1962 à 1968, l'ensemble de la région s'accroît de 9,2% dans la période correspondante. Le développement des *autoroutes* et des grands ensembles n'y est certainement pas étranger.

Cet exode vers certaines régions privilégiées (Paris, le Midi méditerranéen, la région Rhône-Alpes, le Midi aquitain) se traduit évidemment par un développement des villes anciennes ou par la création de villes nouvelles. La progression la plus rapide est celle des villes de *banlieue*. Des villes comme Meudon, Champigny, Aulnay-sous-Bois, existaient déjà: elles étaient de petites *communes-dortoirs* proches de Paris. Elles sont devenues, avec les nouveaux programmes de construction, des *dortoirs* géants. Désertes dans la journée, elles *fourmillent*, aux soirs d'hiver, de milliers de petites fenêtres *éclairées*, cependant que, dans leurs parkings trop *étroits*, *s'entassent* les automobiles qui, le samedi soir, créent *les encombrements* des Champs-Élysées.[c]

La nécessité de construire vite, à bon marché, les logements urbains, a créé des problèmes de cohabitation. *Les citadins* se plaignent, dans la région parisienne surtout, du bruit et de la place très *exiguë* qui leur est mesurée dans les différents types de logements H.L.M.[c] La standardisation de ces logements, l'implantation généralement *excentrique* des «ensembles» crée chez les habitants un sentiment d'uniformité et d'ennui, auquel s'ajoute la frustration d'une vie *quotidienne* privée des services essentiels de la ville, *commerçants*, distractions, etc. Telle est l'origine de ce que romanciers, journalistes, sociologues, appellent «*le malaise des grands ensembles.*»

Les hautes tours de *béton* constituent en effet de nouvelles cités-dortoirs, que ne peuvent déserter dans la journée les enfants et les femmes occupées chez elles. Si l'on a pu construire en toute hâte des lycées et des collèges à proximité, les liaisons urbaines n'ont pas toujours été installées *commodément*. Les antennes de télévision isolent les ménages dans les trois ou quatre pièces de la communauté familiale. Les distractions collectives sont rares. L'action culturelle est faible. L'urbanisme hâtif de l'après-guerre a créé des ensembles dont tout le monde aujourd'hui *convient* qu'ils ne sont pas adaptés à la vie urbaine.

Dès lors, urbanistes et architectes poursuivent un double effort: humanisation des «ensembles»; création de centres commerciaux qui sont des lieux de promenade, de regroupement, de distraction.

L'exemple de «Parly II» est souvent cité dans cet ordre d'idée. On a construit, dans l'ouest de Paris, un ensemble d'habitations complet, qui ne comprend pas seulement les logements et les services essentiels, mais aussi des distractions comparables à celles des quartiers spécialisés de la capitale. On trouve à «Parly II» *un cinéma en exclusivité*, de style «Champs-Élysées,»[c] des boutiques représentant les meilleures *marques* des grands quartiers, des «drugstores,»[c] etc. Mais si «Parly II» est une réussite, c'est une réussite de luxe, destinée aux *cadres moyens et supérieurs*. Au niveau des H.L.M., une telle implantation est inimaginable.

La deuxième solution est moin *onéreuse*; elle consiste à personnaliser, à individualiser la construction en proposant des maisons individuelles construites *en séries* ou des ensembles à peu d'étages, aux lignes variées, regroupant en leur centre des lieux commerciaux ou distractifs. Les programmes de 1969–1970 sont souvent *axés sur* la création, *en pleine campagne*, de ces «villages» ou de ces «hameaux,» qui sont en réalité de nouveaux ensembles. Mais l'initiative privée est encore seule capable *d'aborder* ce type de *réalisation*. L'acquisition d'une maison individuelle reste en France un privilège qui coûte relativement cher.

Pierre Miquel, *La France: développement économique et social*

Vocabulaire

le **souci** *worry*
  moyen *average*
  dépasser *to exceed*
l'**autoroute** (f) *expressway*
la **banlieue** *suburbs*
la **commune-dortoir** *bedroom community*
le **dortoir** *dormitory*
  fourmiller *to swarm*
  éclairé *lighted*
  étroit *narrow, small*
  s'entasser *to crowd together, to be crammed*
l'**encombrement** (m) *traffic jam*
le **citadin** *city dweller*
  exigu *tiny*

excentrique *remote, outlying*
quotidien *everyday*
commerçants (m) *storekeepers (i.e. stores)*
le **malaise des grands ensembles** *housing project blues*
le **béton** *concrete*
commodément *conveniently*
convenir *to agree*
dès lors *since then*
le **cinéma en exclusivité** *first-run movie theater*
la **marque** *brand (of a product)*
les **cadres moyens et supérieurs** *middle and top-level executives*
onéreux *expensive*

en séries *mass-produced*
axé sur *centered on*
en pleine campagne *in the open country*

le hameau *hamlet*
aborder *to tackle*
la réalisation *undertaking*

INTELLIGENCE DU TEXTE

1. À Paris est-ce la ville ou la région qui s'accroît maintenant?
2. Citez deux facteurs qui ne sont pas étrangers à l'accroissement de la population dans la région parisienne.
3. Le développement des villes nouvelles est-il le seul phénomène d'expansion de la région parisienne? Donnez quelques exemples.
4. Circule-t-on facilement sur les Champs-Élysées le samedi soir? Pourquoi ou pourquoi pas?
5. De quoi se plaignent les citadins qui vivent dans les H.L.M. de la région parisienne?
6. Qu'est-ce qu'on appelle «le malaise des grands ensembles»?
7. Quels avantages présente Parly II? Pourquoi n'est-ce pas une réussite totale?
8. Quelle autre solution proposent les urbanistes? Quels sont les avantages et les inconvénients de cette formule?
9. Pourquoi l'acquisition de la maison individuelle reste-t-elle un rêve pour beaucoup de Français?

Vocabulaire satellite: La Ville

le centre des affaires *business center*
le quartier *section of town, neighborhood*
les taudis (m) *slums*

la banlieue *suburbs*
les faubourgs (m) *suburbs*

l'animation (f) de la ville *the bustle of the city*
la foule *crowd*
la circulation (intense) *(heavy) traffic*
l'encombrement (m) *traffic jam*

le citadin *city dweller*
le piéton *pedestrian*
le motoriste *motorist*

prendre le métro, le car, le train *to take the subway, the bus, the train*
aller à pied, en voiture, en train *to walk, to drive, to go by train*

déménager *to move (change one's residence)*
s'**éloigner de** *to move (go) further away from*
se **rapprocher de** *to come closer to*
faire la navette *to commute*
l'**autoroute** (f) *expressway*

l'**avantage** (m) *advantage*
l'**inconvénient** (m) *disadvantage*
se **plaindre de** *to complain of*

standardiser *to standardize*
individualiser *to individualize*

le **gratte-ciel** *skyscraper*
le **grand magasin** *department store*
l'**immeuble** (m) *apartment house*
l'**appartement** (m) *apartment*

le **crime** *crime*
la **pollution** *pollution*

Pratique de la langue

1. Consultez la carte à la page 47. Lesquelles des villes suivantes se trouvent dans une région très peuplée et bien développée?
   a. Nice
   b. Lyon
   c. Besançon
   d. Toulon
   e. Grenoble
   f. Limoges
2. Dans quelle région se trouve: Le Havre? Toulouse? Strasbourg? Tours? Le Mans? St-Étienne? Orléans? Brest? Marseille?
3. Préférez-vous la ville à la campagne? Qu'est-ce qui vous attire en ville? De quoi vous plaignez-vous?
4. L'urbanisme hâtif a-t-il créé des problèmes en France? aux États-Unis?
5. Le développement des autoroutes représente-t-il une solution au problème de la croissance des villes? Discutez.

Sujets de discussion ou de composition

1. Depuis quelques mois vous êtes un(e) habitant(e) d'un grand ensemble. Dans une lettre à un(e) ami(e), vous expliquez ce que c'est que le malaise des grands ensembles.

2. Racontez les avantages et les inconvénients d'habiter une grande ville américaine de nos jours. Dites à la fin si ce sont les avantages ou les inconvénients qui l'emportent (preponderate).

La Campagne délaissée

As a result of France's traditional centralization, and of massive rural migration toward Paris and other major industrial cities, several regions of France have felt neglected and robbed of their human resources. Lately the government has initiated some vigorous efforts to help these areas economically. At the same time, however, regions such as Lorraine, Corsica, Languedoc, and particularly Brittany have developed strong regionalistic tendencies and feuded with the central government.

Although Brittany came under French control in 1547, it has remained somewhat cut off from the rest of France. An essentially rural country, poor in roads and industries, it has been regarded by most Frenchmen as a land of quaint customs and pleasant seaside resorts. This isolation helped the Bretons preserve a separate culture, some of whose features go back to Celtic and perhaps even earlier traditions.

Until the beginning of this century, most of the people in western Brittany spoke only their own idiom, French being a foreign language or the language of the elite. Mass education, obligatory under the Third Republic, imposed the learning of French. Children were chastised in school for speaking Breton, while signs in public places often forbade "spitting and speaking Breton." Today virtually all Bretons speak French, but according to recent estimates some 500,000 still speak Breton. Most of them are old and uneducated, but increasingly a number of young educated Bretons have been learning the language. Now taught in secondary schools as an optional subject, Breton has become a symbol of cultural pride and revival for a large number of people who refuse to give up their traditions and be absorbed anonymously into the modern world.

Several movements promote regional Breton interests, some of them purely cultural but most with strong political undertones. A few of the latter have occasionally resorted to terrorist tactics—blowing up of radio towers, intimidation of political opponents or government officials, violent strikes, etc.—but most Bretons repudiate such tactics, emphasizing the need for economic development and administrative autonomy in more peaceful ways.

All advocates of Breton identity, however, wholeheartedly support the cultural aspects of the Breton revival, which are especially popular among young people. Traditional songs and dances are taught in cultural centers, and summer folk festivals feature traditional music on such instruments as the Celtic harp and Breton bagpipes. Modern Breton folk singers such as Glenmor, Alan Stivell, and Gilles Servat are popular throughout France and even among the large Breton population of French Canada. A general theme in their songs is the alienation of the Breton people, whether at home in the "Far West" of France or in Paris, where many Bretons have worked at unskilled jobs that place them only one notch above the immigrant workers. Thus a song by Gilles Servat:

> Voici la leucémie bretonne
> Le père mourant seul au Far West
> Le fils, bougnoulisé, banlieue Nord-Est
> Prolo décalqué au carbone . . .[1]

Tradition et modernisme dans une commune bretonne

À l'extrémité occidentale de la France, en Bretagne, à l'extrémité occidentale de la Bretagne, entre Quimper et la pointe du Raz est située la commune[c] de Plodémet.

On *sent* un autre monde à voir *affluer* de la campagne à la messe du dimanche, parlant breton, les vieux à chapeau rond, tunique de *velours* noir boutonnée sur le côté, *sabots de bois vernis*, et les vieilles à haute *coiffe* cylindrique de *dentelle* blanche, *tablier* de satin ou de velours sur la grosse *jupe* noire. Nous sommes sur le territoire de l'archaïque *pays bigouden* . . . Mais les gens de moins de 50 ans sont *endimanchés* bourgeoisement, et parlent français.

Le *bourg* comporte deux centres, séparés par la maison Kérizit, aujourd'hui *abattue* et remplacée par un parking. L'un est le centre-*carrefour,* au *confluent* des grandes routes, avec deux *arrêts de car,* cinq cafés et quatre boutiques. Au Café des Sports, sont affichés *les résultats des tournois régionaux de football.* Un *flipper* et un *baby-foot* sont disposés dans l'arrière salle; le café est de plus bureau de tabac,[c] centre de vente et de distribution communale des journaux, papeterie-librairie, agence d'une compagnie d'assurances, et, depuis 1966, P.M.U.[c] Le café Au Vaisseau des Droits de l'Homme n'a pas de vitrine, mais a modernisé son intérieur avec du néon et l'a *enjolivé* avec des *coquillages, crustacés et filets de pêche accrochés* aux murs. Fréquenté par les adolescents, il est équipé de juke-box, billard électrique, shooteur

---

[1]"Here's the Breton leukemia / The father dying alone in the Far West / The son ghetto-ized in the northeast suburbs / A carbon copy of all proletarians."

électrique, baby-foot. La patronne, Marie, beau visage de 50–60 ans, porte la coiffe bigoudenne, *est chaussée de sabots, fredonne* les airs à la mode, va chercher sa vache *au pré.* Le café-*crêperie* Ty-Koz s'est habillé d'une façade néo-rustique pour touristes; la confection de *crêpes* se raréfie hors saison et Ty-Koz redevient essentiellement café, arrêt de cars et dépôt de *messageries.*

Le centre monumental comprend la *mairie* et l'église en face à face *antagoniste*, le cimetière et la poste. Les messes du dimanche *attirent* près du quart de la population. Hommes et femmes, adultes et enfants sont séparés à la messe. La mairie a été édifiée en 1935, avec le bureau de postes qui lui est *attenant.*

Au bureau de postes, la cabine téléphonique est peu usitée. Les vieux et vieilles de la campagne, *à chaque perception de mandat, glissent* une petite pièce à la *guichetière*, qui n'ose refuser.

Un sobre *calvaire se dresse* près de l'église. Entre la mairie et l'église, le monument aux morts de 14–18 représente un Bigouden *se découvrant* au pied d'un *menhir*; celui de 39–45, plus modeste, est également un Bigouden, mais réduit au buste.

Modernisme et archaïsme *s'entremêlent* dans de nombreux commerces. Dans l'épicerie-*buvette* du Calvaire, l'épicerie s'est métamorphosée en *libre-service*, tandis que la buvette est demeurée taverne. Une pâtisserie-café offre en vitrine des *pointes Bic*, des balles de ping-pong, des cahiers pour écoliers, des rouleaux de papier cellophane, des poires dans un *compotier*, des *sachets de confiserie* et de *cacahuètes.*

Le bourg est en pleine expansion. Les *pavillons* neufs *grignotent les champs* au long des quatre routes. La progression est rapide sur la route de Pont-l'Abbé où le hameau de Méné-Kermao est déjà *happé en faubourg*, avec son *garage-atelier* et sa pompe Shell.

Les hommes portent *polos* ou chemises *foncées, vestes* fatiguées, rarement la cravate. Les jeunes filles sont en chandail et pantalon, les vieilles en coiffe. Il y a toujours une certaine activité de buvette et d'*emplettes*, de camionnettes, voitures, *vélomoteurs* et bicyclettes qui traduit les échanges entre le bourg, la campagne, les villes voisines.

Le dimanche matin, c'est l'afflux à l'église, au cimetière, aux cafés, aux épiceries. Mais c'est surtout aux grandes fêtes, notamment à la *Toussaint* et aux grandes vacances que Plodémet vit pleinement. Trois cars *déversent* les *pensionnaires* des lycées extérieurs; les étudiants et les parents transplantés en ville reviennent au pays. Dès juin, les *immatriculations* 75, anglaises, allemandes transitent vers la pointe du Raz. Les bals et les *noces* se succèdent. Le bourg est *ragaillardi* et rajeuni jusqu'en septembre. L'hiver, *anémié*, *pluvieux* et vieux, il redevient villageois.

Edgar Morin, Commune en France

Vocabulaire

sentir *to experience*
affluer *to stream in*
le **velours** *velvet*
sabots de bois vernis *varnished wooden shoes*
la **coiffe** *headdress*
la **dentelle** *lace*
le **tablier** *apron*
la **jupe** *skirt*
le **pays bigouden** *Bigouden country: an area in Brittany characterized by the cylindrical shape of its «coiffes»*
endimanché *dressed in Sunday best*
le **bourg** *market town*
abattre *to tear down*
le **carrefour** *crossroads*
le **confluent** *junction*
l'**arrêt de car** (m) *bus stop*
les **résultats des tournois régionaux de football** *scores from the local soccer leagues*
le **flipper** *pin-ball machine*
le **baby-foot** *miniature hand-operated soccer game*
enjoliver = rendre joli
coquillages, crustacés et filets de pêche *shellfish, crustaceans, and fishing nets*
accroché *hanging*
être chaussé de sabots *to wear wooden shoes*

fredonner *to hum*
au pré *in the meadow*
la **crêperie** = restaurant où on mange des crêpes
la **crêpe** *the large, paper-thin Breton pancake*
les **messageries** (f) *parcel service*
la **mairie** *town hall*
antagoniste *an allusion to the bitter turn-of-the-century conflict between Church and State in France*
attirer *to draw*
attenant *adjacent*
à chaque perception de mandat *each time they cash a money-order*
glisser *to slip*
la **guichetière** (f) *the clerk behind the window*
le **calvaire** *roadside stone monument, common in Brittany, representing the scene of Calvary*
se **dresser** *to rise*
se **découvrir** *to bare one's head*
le **menhir** *an upright monumental stone, characteristic of the Megalithic culture (3000 B.C.), found mostly in Brittany*
s'**entremêler** *to mingle*
la **buvette** *small bar*
le **libre-service** *self-service food store*
la **pointe Bic** *ball-point pen*
le **compotier** *fruit dish*

le **sachet de confiserie** *bag of candy*	les **emplettes** (f) *shopping*
la **cacahuète** *peanut*	le **vélomoteur** *motorbike*
le **pavillon** *newly built one-family dwelling*	la **Toussaint** *All Saints' Day (November 1)*
grignotent les champs *are eating into the fields*	**déverser** *to pour out*
happé en faubourg *swallowed up in a suburb*	le **pensionnaire** *boarding student*
	l'**immatriculation** (f) *auto license plate (one that ends in 75 is from the Paris area)*
le **garage-atelier** *garage (for car repairs)*	la **noce** *wedding*
le **polo** *sweater-shirt*	**ragaillardi** *reinvigorated*
foncé *dark*	**anémié** *lifeless*
la **veste** *jacket*	**pluvieux** *rainy*

INTELLIGENCE DU TEXTE

1. Quel costume portaient traditionnellement les Bretons? À Plodémet, où voit-on encore apparaître des gens vêtus de cette façon?
2. Quelles langues parle-t-on dans la région?
3. Le bourg comprend deux centres; le premier est commercial; décrivez-le.
4. Que peut-on faire au Café des Sports en plus d'y prendre un verre?
5. Quels éléments modernes voit-on Au Vaisseau des Droits de l'Homme?
6. Quel mélange de modernisme et de tradition trouve-t-on chez la patronne?
7. Le café-crêperie a-t-il lui aussi plusieurs fonctions? Lesquelles?
8. Le deuxième centre est le centre officiel et monumental. Quels bâtiments comprend-il?
9. Quels éléments de modernisme trouve-t-on dans de nombreux commerces?
10. Quelles constructions modernes apparaissent dès qu'on sort du centre?
11. Quels contrastes offrent les vêtements des habitants?
12. Quels moyens de transport permettent les échanges entre le bourg, la campagne et les villes voisines?
13. À quel moment de l'année Plodémet vit-il pleinement?
14. Pourquoi le bourg est-il anémié l'hiver?

Les Guides de voyage

French people delight in traveling within their own country. Quiet, pleasant surroundings may be important to them, but good restaurants are indispensable. Ample information on where to stay and eat, and what to see, is provided by the guidebooks. The *Guides Bleus*, the *Gault-Millau*, and the *Kléber-Colombes* are excellent, but the best known and most widely used of all is the *Michelin*, published by France's leading tire manufacturer. The Michelin travel guides are small encyclopedias providing all kinds of information, ranging from a particular hotel's tolerance of pets to historical details about a certain statue in a little village church. The red Michelin guides treat hotels and restaurants; the green ones cover monuments and places of interest; the yellow ones are road maps. Michelin publications convey descriptive details through conventional signs (gables, stars, parentheses, etc.), and have their own rating system for monuments, hotels, and restaurants. For example, three stars beside the name of a restaurant indicate the finest in French culinary tradition. Since there are only seventeen three-star restaurants in all of France, "être dans le *Michelin*" is the ultimate source of pride for a chef or an innkeeper. Upon losing a star, French chefs have been known to commit suicide.

Le *Michelin*, bible de tout voyageur, a même trouvé sa place dans la littérature, comme en témoigne ce passage de *La Fête* du romancier Roger Vailland.

Comment choisir un hôtel?

—Qu'est-ce qu'il ne faut pas faire pour obtenir des étoiles!

Il étudia le guide Michelin. Il avait choisi Mâcon, ville *reliée* à Paris par des trains directs, et *à une heure du village par la route*; c'était également *commode* pour Lucie et pour lui. Il chercha un hôtel plaisant dans les environs de Mâcon. Il en nota deux, l'un à Pontanevaux, sur la route de Mâcon à Lyon, trois *pignons* qui signifient «très confortable,» rouges les pignons, ce qui signifie «agréable, tranquille, bien situé,» et une étoile «*une bonne table* dans sa catégorie.» Le guide mentionnait *en outre*: «Spécialités: *gratin de quenelles aux écrevisses*, écrevisses, *poularde* sans nom. Vins: *Mâcon, Beaujolais.*» Il craignit que «la bonne table» n'offense Lucie; ce n'était pas son style à elle; le sien non plus; il n'aime en somme que les viandes *saignantes* et les *alcools bruts*, en particulier le whisky; il n'est pas sans *mépris* pour les Français, ses concitoyens qui, dès qu'ils ont de l'argent, *se gavent de* plats à la crème et de vins lourds. Lucie serait gênée par le regard sévère du *maître d'hôtel* et du *sommelier*, quand ils mangeront des *grillades* et boiront, elle des jus de fruit, lui du whisky. L'autre hôtel, à sept kilomètres au nord de Mâcon, trois pignons noirs. Il aurait préféré rouges, mais il lut à la seconde ligne: «Beau parc,» entre *guillemets* rouges, c'est-à-dire un parc: «agréable, plaisant, bien situé.» Il faudra, avant de prendre Lucie à la gare, aller examiner les deux hôtels; si celui de Pontanevaux est aussi *avenant que l'annonce le guide*, ils pourront, pour éviter «la bonne table,» se faire servir les repas dans la chambre. Ce serait peut-être une bonne idée, passer les trois jours, vendredi, samedi, dimanche, enfermés dans une chambre, comme dans un tombeau.

Roger Vailland, *La Fête*

Le choix d'un hôtel, d'un restaurant		Le choix d'un hôtel, d'un restaurant

LA TABLE   **L'AGRÉMENT**

Les étoiles : voir les cartes p. 54 à 61.

En France, de nombreux hôtels et restaurants offrent de bons repas et de bons vins.

Certains établissements méritent toutefois d'être signalés à votre attention pour la qualité de leur cuisine. C'est le but des étoiles de bonne table.

Nous indiquons pour ces établissements trois spécialités culinaires et des vins locaux. Essayez-les, à la fois pour votre satisfaction et pour encourager le chef dans son effort.

Le séjour dans certains hôtels se révèle parfois particulièrement agréable ou reposant.

Cela peut tenir d'une part au caractère de l'édifice, au décor original, au site, à l'accueil et aux services qui sont proposés, d'autre part à la tranquillité des lieux.

De tels établissements se distinguent dans le guide par les symboles rouges indiqués ci-dessous.

Consultez les cartes p. 46 à 53, elles faciliteront vos recherches.

       Une bonne table dans sa catégorie.
516 L'étoile marque une bonne étape sur votre itinéraire.
Mais ne comparez pas l'étoile d'un établissement de luxe à prix élevés avec celle d'une petite maison où, à prix raisonnables, on sert une cuisine soignée.

       Table excellente, mérite un détour.
59   Menus et vins de choix, ... Attendez-vous à une dépense en rapport.

       Une des meilleures tables de France, vaut le voyage.
17   Tables merveilleuses, gloire de la cuisine française.
Grands vins, service impeccable, cadre soigné, ...
Prix en conséquence.

🏰 à 🏠	Hôtels agréables
🏠 à 🍴	Restaurants agréables
« Parc fleuri »	Élément particulièrement agréable
🕊	Hôtel très tranquille, ou isolé et tranquille
🕊	Hôtel tranquille
← mer	Vue exceptionnelle
←	Vue intéressante ou étendue

Vocabulaire

relié *linked*
à une heure du village par la route *one hour's drive from the village*
commode *convenient*
le **pignon** *gable*
une **bonne table** *fine cuisine*
en outre *besides*
gratin de quenelles aux écrevisses *balls of crayfish meat with grated cheese*
la **poularde** *table fowl*
Mâcon, Beaujolais *two famous wine-producing regions in south-*

ern Burgundy
saignant *(cooked) rare*
l'alcool brut *straight liquor (as opposed to* **apéritifs**[c]*)*
le **mépris** *scorn*
se **gaver de** *to stuff oneself with*
le **maître d'hôtel** *head waiter*
le **sommelier** *wine steward*
la **grillade** *grilled meat*
les **guillemets** (m) *quotation marks*
avenant *pleasing, appealing*
que l'annonce le guide = que le guide l'annonce

INTELLIGENCE DU TEXTE

1. Comment le narrateur a-t-il trouvé un endroit commode pour retrouver Lucie?
2. Comment sait-il que l'hôtel est agréable et que le restaurant est bon?
3. Quelles spécialités de l'endroit le guide mentionne-t-il?
4. Pourquoi la «bonne table» n'intéressait-elle pas particulièrement les voyageurs?
5. Quel jugement porte le narrateur sur les habitudes culinaires des Français qui ont de l'argent?
6. Quels avantages présente l'hôtel situé au nord de Mâcon? Pourquoi le narrateur apprécie-t-il les guillemets rouges?

Exercices de grammaire

I. Les temps du passé

A. *Complétez les phrases en employant un verbe au* **passé composé**.

1. L'urbanisation _____ (être) assez lente en France.
2. Le développement des villes _____ (avoir) pour cause l'arrivée en masse des ruraux.
3. À l'ouest de Paris, on _____ (construire) un ensemble de luxe qui s'appelle Parly.
4. Les sociologues _____ (dénoncer) le malaise des grands ensembles.
5. Les petites villes de la région parisienne _____ (être) autrefois de petites communes-dortoirs.
6. Mon ami _____ (pouvoir) construire une maison dans un «hameau.»
7. Mon appartement à Parly _____ (coûter) cher.
8. Beaucoup de ruraux _____ (venir) à Paris après la guerre.
9. L'urbanisme hâtif _____ (créer) des monstres.
10. Cette famille d'ouvriers _____ (s'installer) dans un H.L.M.

B. *Dans les phrases suivantes, employez un* **imparfait** *et un* **passé composé** *selon le modèle.*

modèle: Les familles nombreuses _____ (être) prioritaires dans ces ensembles, mais les Dupont _____ (obtenir) un appartement sans difficulté.

Les familles nombreuses étaient prioritaires dans ces ensembles, mais les Dupont ont obtenu un appartement sans difficulté.

1. Meudon _____ (être) une petite ville tranquille: elle _____ (devenir) un dortoir géant.
2. La France _____ (compter) encore une large population rurale au début du siècle, mais elle _____ (entrer) récemment dans la voie de l'urbanisation.

3. Les Français qui _____ (habiter) l'Algérie _____ (se porter) vers les villes du Midi.
4. Notre appartement _____ (être) trop petit, nous _____ (déménager) dans un plus grand.
5. Pendant la révolution industrielle, les villes _____ (attirer) les paysans. Cet exode rural _____ (drainer) une population excédentaire (excessive) vers les centres.
6. La ville _____ (être) ragaillardie (cheered up) quand les étudiants _____ (revenir).
7. Les jeunes gens _____ (jouer) au baby-foot dans l'arrière salle quand ils _____ (entendre) des cris dans la rue.
8. Autrefois, en Bretagne, les paysans _____ (porter) des chapeaux ronds, mais l'habitude _____ (se perdre).
9. Comme le car _____ (s'arrêter), je _____ (reconnaître) le café-crêperie.
10. Nous _____ (s'amuser) à la fête mais un orage (storm) _____ (éclater).

C. *Complétez les phrases en employant le verbe au* **passé composé** *ou à* **l'imparfait** *selon le sens.*

1. Méné-Kermao _____ (être) un petit hameau.
2. Après la guerre, les habitants _____ (construire) un monument aux morts.
3. À la poste, les vieux _____ (glisser) souvent une petite pièce à la guichetière.
4. Le Café des Sports _____ (se moderniser) : je ne le reconnais plus.
5. Quand j'étais en Bretagne, je _____ (manger) des crêpes.

II. Accord du participe passé *Accordez les participes passés si nécessaire.*

1. L'arrivée des touristes a _____ (rajeuni) le village.
2. Les crêpes que nous avons _____ (mangé) étaient délicieuses.
3. Ces villes sont _____ (devenu) des dortoirs géants.
4. La nuit, toutes les petites fenêtres se sont _____ (éclairé).
5. Elle a _____ (porté) la coiffe bigoudenne toute sa vie.
6. Ces deux hôtels sont bons, je les ai _____ (vu) dans le *Michelin*.
7. À la Toussaint les étudiants sont _____ (revenu) au pays.
8. Les architectes ont _____ (essayé) d'humaniser leurs constructions.
9. Elle s'est _____ (adapté) à la vie urbaine.
10. Les regards du maître d'hôtel, comme je les ai _____ (craint)!

Vocabulaire satellite: La Campagne

le **campagnard** *person who lives in the country*

le **calme** *peace and quiet*
la **santé** *health*
la **vie détendue** *relaxed living, relaxation*
se **détendre** *to relax*
se **reposer** *to rest*
  sain *healthy*
  bronzé *tanned*

le **paysage** *landscape*
les **bois** (m) *woods*
la **plage** *beach*
les **montagnes** (f) *mountains*
le **fleuve** *(large) river*
la **rivière** *river*
le **lever du soleil** *sunrise*
le **coucher du soleil** *sunset*

  aller à la pêche, à la chasse *to go fishing, hunting*
  prendre un bain de soleil *to take a sun bath*

se **baigner** *to go swimming*
l'**insecte** (m) *insect*
le **moustique** *mosquito*
la **piqûre** *sting, bite*

s'**ennuyer** *to be bored*
le **provincialisme** *provincialism*
  avoir l'esprit étroit (large) *to be narrow (broad-) minded*

visiter (une région, un endroit) *to visit (a region, a place)*
rendre visite (à une personne) *to visit (a person)*
suivre un itinéraire *to follow an itinerary*
consulter une carte routière, un plan (de ville), un guide *to consult a road map, a street map, a guidebook*
faire de l'autostop *to hitchhike*
faire une excursion en auto, à motocyclette, à bicyclette, à pied *to take a car trip, a motorcycle trip, a bike trip, to go on a hike*

Pratique de la langue

1. Que faisait-on à Plodémet à votre avis avant le développement du tourisme?
2. Si vous vivez, avez déjà vécu ou avez passé des vacances à la campagne, quelles comparaisons pouvez-vous faire entre votre village et Plodémet?
3. À votre avis, pourquoi les vieux et les vieilles glissent-ils une petite pièce à la guichetière? Avez-vous déjà vu des vieux ou des paysans qui agissaient d'une manière étrange ou timide comme ceci?
4. Mettez en scène le jeu suivant: deux jeunes Américains débarquent d'un car à Plodémet pour rencontrer leurs amis bretons, Annick et Joël. Où arrivent-ils? Qu'est-ce que leurs amis leur montrent? En voyant des éléments modernes comme le parking, un libre-service etc., les Américains demandent ce qu'il y avait là avant.
5. Quelles distractions la campagne offre-t-elle qui ne se trouvent pas dans les villes?
6. Répondez aux questions suivantes en consultant le *Guide Michelin* à la page 58.
   a. Dans un *Guide Michelin*, que signifie, après le nom d'un hôtel, l'indication suivante:
      «Grande terrasse, parc fleuri ← plage et mer»
   b. Quelle différence y a-t-il en principe entre un hôtel à cinq pignons et un hôtel à un?
   c. La qualité de cuisine des hôtels est indiquée par une, deux ou trois étoiles. Combien d'étoiles un bureau de tourisme doit-il recommander aux personnes suivantes? Expliquez pourquoi.
      1. un groupe d'étudiants américains
      2. un homme d'affaires en vacances qui voyage avec sa famille
      3. un jeune couple qui a un budget à considérer
      4. une dame dyspeptique
      5. un gourmet
   d. Les dessins du guide nous montrent un monsieur bien arrondi (rounded) dont l'apparence est curieuse, peu humaine et même grotesque. Pourquoi ce drôle de monsieur paraît-il dans le *Guide Michelin?* Voici un tuyau (hint): le pneu = *tire*.

Sujets de composition

1. Un soir d'hiver Marie, la patronne du Vaisseau, écrit à son amie résidant à Paris. Elle ne l'a plus vue depuis le printemps dernier; elle lui raconte ce qui s'est passé dans le village depuis l'été.
2. La vie à la campagne est-elle reposante et saine ou ennuyeuse? Citez comme arguments des expériences personnelles.

5 Les Classes Sociales

La Conscience de classe en France

The concept of social class is elusive, the only consistent reality behind it being the individual's own awareness of his social level—an awareness that is by definition subjective. For the same reason, the class structure of a society is a reflection of its cultural values.

On the basis of their own national experience, most Americans view social class as relatively unimportant—certainly less crucial than race and ethnic background. The overwhelming majority of Americans see themselves as members of a vast "middle class." To a considerable extent, this attitude reflects a reaction against the more rigid class structure of nineteenth-century Europe, from which immigrants consciously sought to escape by coming to America. This attitude is also supported by a wage structure where the traditional distinction between manual and clerical workers has become increasingly effaced, and where blue-collar workers frequently earn more than their white-collar counterparts. Even more important, perhaps, is the belief that upward social mobility, based on merit and achievement, remains largely unrestricted.

By contrast, class consciousness is far more acute in France, even though many factors accounting for the relative "classlessness" of American society are now present in Europe as well. Whether they accept their status or seek to escape from it, most Frenchmen are keenly aware of being workers, peasants, or members of the lower or upper middle class. Communication across class lines remains difficult and strained, as the rebellious university students of May 1968[c] discovered, when they tried to join forces with the workers, only to be rebuffed as *des fils à papa*: rich men's sons and playboys. Yet at the same time the modernization of French society has generated increased social mobility, and created a new middle class of executives (*les cadres*) that is still uncertain of its status.

Each of the following excerpts illuminates a facet of the social structure of modern France. In the first selection a journalist relates, for her upper-middle-class readers, her attempt to live the life of a working-class girl. The second excerpt deals with problems of the new status-seeking managerial class, while the third is from the autobiography of a small farmer whose class consciousness remains essentially untroubled by the changes taking place around him.

Une journaliste du magazine *L'Express*, Élisabeth Schemla, a décidé de vivre, pendant trois semaines, la vie d'une vendeuse dans un *grand magasin* parisien: le Prisunic.

Vendeuses

J'aimerais bien savoir à quoi on va m'employer. J'ai passé des tests, été *embauchée*; ce matin, l'*employée m'accueille*, voilà trois quarts d'heure que nous sommes ensemble. Et que m'a-t-elle dit? Que j'allais gagner 1.050 Francs *brut* par mois, que j'étais «engagée comme vendeuse, mais que je serais caissière, tout en étant, pour l'instant, *à la vente*»!

Nous arrivons au *rayon* boulangerie-pâtisserie.

«Madame Simon! Cette demoiselle est engagée comme caissière, mais elle va aider Maria pendant les *trois jours de promotion*. Elle commencera lundi seulement, avec Mme Taffoureaux.»

La jeune femme du service du personnel m'abandonne. Pendant les trois semaines qui suivront, chaque fois que je la *croiserai*, elle ne me jettera pas un regard ni ne m'adressera un sourire. . . .

Attirée par les appels de l'*animateur* qui annonce une vente spéciale de gros «éclairs,» une cliente s'approche:

«Madame?

—C'est vraiment 1 Franc, ces gros éclairs?»

—Oui Madame: Hésitation dans le *for intérieur* de la dame: «Évidemment, certains sont cassés, ce n'est pas très présentable. D'un autre côté . . . 1 Franc . . . Ils *font de l'effet*.»

Enfin: «Mettez-m'en dix.»

Outre le pain et les autres pâtisseries, nous avons ainsi vendu près de 5.000 éclairs géants en trois jours, Maria et moi. *Du coup*, une grande complicité s'est installée entre nous. Pensez! Soixante-douze heures de *crème pâtissière*! Car on en a rêvé toutes les deux pendant trois nuits, de ces *satanés* éclairs. Sans compter les affreuses *courbatures*—les *frigos* sont à hauteur de genou—et les maux de *crâne* à cause de ce *haut-parleur* situé juste au-dessus de nos têtes et par lequel l'animateur nous fait savoir dix, vingt, trente fois par jour qu' «au rayon pâtisserie, exceptionnellement, Prisunic est heureux . . .»

Je n'ai pas eu le temps de connaître Maria: pendant les «journées de promotion,» nous avons travaillé vingt-quatre heures ensemble, et nous avons à peine eu une demi-heure de répit. En tout. Sur trois jours.

Je sais donc seulement que c'est une Portugaise de 25 ans, qu'elle travaillait dans une *fabrique de matelas*. «Toute la journée à genoux, par terre,» et qu'*à tout prendre* elle «préfère encore être vendeuse, bien que ça ne soit pas toujours rose avec les clients.»

Les clients . . . Quand on travaille en usine, on se dit que ça doit être agréable de voir *du monde*. Le fameux «contact humain,» vous savez. Et puis, quand on est enfin en contact avec ces humains, alors, là . . .

Le dernier jour «éclairs géants,» Maria *était aphone*. Arrive une «chère cliente» qui *réclame* une demi-*baguette*: 35 centimes.

«Un papier pour mettre autour.

—Madame, on n'est pas chez *Fauchon*.

—Mademoiselle, il y a un *arrêté préfectoral* qui . . .»

Oh là là! Je fais signe à Maria de donner au *manteau d'astrakan* son morceau de papier. Elle s'exécute de mauvaise grâce.

«Oh, *ne le prenez pas sur ce ton*, hein? Qu'est-ce que vous ferez quand Prisunic n'aura plus de clients? Le *trottoir*! D'ailleurs, vous n'êtes bonne qu'à ça!»

Scheim . . . —Ça, c'est moi. J'ai eu beau répéter que Scheim n'était pas mon nom, quelle importance? *Caisse* 2. Je déteste la «2»: elle est juste à côté des *surgelés*.

Chaque matin, en arrivant, on consulte ainsi la liste affichée au-dessus du *tableau de pointage*.

Ensuite, il faut descendre au *vestiaire*: un étage plus les quatre marches. Une fois *en tenue*, on revient *pointer* à l'entrée du service: les quatre marches plus l'étage. Après, encore un étage pour aller chercher sa caisse au guichet. Enfin, redescendre jusqu'au *sous-sol* pour rejoindre l'Alimentation.

Cette petite gymnastique, quatre fois par jour, les jeunes la supportent *allégrement*. Pas les autres. J'en croise souvent qui se sont arrêtées, *essoufflées* et rouges, la main sur la *poitrine*.

Toutes, nous aimons les cinq minutes qui précèdent l'ouverture du magasin. Le silence, les allées désertes ont un charme certain.

«Salut, bien dormi?

—*Comme une masse*. Je suis «tombée» à 9 heures. J'ai même pas eu le courage de regarder la télé.»

Nous savons qu'aux portes *se bousculent* déjà les premiers clients. Ceux qui *font le poireau* avant l'ouverture «*pour avoir moins de monde.*»

«Dis-moi, Claude, combien fait-on de réduction sur les achats qu'on fait dans ce magasin?

—On n'a aucune réduction sur rien. Le seul avantage qu'on a, c'est de pouvoir aller une fois par mois au *Printemps-Nation* où ils font un *rabais* de 15% pour les employés de Prisunic. Parce que Printemps et Prisunic, c'est *la même boîte.*»

Pendant la pause, les vendeuses font connaissance en se reposant. Elles parlent de leurs problèmes. Celle-ci se plaint de son mari, celle-là de ses enfants, des vaisselles, une autre, à 36 ans voudrait enfin être enceinte, une jeune femme seule confie à sa compagne:

—Et alors, elles ne sont pas les seules à avoir des problèmes. Moi, j'ai fait une *connerie* en venant ici ... J'habitais à Mantes-la-Jolie. J'ai quitté l'école à la *rentrée*. Je voulais monter à Paris. Et, une fois à Paris, je ne savais rien faire. Dans ces cas-là, *tu n'as plus qu'à* devenir vendeuse.»

Elle va pleurer.

«Tu restes déjeuner ici, le midi?

—Non, je mange à la *cantine* de mon foyer.ᶜ
Ça me coûte moins cher.»

La pause est finie. Je me lève.

—Hé! Tu pourrais venir déjeuner avec moi,
un jour, au foyer. Enfin . . . Si tu veux.»

*Ces travailleuses sont-elles organisées pour
défendre leurs intérêts?*

«Carottes, 2 F 10. Café, 5 F 12 . . . Voilà
votre monnaie, monsieur, merci, monsieur, au
revoir, monsieur . . .»

L'autre jour, sur le *panneau réservé à
l'affichage*, on nous a annoncé une *réunion
syndicale* pour le soir à 7 heures.

«Claude, tu viens à la réunion?

—Non. Il ne faut pas y aller.

—Pourquoi?

—Parce qu'ils n'arrêtent pas de te demander
de l'argent.

—Ça ne tient pas debout, ce que tu dis. Le
syndicat te demande une *cotisation* annuelle.
Et c'est tout.

—Non, non, je t'assure: c'est 20 Francs
par-ci, 30 Francs par-là.

—Mais enfin, qui raconte ça?

—*Ben*, le directeur . . .»

Elisabeth Schemla, «Trois semaines à Prisunic,»
L'Express

Vocabulaire

le **grand magasin** *department store*
  embaucher *to hire*
l'**employée m'accueille** *the personnel
  clerk receives me*
  brut *gross (of money)*
  à la vente *in sales, on the floor*
le **rayon** *department (in a store)*
les **trois jours de promotion** *the three-
  day sale*
  croiser *to meet*
l'**animateur** (m) *announcer*
le **for intérieur** *heart of hearts*
  faire de l'effet *look good*

  outre *besides*
  du coup *all of a sudden*
la **crème pâtissière** *pie-filling cream*
  satané *confounded, blasted*
la **courbature** *muscular ache, back-
  ache*
le **frigo** *refrigerator*
le **crâne** *skull*
le **haut-parleur** *loudspeaker*
la **fabrique de matelas** *mattress factory*
  à tout prendre *on the whole*
  du monde *people*

être aphone *to lose one's voice*
réclamer *to call out for*
la baguette *narrow stick of French bread*
Fauchon *a gourmet food store in Paris*
l'arrêté préfectoral *city ordinance*
le manteau d'astrakan *lambskin coat*
ne le prenez pas sur ce ton *don't speak to me in that tone of voice*
le trottoir *the sidewalk*; faire le trottoir: *to be a streetwalker*
la caisse *cash register*
les surgelés *frozen foods*
le tableau de pointage *the board where employee timecards are kept, next to the time clock*
le vestiaire *the cloakroom*
en tenue *in uniform*
pointer *to punch in, to punch the time clock*
le sous-sol *basement*
allégrement *lightly, blithely*
essoufflé *out of breath*

la poitrine *chest*
comme une masse *like a log*
se bousculer *to jostle one another*
faire le poireau (argot) *to wait*
pour avoir moins de monde *to avoid the crowd*
Printemps-Nation *a chain of department stores*
le rabais *discount*
la même boîte (argot) *the same establishment (i.e., owned by the same management)*
enceinte *pregnant*
une connerie (argot) *something stupid*
la rentrée = la rentrée des classes: *the start of the term*
tu n'as plus qu'à *you can only*
la cantine *cafeteria*
le panneau réservé à l'affichage *bulletin board*
la réunion syndicale *union meeting*
la cotisation *dues*
ben = eh bien

INTELLIGENCE DU TEXTE

1. Pour quelle place Élisabeth Schemla a-t-elle été embauchée à Prisunic?
2. Combien gagne-t-elle et à quoi va-t-on l'employer pour l'instant?
3. Décrivez les rapports entre la vendeuse et l'employée du personnel.
4. Qu'est-ce qu'on vend en promotion? Quel est l'effet de ces ventes spéciales sur les vendeuses?
5. Quel travail Maria faisait-elle avant d'être vendeuse?
6. Quelle opinion a-t-on de la vie des vendeuses quand on travaille en usine?
7. Racontez un incident dans la vie de Maria qui montre que «ce n'est pas toujours rose» avec les clients.
8. Pourquoi la vendeuse déteste-t-elle la caisse 2?
9. Comment les jeunes vendeuses supportent-elles la gymnastique qu'elles doivent accomplir chaque jour? Et les autres?
10. Peut-on avoir une idée de ce que font les vendeuses après la journée de travail? Citez des exemples.
11. Quels avantages le magasin offre-t-il à ses employés?
12. Montrez comment certaines d'entre elles cherchent à établir des contacts plus permanents pendant la pause.
13. Pourquoi Claude ne veut-elle pas aller à la réunion syndicale?

Les Cadres

In modern Western societies the middle class has found a new hero. In America the media associate him with a distinctive life style, a luxury car, a liberal expense account. He is the epitome of white-collar achievement, the man who made it to the top, "the executive." In Italy they call him *il dirigente*; in England, a manager; in Belgium, *personnel de direction*. In France his name conjures up a small world of rationality: *le cadre* (literally, "the frame"). The *cadres* are a new breed, numbering some three million individuals. Beginning in the 1950s they seemed to take command at all levels, marking a new industrial revolution where family-owned businesses and their traditional methods were giving way to efficient, faceless management techniques.

The *cadres* were the chief artisans of this transition and became the invisible builders of France's new prosperity and economic progress. Projecting an image of cold efficiency and dynamism, they themselves acquired an ample share of this prosperity and were recognized as the new «*arrivés.*» Trained in the best schools—the *grandes écoles*[c] and sometimes American business schools as well—they constituted the upper crust of the hierarchy in business firms, banks, and factories. They were looked upon not only as collaborators of the employers (*les patrons*), but as responsible decision-makers in their own right. During the 1950s their growing ascendancy was reflected in the creation of a national professional association, the *Confédération Générale des Cadres* (CGC), and an international one as well.

In recent years, however, every newspaper and magazine in France has reported disturbing changes in the position of the *cadre*: his fortune has ebbed somewhat, he now faces difficulties. Threatening in tone at times, often complaining, he is increasingly uncomfortable with his status in society. Has he become a has-been already?

Pris entre les ouvriers et les patrons, les cadres s'interrogent sur leur avenir.

Les Nouveaux damnés de la terre

Les cadres éprouvent aujourd'hui le sentiment d'une véritable *perte* d'identité. Les cadres étaient les collaborateurs du patron. Ils partageaient son pouvoir, reflétaient son autorité. C'était là ce qui faisait leur rôle dans l'*entreprise*, et qui leur donnait leur place dans la société. Aujourd'hui, le pouvoir *s'éloigne,* et son image devient *floue*. Le patron, souvent, n'est plus qu'un «centre de décision,» un groupe, une banque, un *holding*. Qui a son *siège* à

Paris, au sommet d'une tour, quand ce n'est pas à Francfort ou à Chicago. Et qui parle par télex, et pour donner des ordres plutôt que pour demander des avis. *Mise à part une toute petite poignée* de super-managers, les cadres sentent qu'ils deviennent des *exécutants* comme les autres, ou presque.

La considération? Les cadres avaient, au moins formellement, l'estime de leur entourage, le respect de leurs subordonnés. Dans l'*ambiance* de contestation[c] qui *sévit* partout aujourd'hui, ils ont de plus en plus de mal à exercer leurs responsabilités—et cela va parfois jusqu'au risque physique.

Les «avantages»? Voitures, *frais de représentation*, vacances supplémentaires: disparus *sous le rabot de* l'égalitarisme. Et *ce qu'il en subsistait s'envole* au vent des restrictions.

Restaient les salaires. Même devenus des exécutants comme les autres, les cadres gardaient un privilège: celui des hauts salaires.—Pas si hauts qu'on le dit, proteste André Malterre.[1]

Et qui peut dire où s'arrêtera l'*écrasement* de la hiérarchie? Hier «surconsommateurs»—c'était à la fois leur *ultime fierté* et leur dernière définition —les cadres sont en train de devenir, également, des consommateurs comme les autres.

D'autant qu'ils ne sont pas des *contribuables* comme les autres. Les 3.000.000 de cadres français, qui représentent 17% de la population active, paient 31% de l'*impôt sur le revenu*. À tous ces problèmes ils voient s'ajouter les difficultés d'emploi de plus en plus graves.—Les cadres, affirme André Malterre, sont les premières victimes de la *crise*.

Les *états-majors* d'entreprise sont les premières victimes des *faillites* et des concentrations, *fusions* et autres regroupements qui bousculent le monde des affaires. Et le cadre en chômage, surtout lorsqu'il n'est plus jeune, éprouve des difficultés particulières à retrouver un emploi. Sans compter que, même «dynamique,» le jeune cadre qui arrive aujourd'hui sur le marché du travail met couramment de trois à six mois avant

---

[1]Bien sûr, leurs revenus restent confortables mais on fait remarquer qu'entre 1970 et 1975 les salaires des cadres ont progressé deux fois moins vite que le S.M.I.C.[c]

d'obtenir son premier poste. Bref, MM. les *Cols Blancs* vous prient d'excuser l'expression: *ils en ont, à leur tour, «ras-le-bol.»*

Cadres, nouveaux damnés de la terre.[2] après quoi courez-vous donc ainsi, sans pouvoir jamais vous *rattraper*? Les «belles carrières»? Illusion. Les belles carrières, les salaires fabuleux n'existent pas, ou si peu: une poignée, réservée à quelques supermen. Ou à quelques *veinards*. Ou à quelques gangsters. Et ceux qui y arrivent, regardez un peu dans quel état c'est! En fait, si vous aviez le temps d'y regarder de plus près, vous vous apercevriez que, dans la majorité des cas, vos salaires évoluent *dans la même fourchette* que ceux des ouvriers: *du simple au double*, pas plus. Mais cela, bien sûr, vous n'y croyez pas. Vous croyez à la méritocratie. Parce que, depuis l'école maternelle, on vous apprend à y croire. Parce que vous êtes enfermés dans un système de valeurs, dans une idée de sélection «naturelle» qui vous sont imposés de l'extérieur— et par qui, sinon par ceux qui vous font courir? Cadres de tous les pays, unissez-vous.

Le cadre, jusqu'ici, n'a guère paru *séduit* par ce discours. Et pas plus par celui des syndicats. Le cadre continue de *traîner* avec lui son malaise, qui lui fait de plus en plus mal. Et d'*assumer*, de plus en plus difficilement, *son* étrange *condition* de «*métis social*,» ni patron, ni ouvrier, ni tout à fait *complaisant* à l'égard du pouvoir, ni tout à fait opposant.

Un *sondage* vient de le montrer. À la question: «En cas de conflit social, *de* quel *côté* vous *rangeriez-vous*?» les cadres ont répondu, à 42%: «Du côté du patron.» Et à 35%: «Nous resterions neutres.» Le reste n'a pas répondu.

Comme à une religion, les cadres restent attachés à leurs «privilèges.» Même quand lesdits privilèges ont disparu. Car rien n'est plus difficile à l'homme, on le sait depuis Nietzsche, que de changer de dieux.

Georges Menant, «Les Cadres crient au voleur,»
Paris-Match

---

[2]«Les damnés de la terre»: cette expression tirée de l'*Internationale*, le chant révolutionnaire socialiste, est employée souvent humoristiquement pour parler des travailleurs.

Vocabulaire

la **perte** *loss*
l'**entreprise** (f) *factory, business firm*
s'**éloigne** *is becoming remote*
flou *blurred*
le **holding** *holding company*
le **siège** *headquarters*
mise à part une ... poignée *except for a ... handful of*
l'**exécutant** (m) *person who executes orders*
l'**ambiance** (f) *atmosphere*
sévir *to be rampant*
les **frais** (m) **de représentation** *expense account*
sous le rabot de *under the plane of;* (i.e., *whittled away by*)
ce qu'il en subsistait *what remained*
s'**envoler** *to be blown away*
l'**écrasement** (m) *leveling*
le **surconsommateur** *superconsumer*
l'**ultime fierté** (f) *last remaining pride*
le **contribuable** *taxpayer*

l'**impôt** (m) **sur le revenu** *income tax*
la **crise** *recession*
l'**état-major** (m) *executive staff*
la **faillite** *bankruptcy*
la **fusion** *merger*
les **Cols Blancs** *white-collar workers*
ils en ont ... «ras-le-bol» *they've had it up to here*
se **rattraper** *to catch up*
le **veinard** *lucky guy*
dans la même fourchette *within the same range*
du simple au double *they can double*
séduire *to please, to charm*
traîner *to drag along*
assumer sa condition *to accept one's social status*
le **métis social** *social half-breed*
complaisant *obliging, accommodating*
le **sondage** *opinion poll*
se **ranger du côté de** *to side with*

INTELLIGENCE DU TEXTE

1. Comment se définissaient traditionnellement les cadres?
2. De quelle façon le patron a-t-il changé lui aussi?
3. Est-ce que le "super-manager" existe, ou est-ce purement un mythe moderne? Expliquez.
4. Citez quatre éléments qui ont changé dans la vie des cadres. Expliquez ce qui se passe.
5. Pouquoi les cadres sont-ils en train de devenir des consommateurs comme les autres?
6. De quelle façon les cadres sont-ils touchés par la crise?
7. Pourquoi le chômage pose-t-il souvent un problème assez grave pour les cadres?
8. Pourquoi les cadres sont-ils appelés ironiquement les «nouveaux damnés de la terre»?
9. Quels sont les éléments de cette exhortation aux cadres qui vous paraissent sarcastiques?
10. Qu'est-ce qui indique que la condition de «métis social» des cadres crée un malaise?

Les Paysans

France has traditionally been an agricultural country and farmers have been held in high esteem. In fact, many have claimed that Frenchmen have retained «une mentalité de paysan,» with a realistic outlook on life and a strong attachment to their environment. Even though the percentage of the population actively engaged in agriculture declined from 20 percent in 1955 to less than 15 percent in 1975, agriculture remains an important part of the economy. Large landholdings account for 31 percent of the land under cultivation, but there is still a very large number of small and medium-sized production units in farming, in cattle and poultry raising, dairy farming, market gardening, winegrowing, etc.

The government's farm policy has aimed at modernizing French agriculture, while paying lip service to the rather utopian notion of stemming the rural exodus. Government-sponsored measures include the consolidation of fragmented landholdings (*remembrement*), the encouragement of cooperatives, the extension of special credit privileges to farmers, and of direct and indirect subsidies. The latter, however, seem to have mostly benefited certain large landowners, and are now being gradually eliminated as a result of France's membership in the Common Market.

In spite of these measures, the farmers have grievances and take them very seriously. They complain above all of being squeezed between rising costs and declining market prices—a squeeze frequently aggravated by the elimination of protective tariffs within the Common Market. Politically active, they have expressed these grievances through conventional lobbying, the organization of rural unions, and also—increasingly—through public demonstrations. They have covered walls with slogans and with their symbol of protest, «*les tridents de la colère*»—a three-pronged pitchfork. They have blocked highways with tractors, fouled the steps of official buildings with manure, kidnapped a Minister of Agriculture, and marred the opening ceremonies for a new expressway by releasing truckloads of pigs on the construction site.

Yet if the French farmer is fiercely independent and defiant of the central government, he remains essentially conservative in outlook, a traditionalist tied to the soil.

Paysan de la Beauce, ce «*grenier* de la France,» Ephraïm Grenadou a raconté sa vie à l'écrivain Alain Prévost. La commune^c où il habite se trouve dans une grande plaine que dominent les tours de la cathédrale de Chartres.
Le passage suivant décrit comment un paysan de Beauce passe une de ses journées.

Un Paysan de la Beauce

J'ai soixante-neuf ans et je cultive cent soixante-dix *hectares*.

Tous les matins, je me lève à six heures. Mes compagnons viennent manger et je fais chauffer le café. La *patronne* se lève après, tout doucement. Pendant que mes ouvriers déjeunent, je prends

seulement du café et on *cause* du *boulot* de la *veille*, d'*où on en est,* de ce qu'on va faire. Quand ils savent leur travail de la journée, je vais *curer* mes deux *vaches.*

Si j'ai encore deux vaches, c'est parce que *je veux pas* être *cultivateur* et aller au lait chez le voisin. Je peux pas lui dire: «J'ai plus de vache parce que *ça ne rapporte pas.»* Pourquoi est-ce qu'il me vendrait du lait, alors?

Je déjeune: des oeufs. Je *soigne* les poules, les canards, mon chien. J'aide la patronne; je vais lui chercher ses pommes de terre, ses *poireaux* dans le jardin. Je lui apporte tout à la maison parce qu'avec l'âge, elle est moins *magnante.*

Après, je prends ma voiture et je fais un tour, voir mes *gars.* À ce moment-là, j'observe la *culture.* Je prends les *chemins de traverse,* je passe dans le bout de mes champs, je vois le blé où j'ai *semé.* Je le vois *lever,* je le vois pousser, je vois *ce qu'il lui manque,* s'il a faim, s'il faut que je le traite, que je le nettoie.

L'histoire d'être cultivateur, c'est d'observer. Toutes ces plantes-là, c'est comme des animaux, ou même des enfants. Je les regarde grandir et si elles profitent mal, je fais ce que je peux. Ce qui m'intéresse dans la *moisson,* c'est de la voir *pousser* belle. Elle me plaît parce qu'elle vient de moi, un peu. Quand elle est *battue* et stockée sous le *hangar,* je la regarde plus.

Je trouve mes gars, je descends de l'auto, je marche derrière le tracteur. Ça m'intéresse tellement qu'au lieu de faire un tour, j'en fais trois. Midi arrive, je suis surpris.

Le midi, je mange avec mes ouvriers. Là, c'est plus la même conversation que le matin et on ne parle plus du boulot. On parle du journal et de toutes sortes. Après les grandes *tablées* d'autrefois, nous voilà quatre. C'est plutôt la vie de famille.

À deux heures moins dix, je suis tellement habitué que je me lève sans regarder la montre. Mes gars partent. Souvent, j'ai des courses à faire; comme aujourd'hui, j'ai été à Chartres avec Marius et on a acheté une *tronçonneuse;* ou bien la banque, des visites, emmener la patronne chez le médecin.

Vers cinq heures, je vais à Luplanté faire ma *partie* de billard. Je retrouve les copains. On joue jusqu'à sept heures et je rentre.

Je repasse par mes chemins de traverse. Je vois les *perdreaux*; l'été, ils ont des petits et ils courent le long des chemins. Ils connaissent mon auto et quand je passe à côté d'eux ils *se sauvent* pas.

Le samedi après-midi, je monte à Chartres comme tous les cultivateurs de la Beauce. Depuis trente ans, je manque mon samedi guère plus que deux fois par an. Depuis quinze ans, je vais au club de billard. Dans ce club, *on vient de toutes les corporations*: des commerçants, des *fonctionnaires*, des cultivateurs, des jeunes, des vieux. Tout le monde *se fréquente*. Notre goût, c'est le *tapis vert*.

Sur le marché des Halles, je trouve mes *Beaucerons*. On cause de notre travail. La conversation dépend des saisons. L'hiver, on parle du mauvais temps. Plus tard, qui a semé son *orge*?

—Moi, j'ai commencé.

—Moi, je suis à moitié. À la moisson, les gars parlent de leur *récolte*:

—Ça fait quarante *quintaux* de l'hectare . . .

—Cinquante! Soixante!

À force de mentir, on arrive à se croire, parce que la mentalité des Beaucerons c'est «*au plus fort*,» toujours «au plus fort.» J'aime mieux entendre ça que d'être sourd.

On est deux heures sur le marché, par petits groupes. On se rencontre de l'un à l'autre. Des questions de commerce, il en est presque plus question maintenant, puisqu'on passe par les *coopératives*.

Après, c'est le café Noblet, toujours plein le samedi. Ça se bouscule jusqu'au premier étage. On boit un apéritif[c] ou deux.

Pendant ce temps-là, la patronne a fait ses courses. Je la ramène. Avant, il fallait s'en venir plus tôt pour nourrir les ouvriers qui revenaient des champs; mais depuis quelques années, je leur donne congé samedi après-midi et on mange plus tard.

Alain Prévost, Grenadou, paysan français

Vocabulaire

le **grenier** *breadbasket*	la **patronne** *the wife (meaning his own)*
l'**hectare** (m) *hectare (= 2.47 acres)*	**causer** *to chat*

le **boulot** (argot) = le travail
la **veille** *the day before*
   où on en est *how far we've got*
   curer les vaches *to clean the cows'*
      stable
   je veux pas = je ne veux pas
le **cultivateur** *farmer, grower (as op-*
   posed to a farmer who raises
   animals)
   ça ne rapporte pas *it doesn't pay*
   soigner *to take care of*
le **poireau** *leek*
   magnant (dialecte) *vigorous*
le **gars** *man, guy*
la **culture** *crop*
le **chemin de traverse** *shortcut*
   semer *to sow*
   lever *to sprout*
   ce qu'il lui manque *what it needs*
l'**histoire d'être cultivateur** *the trick to*
   being a farmer
la **moisson** *crop, harvest*

pousser *to shoot up*
battu *threshed*
le **hangar** *the shed*
la **tablée** *tableful (of people)*
la **tronçonneuse** *portable chain saw*
la **partie** *game*
le **perdreau** *young partridge*
se **sauver** *to fly away*
   on vient de toutes les corporations
      people of all trades come
le **fonctionnaire** *civil servant*
se **fréquenter** *to socialize*
le **tapis vert** *the green baize (= the*
   pool table)
le **Beauceron** = habitant de la Beauce
l'**orge** (f) *barley*
la **récolte** *crop*
le **quintal** *a weight: 100 kilograms*
   à force de *by dint of*
   au plus fort *one-upmanship*
la **coopérative** *producers' cooperative*

INTELLIGENCE DU TEXTE

1. Quel âge a ce fermier?
2. Que se passe-t-il le matin dans la maison de Grenadou?
3. Pourquoi ce cultivateur garde-t-il encore des vaches?
4. Quelles sont les activités de la ferme avant le déjeuner?
5. Quelle comparaison fait-il en parlant de ses plantes?
6. Comment se passe le repas des ouvriers?
7. Que fait Grenadou avant de rentrer à la maison à sept heures?
8. Comment voit-on que la campagne est tranquille dans les chemins de traverse?
9. Pourquoi le samedi est-il un jour spécial?
10. De quoi parlent les Beaucerons au marché?
11. Quelle est leur mentalité? Donnez-en un exemple.
12. Comment les paysans vendent-ils leurs produits maintenant?
13. Pourquoi Grenadou peut-il rester plus longtemps en ville le samedi qu'autrefois?

Exercices de grammaire

I. L'interrogation
A. *Transformez les questions en faisant l'inversion du sujet.*
   modèle: Salut! Est-ce que tu as bien dormi?
      Salut! As-tu bien dormi?

1. Est-ce que l'animateur annonce une vente spéciale?
2. Est-ce que tu viens à la réunion syndicale?
3. Est-ce que les fermiers entrent en grève?
4. Est-ce que les syndicats ont obtenu satisfaction?
5. Monsieur Grenadou, est-ce que les petits fermiers comme vous vont disparaître?

B. *Complétez les questions en employant les interrogatifs* **qui, que** *ou* **quoi.**
   1. _____ m'a-t-elle dit? Elle m'a parlé de mon salaire.
   2. _____ a kidnappé le ministre de l'Agriculture?
   3. «À _____ va-t-on m'employer,» se demande Élisabeth.
   4. Avec _____ Grenadou mange-t-il dans les champs?
   5. Dans _____ conserve-t-on les éclairs?

C. *Formez les questions introduisant les réponses qui suivent.*
   modèle: Un Beauceron est un habitant de la Beauce. **Qu'est-ce qu'un Beauceron?**
   1. Un cadre est un dirigeant.
   2. J'ai fait le boulot avant de venir à Paris.
   3. Le chômage est une période d'inactivité involontaire.
   4. On vend des produits d'alimentation chez Fauchon.
   5. Les voitures et les frais de représentation ont disparu sous le rabot de l'égalitarisme.

D. *Employez la forme appropriée de l'interrogatif* **quel, lequel** *ou* **auquel.**
   1. _____ carrière choisirez-vous?
   2. Dans _____ fourchette évolue votre salaire?
   3. La caisse 1 est près de la porte, et la caisse 2, près des surgelés. _____ voulez-vous?
   4. À _____ privilèges les cadres restent-ils attachés?
   5. Notre personnel appartient à divers syndicats, et vous, _____ appartenez-vous?

II. La négation
A. *Répondez négativement aux questions en employant* **ne . . . pas, ne . . . plus** *ou* **ne . . . jamais.**
   1. Grenadou est-il devenu millionnaire?
   2. Autrefois les cadres avaient beaucoup d'avantages. Sont-ils encore si privilégiés aujourd'hui?
   3. Élisabeth s'est-elle amusée au Prisunic?
   4. Monsieur Grenadou, avez-vous encore des vaches?
   5. Êtes-vous déjà allé(e) à Chartres?

B. *Répondez par une phrase en employant* **rien** *ou* **personne***; n'oubliez pas le* **ne**.

1. Qui a le droit par sa naissance d'être un privilégié?
2. La cliente difficile a-t-elle acheté quelque chose?
3. Qui a expliqué à la vendeuse ce qu'elle devait faire?
4. Connaissez-vous quelqu'un qui travaille au Prisunic?
5. Est-ce que quelque chose est plus difficile à l'homme que de changer de dieux?

Vocabulaire satellite: Les Classes sociales

la **(petite, haute) bourgeoisie** *the (lower, upper) middle class*
la **class ouvrière** *working class*

le **métier** *trade, profession*
la **position** *job*
   embaucher *to hire*
   congédier *to dismiss, to lay off*
le **salaire** *wages, pay*
l'**impôt (m) sur le revenu** *income tax*

l'**ouvrier** (m), l'**ouvrière** (f) *worker*
l'**employé(e)** (m, f) *employee*
le **vendeur**, la **vendeuse** *salesman, salesgirl*
le **garçon** *waiter*
la **serveuse** *waitress*
le **client**, la **cliente** *customer*

le **syndicat** *union*
   syndicaliser *to unionize*
se **syndiquer** *to join a union*
la **réunion syndicale** *union meeting*

   servir un client *to wait on a customer*
   être poli, grossier, difficile, complaisant *to be polite, rude, hard to please, obliging*

le **patron** *boss*
l'**employeur** (m) *employer*
le **capitaliste** *capitalist*
le (la) **secrétaire** *secretary*
le **subordonné** *subordinate*

l'**entreprise** (f) *business firm*
l'**usine** (f) *factory, plant*
le **bureau** *office*
le **paysan,** la **paysanne** *peasant*
le **cultivateur** *farmer*
le **champ** *field*
la **récolte** *crop*
la **moisson** *harvest*
le **marché** *market*

travailleur *hard-working*
paresseux *lazy*
oisif *idle*
une **vie dure (aisée, saine)** *a hard (easy, healthy) life*
un **travail fatigant (monotone, exigeant, utile)** *tiring (monotonous, demanding, useful) work*

Pratique de la langue

1. Vous êtes chef de service du personnel et vous cherchez les employé(e)s suivant(e)s:
   a. une caissière
   b. un animateur de promotion
   c. une vendeuse au rayon «couture»
   d. un vendeur au rayon des articles de sport
   Quelles questions allez-vous poser aux candidat(e)s avant de les embaucher?
2. Imaginez la scène suivante: une vendeuse fatiguée fait face à une cliente difficile au rayon des vêtements de dames. (Même jeu entre un vendeur et un client au rayon des chaussures.)
3. Vous êtes délégué d'un syndicat d'employés de commerce. Vous essayez de recruter une employée comme Claude et de vaincre ses objections.
4. Avez-vous déjà travaillé comme vendeur (vendeuse) ou comme garçon (serveuse) dans un restaurant? Que pensez-vous du fameux «contact humain» dans ce genre de métier?
5. Dialogue improvisé: assis côte à côte dans un avion à destination de Chicago, un cadre français et son équivalent américain comparent leurs conditions respectives.

6. Alain Prévost, qui a recueilli les propos (words) de Grenadou, a dit de lui: «C'est un paysan exceptionnel parce qu'il aime les hommes. Il est un être exceptionnel parce qu'il est heureux.» Dans ce récit d'une journée de la vie de Grenadou, trouvez-vous des exemples qui confirment ce jugement?

7. En écoutant Grenadou, pouvez-vous comprendre pourquoi il reste encore des cultivateurs et de petits fermiers aujourd'hui?

Sujets de composition

1. Vous connaissez sans doute quelques «damnés de la terre» à qui vous voudriez donner quelques conseils ironiques. Sur le modèle: «Nouveaux damnés de la terre, après quoi courez-vous donc ainsi . . . ?» commencez votre discours.

2. De quelle classe sociale êtes-vous membre? Caractérisez cette classe, puis dites jusqu'à quel point vous en êtes un membre typique. Êtes-vous content(e) ou mécontent(e) de faire partie de cette classe? Expliquez pourquoi.

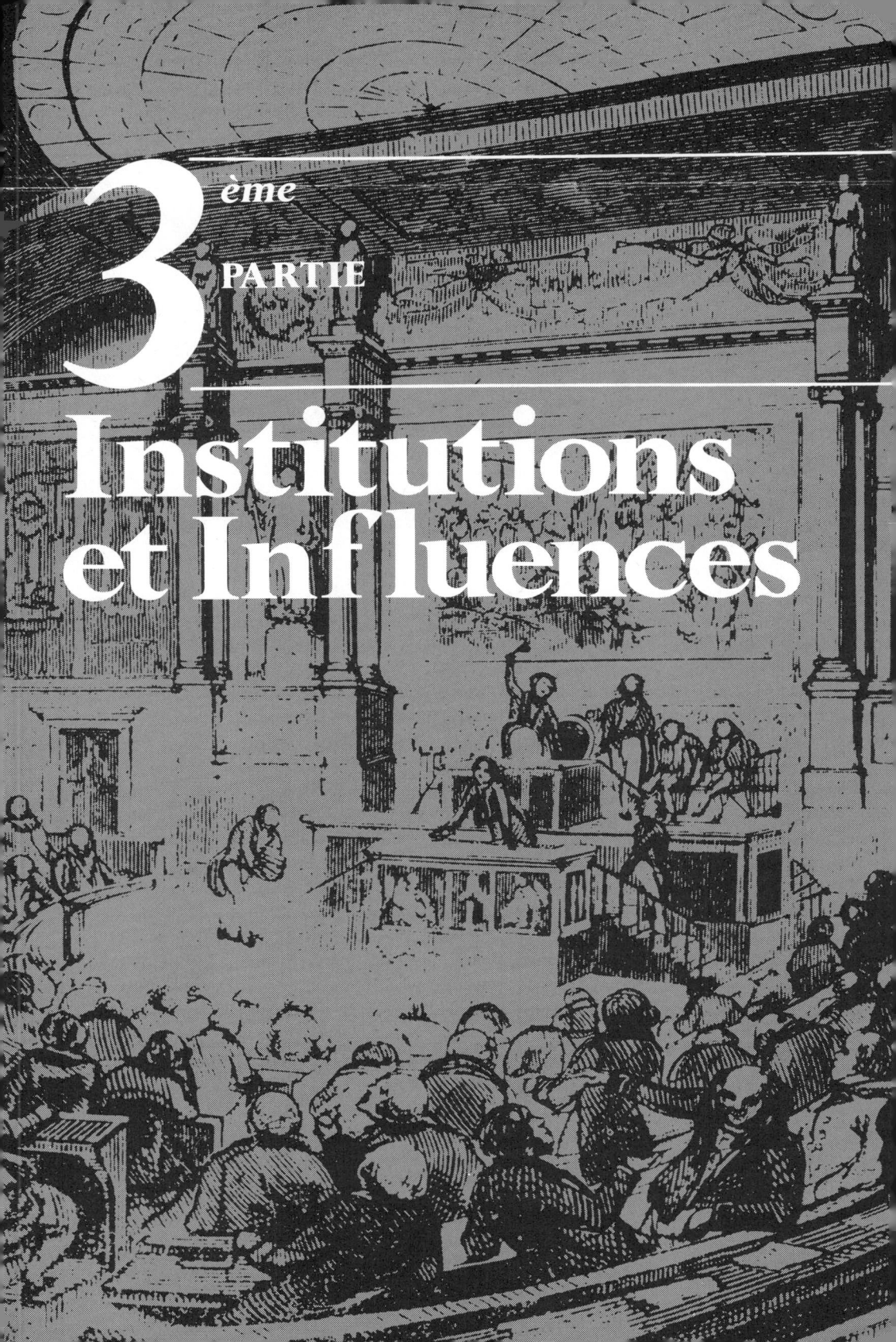

3ème PARTIE

Institutions et Influences

6 *La Justice et la Loi*

Le Racisme en France

Law and justice are not always synonymous. In previous chapters we have observed that, despite the existence of democratic institutions which technically guarantee individual rights, different segments of the population do not necessarily receive equal consideration. As Montesquieu observed more than two hundred years ago, there is a sense of equity in human relations that predates their legal institutionalization, and that substantive laws may never entirely satisfy.

If the whole history of race relations in the United States offers an obvious illustration of this gap between law and justice, France has known racism, too. At the turn of the century the notorious Dreyfus case made this abundantly clear: Captain Alfred Dreyfus, a French officer of Jewish extraction, was falsely accused of espionage, convicted, and imprisoned, then long denied a new trial because of prejudice against him. Dreyfus was eventually vindicated, and one would like to think that such a thing could never happen today. Yet during the German occupation in World War II, Marshal Pétain's Vichy government[c] had anti-Semitic overtones, and helped Nazi police send French Jews to concentration camps. The collective guilt for these shameful acts was only fully exorcized a generation later, in the films of the 1970s.

In France today anti-Semitism is not a burning issue. But over the past twenty years France has encouraged the immigration of foreign laborers—especially Arabs and blacks from her former African colonies—to perform the arduous, low-paid jobs that Frenchmen increasingly avoid. French employers are glad to hire this cheap unskilled labor, but many French workers see the foreigners as a threat to their own job security and wage demands, and taxpayers complain that these aliens benefit from France's liberal social legislation and special government-sponsored education programs—forgetting, of course, that the aliens are taxpayers, too.

Antagonism to Arab immigrants is further heightened by the pro-Israeli sentiment of many Frenchmen, by repercussions of the international oil crisis, and by the bitterness of the *Pied Noir*[c] community—Frenchmen who had settled, sometimes for generations, in Algeria, and had to return to France when that country became independent in 1962.

The greatest number of North African immigrants are found in the areas of heaviest industrial concentration (northern France and the Paris region), and in the South where they work as laborers in the construction and wine-growing industries. Violent incidents have occurred in Marseilles and Toulon, where entire sections of the city are Arab. It is no coincidence that southern France, with a climate like that of North Africa, is also the home of many *Pieds Noirs*.

Le récit qui suit est un exemple parmi tant d'autres de la condition des Nord-Africains en France. Dans une interview avec un journaliste français, un Arabe raconte sa difficile initiation à la vie de travailleur immigré.

Histoire d'un travailleur immigré

Alors, j'ai commencé à envisager de partir. Plusieurs de mes amis étaient déjà en France et j'étais *émerveillé* de voir qu'ils pouvaient y vivre tout en envoyant chaque mois à leur famille restée en Algérie plus que ce que je gagnais ici.

J'ai fait les formalités. En quinze jours tout était réglé. Je sentais bien que l'Administration algérienne n'avait qu'un *souci*: vider le plus possible le pays, *se débarrasser* des gens *coûte que coûte*. Il n'y a pas un fonctionnaire qui n'ait pas tourné la loi ou accepté des *pots de vin* pour favoriser le départ d'un Algérien vers la France.

J'ai pris le bateau tout seul. Ma femme et mes *gosses* devaient venir me rejoindre quand j'aurais trouvé du travail et un logement. J'étais heureux. Je croyais m'embarquer vers une vie de rêve. Je me disais «dans un an, tu auras un beau petit appartement, avec une machine à laver et un frigidaire. Dans deux ans, la télé et la voiture. Tu iras au cinéma, tu auras des vacances, tu visiteras Paris . . .»

Je suis descendu de bateau à Marseille. J'avais 700 F en poche, une seule adresse en France, celle

d'un ami, ancien *docker* à Alger, mais il habitait Paris. J'étais parti sous le soleil et la chaleur, je suis arrivé sous la pluie et dans le froid.

À la *douane*, la police a examiné mes papiers. Elle me les a rendus en disant: «Tu tiens vraiment à venir *crever* chez nous avec tes copains, alors vas-y!»

Le lendemain matin, à 6 h 30, je faisais la queue au *bureau d'embauche* du port de Marseille. Mais je sais que certains Arabes, *effarouchés* ou timides, tournent pendant plusieurs jours *à l'aveuglette* sans oser demander le moindre renseignement. En attendant mon tour au bureau d'embauche, j'ai été accosté par un vieil Arabe, bien habillé, propre, qui m'a pris à part et m'a dit: «Si tu me donnes 100 F, je te dis où tu pourras trouver du travail. Et si tu me donnes 200 F de plus, je te trouve une chambre pour dormir.»

J'ai accepté. Trois autres compatriotes l'ont suivi aussi. Pour nous c'était le début de la grande aventure. L'espoir, quoi! Il nous a emmenés dans une vieille *Dauphine rafistolée*, après avoir empoché notre argent. Il était sept heures quand nous avons pénétré sur un grand *chantier*. Une vingtaine de types faisaient déjà la queue devant un bureau où trônait un *gros bonhomme* aux cheveux *luisant* de brillantine. Il nous *tutoyait* et nous parlait durement. Il regardait les gars de la tête aux pieds, et *tranchait*: «Pas toi, t'es trop maigre. Allez, *du vent!* Au suivant . . . Ça pourra aller. 4,50 F de l'heure et 10 heures par jour. Et si ça te plaît pas tu *déguerpis*; il y en a d'autres qui apprécieront . . .»

J'ai dit oui. Du matin au soir, je *déchargeais* des camions de briques, de ciment ou de barres métalliques. À la fin de la première journée, j'avais les mains en sang. J'ai demandé au *contremaître* s'il était possible de prendre une douche. «Et quoi encore, m'a-t-il répondu, tu ne veux pas non plus un bain parfumé et une Japonaise pour te *savonner!*»

Le vieil Arabe m'attendait. Il m'a conduit avec les trois autres à quelques kilomètres du chantier, dans une vieille maison de deux étages qui semblait abandonnée. Il nous a montré une chambre avec des lits superposés: 8 places en tout. «Vous coucherez là, a-t-il dit. Mais vous partagerez cette chambre avec des types qui travaillent la nuit.

Alors, à 7 heures du matin, je ne veux plus vous voir ici. La *location* est de 150 F par mois. Vous devez me les payer tout de suite, avec en plus un mois de *caution*. Et si la police vient, vous ne me connaissez pas . . .»

Il y avait souvent des *bagarres* dans la maison, parce que les types n'avaient rien à faire et qu'ils *se saoûlaient*. Ou bien, c'était pour une fille. Ils se battaient au couteau ou à coups de barre de fer. Un jour, il y a eu un mort. Une heure après, le vieux était là. Il nous a dit de nous taire, sinon nous serions tous renvoyés en Algérie. Il a chargé le cadavre dans sa voiture et nous n'en avons plus jamais entendu parler. Tous les mois, je *parvenais* à envoyer entre 500 et 600 F à ma femme. Pendant des mois je n'ai pas mangé un seul morceau de viande. D'autres se débrouillaient mieux: on les voyait souvent revenir avec des *lapins* ou des *poulets*. Je pense qu'ils devaient les voler dans les fermes voisines . . .

Un jour j'ai été dans un bal, à Marignane. J'ai réussi à «*emballer*» une jeune Française. Elle m'a emmené chez elle, une petite chambre sous les toits. Nous avons fait l'amour et puis elle m'a dit: «Rentre chez toi, maintenant. Vous les Arabes, vous n'êtes bons qu'à une chose: . . . !» Je l'ai *giflée* et je suis parti . . . C'est à cette époque que j'ai décidé de faire venir ma femme. L'an dernier. Je ne l'avais pas vue, ni mes gosses, depuis plus de deux ans. Elle savait à peine écrire.

Après deux mois de recherches, j'ai trouvé une chambre à Marseille, dans le quartier arabe. 20 *m²* pour 200 F par mois. Ma femme est venue, avec les gosses. Au début, nous couchions *à même le sol.* L'hiver nous *grelottions* de froid. L'été, la chaleur était *insoutenable. Comble de malchance*, ma femme s'est trouvée enceinte à nouveau. Il n'était pas question pour nous d'avoir un enfant. Il a fallu réunir 500 F pour payer une vieille femme algérienne, dont la spécialité était l'*avortement*. . . . Ma femme a souffert cinq jours durant. Mais le gosse est passé.

Aujourd'hui je travaille à Fos. 956 F environ par mois. Ma femme a trouvé un emploi de *bobineuse*, 850 F. Nous avons pu louer deux petites pièces dans le même quartier. Matériellement, notre vie est peut-être moins dure maintenant, avec deux salaires. Mais, moralement, notre vie en France est quelque chose de terrible. À l'école, mes enfants sont du matin au soir traités de «sales Arabes,» de «*bicots.*» L'autre jour, en rentrant à la maison après avoir été jouer au *football* avec cinq autres camarades, ils ont été poursuivis dans les rues par des garçons d'une vingtaine d'années. Mon fils a pu s'échapper. Mais un de ses amis a eu l'*arcade sourcilière* ouverte et un autre trois dents cassées. En partant, les types leur ont dit: «Dites à vos chiens de parents que, maintenant, c'est la guerre. Ils ont deux solutions: rentrer chez eux ou s'acheter une *concession* au cimetière de Marseille . . ."

Jérôme Duhamel «Abderhaman, Voici mon histoire»
Paris-Match

Vocabulaire

émerveillé *amazed*
le **souci** *concern*
se **débarrasser de** *to get rid of*
 coûte que coûte *at any cost*
le **pot de vin** *bribe*
le **gosse** (argot) = l'enfant
le **docker** *longshoreman*
la **douane** *customs*
 crever (argot) = mourir
le **bureau d'embauche** *hiring hall, employment office*
 effarouché *frightened*
 à l'aveuglette *blindly*
 Dauphine *an old car model*
 rafistolé *patched up*
le **chantier** *work site*
un **gros bonhomme** *a heavy guy*
 luisant *shining*
 tutoyer = employer la forme «tu» (*to do so with a stranger is impolite, even insulting*)
 trancher *to say bluntly*
 du vent! *take off, clear out*
 déguerpir *to clear out, to "get lost"*
 décharger *to unload*
le **contremaître** *foreman*

 savonner *to soap, to wash*
la **location** *rent*
la **caution** *security*
la **bagarre** *scuffle, brawl*
se **saoûler** *to get drunk*
 parvenir à *to manage to*
le **lapin** *rabbit*
le **poulet** *chicken*
 emballer *to pick up (someone)*
 gifler *to slap*
 m² = mètres carrés
 à même le sol *on the floor*
 grelotter *to shiver*
 insoutenable *unbearable*
 comble de malchance *to crown our bad luck*
l'**avortement** (m) *abortion*
la **bobineuse** *textile worker*
le **bicot** *insulting word to designate an Arab (from la bique, goat)*
le **football** *soccer*
l'**arcade sourcilière** (f) *ridge of the eyebrow*
la **concession** *plot*

INTELLIGENCE DU TEXTE

1. Comment l'Arabe sait-il qu'il peut gagner plus d'argent en France que dans son pays?

2. Est-ce que l'administration algérienne fait des difficultés pour le laisser partir?
3. Quand va-t-il revoir sa famille? Et où?
4. Quel temps fait-il quand il arrive?
5. À la douane, comment la police s'adresse-t-elle à ces Algériens?
6. Où va-t-il le premier matin? Pourquoi d'autres Arabes montrent-ils plus d'indécision que lui?
7. Pourquoi, à votre avis, le vieil Arabe leur inspire-t-il confiance?
8. Quel est l'état d'esprit des trois hommes après leur rencontre avec le vieil Arabe?
9. Citez au moins deux manières choquantes de traiter l'Arabe dans le chantier où on l'embauche.
10. Décrivez la maison où le vieil Arabe conduit ses compatriotes.
11. L'Arabe observe des actes répréhensibles commis par ses compagnons. Citez ces actes.
12. À Marignane, l'Arabe est de nouveau insulté. Par qui?
13. Après cet incident, qu'est-ce qu'il décide de faire?
14. Comparez les conditions de vie de la famille avant et après que la femme commence à travailler.
15. Moralement la vie est-elle plus facile? Expliquez.

Vocabulaire satellite: La Justice

le **travailleur immigré** *immigrant worker*
l'**ouvrier spécialisé** *skilled worker*
le **manoeuvre** *unskilled worker*

s'**installer** *to settle*
  bien gagner sa vie *to make a good living*
  profiter de *to take advantage, to benefit from*
se **débrouiller** *to manage, to get along*

le **logement** *housing*
  être bien (mal) logé *to be well (badly) housed*
le **bidonville** *shantytown (lit., tin-can city): the slums where immigrant workers live*

la **misère** *poverty, distress*
  misérable *wretched*
  ignorant *ignorant*
  naïf *naive*
se **sentir isolé** *to feel isolated*
  exploité *exploited*
  matériellement *materially, physically*

moralement *mentally, psychologically*

avoir des préjugés *to have prejudices*
mépriser *to scorn*
le **mépris** *scorn*
la **haine** *hate*
traiter quelqu'un de *to call someone (names)*
insulter *to insult*
menacer *to threaten*
attaquer *to assault*

la **dignité humaine** *human dignity*
les **conditions (f) de vie** *living conditions*
améliorer *to improve*
résister à *to resist*
réaliser un programme *to carry out a program*

Pratique de la langue

1. Composez ou improvisez oralement un dialogue entre un travailleur immigré en visite en Algérie et un compatriote qui veut aller en France lui aussi.
2. Quels sont les incidents où l'Arabe est en contact avec d'autres immigrants? Quelles sont leurs relations? S'agit-il d'entr'aide ou d'exploitation?
3. Dans ce récit, relevez les attitudes racistes. Sont-elles générales? En voyez-vous qui peuvent être proprement françaises?
4. Pensez-vous que les incidents qui mettent en jeu les enfants ont une valeur anecdotique ou une signification plus grave? Justifiez votre position.
5. Mettez en scène une interview à la radio ou à la télévision qui met face à face un ou plusieurs travailleurs immigrés avec un Pied Noir ou un ouvrier français en chômage.

Sujet de composition

Albert Memmi, un romancier français contemporain né à Tunis, a beaucoup écrit sur le colonialisme et le racisme. Il a dit dans *L'Homme dominé*:

«Le raciste ne punit pas sa victime parce qu'elle mérite punition, il la déclare coupable parce qu'elle est déjà punie. La preuve? En fait, la sanction est presque toujours appliquée. La victime du racisme vit

déjà dans l'opprobre et l'oppression. Le raciste ne dirige pas son accusation contre les puissants mais toujours contre les vaincus. . . . Voilà pourquoi le racisme accompagne presque toutes les oppressions.»
Êtes-vous d'accord avec cet auteur que le racisme autorise une forme de légitimation de l'injustice?

La Justice pénale en France

> La plus belle fonction
> de l'humanité est de
> rendre la justice.
> Voltaire

Modern French justice is based on the principles of the Napoleonic codes, whose authors were products of the French Enlightenment, with its emphasis on rationality. Accordingly, it has been a continuing preoccupation of French jurists to insulate law and justice as much as possible from human fallibility.

The bulk of written law is organized into several codes—the *Code Civil*, *Code Pénal*, *Code d'Instruction Criminelle*, etc.—which have been repeatedly amended through legislative action. It is primarily on codified law that French judges base their decisions. The precedent of earlier court rulings is another major source of law (*la jurisprudence*), but it is subordinate to written law and far less important than in the Anglo-American systems. In support of codified law, the French cite its cohesiveness and its accessibility to all citizens.

The French legal system differs substantially from the Anglo-American systems in other respects as well. The French judiciary is not normally qualified to interfere with legislative or executive decisions, so that the effect of such decisions on private citizens is subject to review only by specialized administrative courts independent of the judiciary. The distinction between civil and penal justice is sharper, in terms of both procedure and the degree of specialization among members of the judiciary. In France there are no grand juries to initiate criminal indictments; specialized members of the judiciary called *juges d'instruction* coordinate the entire procedure in cooperation with the office of the public prosecutor. Trial by jury is a rarity, used only when, in the *Cour d'Assises*, a suspect faces criminal charges punishable by death or long-term imprisonment. Bail is infrequently given, and explicitly ruled out for a whole range of offenses—a practice that the French claim assures equal treatment for rich and poor alike.

Although most of us will never have any direct contact with it, criminal justice is undoubtedly the most spectacular aspect of the law, as well as the one with which—indirectly, at least—we may be most familiar. Time and again, novels, plays, films, and other media have relied on the built-in suspense of courtroom action for dramatic effect. And needless to say, criminal investigation is the theme of countless French detective stories, whose heroes are usually not "private eyes" but police officials, like Georges

Simenon's famous Commissaire Maigret, a member of the Police Judiciaire (familiarly, «la *P.J.*»).

Criminal justice begins with the inquiry (*l'instruction*), when the apprehended suspect—who may have been held in preventive custody (*détention préventive*), appears before an examining magistrate (*juge d'instruction*) who assembles and weighs the evidence. This magistrate then presents his report and recommendations to a panel of judges, who either release the suspect or turn him over to one of three criminal courts: the Cour d'Assises for major crimes; the *Tribunal Correctionnel* for serious offenses; the *Tribunal de Police* for misdemeanors.

The proceedings of the Cour d'Assises are impressive:[1] often, an awesome, antiquated building; three judges, of whom the senior magistrate (*le Président*) appears in a red robe (*la toge*) and his two colleagues (*les juges assesseurs*) in black; the nine jurors (*les jurés*) seated not all together, but on either side of the judges; the prosecutor (*le procureur* or *l'avocat général*) also clad in red; the defense lawyers (*les avocats de la défense*) in black. Prosecutors and defense lawyers can intervene in the debate, but their essential function is to argue the case.[2] They cannot cross-examine the accused or the witnesses: all questions must be channeled through the presiding judge. Consequently, there is less dramatic suspense than in an American trial of the same kind, but the summation of the prosecutor (*le réquisitoire*) and of the defense (*la plaidoirie*) are monuments of courtroom eloquence, with the wide sleeves of the speakers' robes adding emphasis to their gestures and oratory. When the jury returns the verdict, it is pronounced by the presiding judge. Press and public are admitted throughout, though on rare occasions testimony may be heard in a closed hearing (*à huis clos*).

Depuis quelques années, une célèbre affaire criminelle a fortement *ému* l'opinion publique française. Accusé d'un double meurtre en 1974, Pierre Goldman, un jeune militant gauchiste d'origine juive, n'a cessé de protester de son innocence.

Un Procès éclatant: l'affaire Goldman

Cour d'Assises de la Seine, nuit du 13 au 14 décembre, minuit dix. Après des délibérations de 2 heures 40, le président Braunschweig, suivi de ses assesseurs en robe rouge et des jurés du tribunal, annonce à Pierre Goldman, trente ans, qu'il est

---

[1] For a plan of the courtroom, see p. 92.
[2] Lawyers are addressed as *Maître* (abbreviated as *Mᵉ*) and referred to as *Maître X . . .* Judges are addressed as *Monsieur le Président, Monsieur le Juge,* and prosecutors as *Monsieur le Procureur.*

condamné à la *réclusion* criminelle *à perpétuité*. La stupeur *fige le public*, jeune en large majorité, qui a assisté aux débats pendant les cinq longs jours de ce procès dans un grand silence attentif. Et soudain, le psychodrame: c'est le *déchaînement*. Les cris fusent: «Jurés assassins!» Des bras se lèvent. Des voix *scandent*: «Innocent, innocent!» L'invasion du tribunal commence. Des policiers, *dépassés* par l'événement, essaient de maintenir le calme. Des policiers, des avocats, maintiennent dans son box Pierre Goldman, *traits creusés*, qui *se débat*. Le président de la cour regarde, impuissant, la *houle* monter. Les jurés figés reçoivent quelques *crachats*.

Verdict de peur. Révolte haineuse. Les *freins* sociaux ont cassé. D'un bout à l'autre, ce procès n'aura pas été comme les autres. Pierre Goldman est en prison depuis quatre ans. Il a passé une *licence* et *une maîtrise* en philosophie, une licence d'espagnol. Des psychiatres sont venus dire—et le directeur de la prison l'a confirmé—que sa personnalité s'est structurée et, s'il reste sur son visage tourmenté des séquelles de schizophrénie, tout en lui semble maintenant *maîtrisé*: la pensée, le langage, les émotions. Tellement maîtrisé qu'il ne voudra à aucun moment que des témoins soient cités pour *apitoyer* les jurés sur son enfance. Il a eu une enfance compliquée, puisqu'il est né en 1944 d'une mère et d'un père *résistants* qui ne se sont pas mariés ensemble. Ce n'est pas un hasard si Pierre Goldman n'a pas voulu *jouer de la corde sensible*. La question est simple: Goldman était-il bien le meurtrier des deux pharmaciennes du Boulevard Richard-Lenoir qui ont été assassinées le soir du 19 décembre 1969, était-ce lui qui avait blessé le policier Quinet, aujourd'hui à la fois témoin et *partie civile*? Est-il celui que l'on décrit comme un *mulâtre*? Il *prétend* que non. *Revendiquant* trois hold-ups sans effusion de sang, Goldman nie et a toujours nié s'être trouvé le 19 novembre à 20 heures dans la pharmacie proche de la Bastille. De ces *présomptions*, de ces doutes, les jurés de la Cour d'Assises ont fait une affirmation catégorique. Répondant oui à toutes les questions concernant la culpabilité de Goldman, ils ont suivi à la lettre le réquisitoire du procureur Langlois qui avait réclamé la réclusion criminelle à vie. En droit

Disposition d'une salle de Cour d'Assises

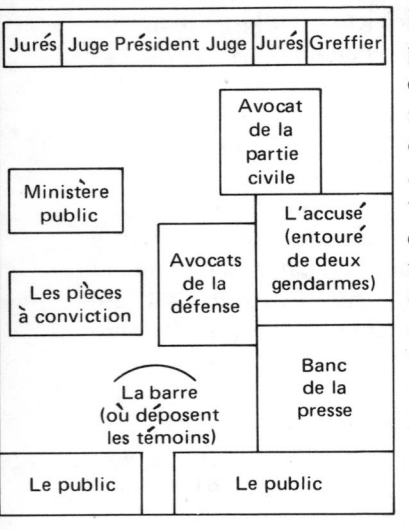

français, normalement, le doute profite à l'accusé. Il vaut mieux *relâcher* un coupable quand on n'est pas sûr de sa culpabilité que de risquer de condamner un innocent. Tout au long du procès, je me suis demandé si Goldman était innocent ou coupable. Tous les quarts d'heure, j'ai *changé d'avis*. Tantôt la sincérité d'un témoin me convainquait, tantôt une haine trop visible me faisait douter. À chaque instant, un élément venait détruire l'élément de conviction précédent. Et puis, Goldman n'*avouait* pas. Et puis, le policier Quinet se souciait trop dans les couloirs de la condamnation de celui dont il semblait vouloir la peau. Et puis, les deux révolvers de Goldman n'étaient pas les révolvers qui avaient tué, Boulevard Richard-Lenoir. Comment pouvait-on ajouter crédit au témoignage de ce médecin qui, du haut de son quatrième étage, pouvait reconnaître «*le regard enfoncé*» d'un homme qui s'enfuyait à 40 mètres de lui?

En logique, les *choses tenaient mal*: comment s'est-il donc fait qu'à travers cette *bouillie de témoignages*, une conviction ait été assez forte pour conclure définitivement à la culpabilité? Oh! cela s'est fait pour des tas de raisons. D'abord, il y avait deux mortes. Deux femmes qui auraient pu être les épouses de ces jurés, hommes à l'aise dans leur peau de Français *ayant pignon sur rue*. Ensuite, il y avait que Goldman était *étiqueté gauchiste*, qu'il avait commis trois hold-ups—alors pourquoi pas deux meurtres? Il n'était pas foncièrement sympathique, il ne pleurait pas, il n'apitoyait pas. Il discutait. Oui, il discutait, connaissant son *dossier* aussi bien que ses avocats. De cette supériorité, de cette intelligence lui a-t-on fait crédit? Au contraire: «s'il est intelligent, pensent les gens moyens, il peut nous *mener en bateau* comme il veut.» Ce n'est pas Goldman qui a mené les jurés en bateau, ce sont les jurés qui l'ont mené en prison à vie et moi, si je vous raconte cette triste affaire, c'est parce que j'ai reçu, il y a peu, la lettre d'une lectrice qui me reprochait d'être trop indulgente aux accusations, de chercher trop d'excuses et de suivre en cela la *mode*. Non! Je cherche à comprendre—y compris ma lectrice qui déclare prendre la parole «pour chacune de nous qui risquons aujourd'hui dans le métro, dans la rue, le soir dans nos lits mêmes, d'être agressées par des personnages «intéressants» ou des «*sujets à thèse.*» Il me semble que l'attitude des jurés est contenue toute entière dans cette phrase: ils ont condamné Goldman, *faute de* certitudes, par précaution, par prévention, parce qu'il aurait pu les agresser, eux, dans le métro, dans la rue, le soir dans leur lit même . . .

La foule, après un long temps, avait évacué la salle. Restait à préciser en audience civile l'évaluation des dommages et intérêts. Les gardes ont ramené Goldman dans le box. Il s'est adressé au procureur Langlois, son principal adversaire dans cette *partie désormais jouée.* Il lui a dit que, pendant ces cinq jours, c'était par *son personnage* qu'il avait été fasciné, et qu'il aimerait lui parler.

—Je viendrai vous voir, lui a promis l'avocat général.

Goldman a souri et a déclaré, très calme:

—J'ai une aptitude fondamentale à être accusé de crimes que je n'ai pas commis: c'est ce que j'appelle mon destin.[3]

Michèle Perrein, «Il leur fallait un meurtrier.» *Elle*

Vocabulaire

ému *from* émouvoir, *to move (emotionally)*

la **réclusion à perpétuité** *life imprisonment in a maximum-security prison*

fige le public *freezes the audience*

le **déchaînement** *outburst (of passion)*

scander *to chant rhythmically*

dépassé *overwhelmed*

traits creusés *his features furrowed*

se **débattre** *to struggle*

la **houle** *the swell (of the crowd)*

le **crachat** *spit*

les **freins** *brakes*

une **licence, une maîtrise** *graduate degrees*

maîtriser *to master*

apitoyer *to incite the pity of*

résistant *member of the French Resistance during World War II*

jouer de la corde sensible *to appeal to emotion (lit., to harp on a sensitive string)*

la **partie civile** *plaintiff*

le **mulâtre** *mulatto*

prétendre *to claim (assert)*

revendiquer *to claim (lay claim to)*

les **présomptions** *presumptive evidence*

relâcher *to release*

changer d'avis *to change one's mind*

avouer *to confess*

se **soucier de** *to be concerned about*

le **regard enfoncé** *deep-set eyes*

les **choses tenaient mal** *things did not fit together well*

une **bouillie de témoignages** *hodgepodge of testimonies*

avoir pignon sur rue *to be well off,*

---

[3]À la suite de ce procès, des milliers de lettres, des personnalités réclamèrent un nouveau procès. En 1976, après avoir passé six ans en prison, Pierre Goldman fut reconnu innocent.

to be a "solid citizen" (lit., to have a gable [i.e., house of one's own] on the street)

étiqueté *labeled*

le **gauchiste** *radical leftist*

le **dossier** *(legal) brief*

mener en bateau *to take for a ride, to lead up the garden path*

la **mode** *fad, fashion*

le **sujet à thèse** *thesis subject, research subject*

faute de *for lack of*

cette partie désormais jouée *this game that was now over*

son personnage *his public persona*

INTELLIGENCE DU TEXTE

1. Décrivez les acteurs principaux de cette Cour d'Assises.
2. Qu'est-ce qui se produit au moment de l'annonce de la condamnation de Goldman? Que font les policiers? le président? les jurés?
3. Quelle a été la conduite de Goldman pendant ses quatre années de prison?
4. Quels témoins ne veut-il pas qu'on cite? Pourquoi?
5. De quoi est-il accusé? A-t-il déjà été coupable de certains délits?
6. Comment le procureur a-t-il pu renverser la tendance normale du droit français?
7. Donnez des exemples de preuves ou de témoignages douteux.
8. Pourquoi Goldman a-t-il finalement été condamné? Citez plusieurs raisons.
9. De quoi la journaliste est-elle accusée par une de ses lectrices?
10. Après la condamnation, quelle conversation a eu lieu entre Goldman et son principal adversaire?

Exercices de grammaire

I. Les adjectifs

A. *Mettez les adjectifs suivants au féminin.*

1. L'accusée était _____ (Juif).
2. La peine prononcée était _____ (léger).
3. Dans le procès Dreyfus, les pièces à conviction (*evidence*) étaient _____ (faux).
4. La mère de l'accusé paraît _____ (malheureux).
5. Cette histoire n'est pas _____ (nouveau).

B. *Complétez les phrases en traduisant et accordant les adjectifs entre parenthèses.*

1. Ils ont l'air _____ (guilty).
2. Les jeunes gens ont été étiquetés _____ (radical leftists).
3. Sa condamnation nous rend _____ (sad).
4. Les témoins paraissaient _____ (moved).
5. Les criminels ne sont pas toujours des personnages _____ (interesting).

C. *Dans les phrases suivantes, remplacez le mot manquant par un adjectif de sens* **opposé** *à celui de l'adjectif cité entre parenthèses.*

    1. Son discours est _____. (précis)
    2. Mᵉ Cahen n'est pas un _____ avocat. (jeune)
    3. C'est une aventure _____. (original)
    4. Elle a plaidé _____. (coupable)
    5. Son cas était _____. (meilleur)

II. Les adverbes

A. *Employez les adverbes* **vite**, **tout de suite**, **déjà**, **toujours**, **mieux** *dans les phrases suivantes selon le sens.*

    1. Plusieurs de mes amis étaient _____ en France.
    2. Vous devez me payer votre chambre _____.
    3. Il a _____ vu qu'il était trop maigre.
    4. Les Algériens gagnent _____ leur vie en France.
    5. L'accusé a _____ nié avoir tué les victimes.

B. *Complétez chacune des phrases suivantes en employant l'adverbe dérivé de l'adjectif entre parenthèses.*
    modèle: Les spectateurs ont protesté _____ (furieux).
       Les spectateurs ont protesté furieusement.

    1. Le contremaître traitait _____ (dur) les travailleurs immigrés.
    2. Des soupçons pesaient _____ (injuste) sur l'accusé.
    3. Le prisonnier se défendait _____ (intelligent).
    4. Des voisins aidaient _____ (gentil) les petits Arabes.
    5. Un avocat défendait _____ (brillant) l'accusé.

III. Le comparatif et le superlatif *Complétez les phrases suivantes en utilisant un comparatif ou un superlatif.*

    1. Les travailleurs immigrés sont _____ (the most unhappy).
    2. Y a-t-il _____ (fewer Algerians) employés à Paris _____ à Marseille?
    3. _____ (The largest part) du budget est prévue pour ces réformes.
    4. Ils veulent vivre _____ (better than) chez eux.
    5. Votre histoire est _____ (as sad as) celle de vos amis.

Vocabulaire satellite: La Loi

le **crime** *crime*
  soupçonner *to suspect*
le **suspect** *suspect*
 l'**accusé** *defendant*
le **prévenu** *defendant*
  poursuivre en justice *to prosecute*

l'**audience** (f) *hearing, session (of a court)*
le **juge d'instruction** *examining magistrate*
le **président** *presiding judge*
le **juge assesseur** *assistant judge*

le **ministère public** *prosecutor*
le **procureur** *prosecutor*
l'**avocat** (m) **de la défense** *defense lawyer*
le **jury** *jury*
le **juré** *juror*
le **chef des jurés** *foreman of the jury*
le **greffier** *court clerk*
l'**huissier** (m) *court attendant*

le **témoin à charge, pour la défense** *prosecution witness, defense witness*
  témoigner *to testify*
  déposer *to testify (in court)*
le **témoignage** *testimony*
la **déposition** *testimony*
la **pièce à conviction** *evidence, exhibit*
l'**alibi** (m) *alibi*
  avouer *to confess*
  nier *to deny*
  contredire *to contradict*

le **réquisitoire** *summation (of the prosecution)*
la **plaidoirie** *summation (of the defense)*

délibérer *to deliberate*
prononcer le verdict *to announce the verdict*
innocent, coupable *innocent, guilty*
être acquitté *to be acquitted*
être convaincu *to be convicted*
être condamné *to be sentenced*

Pratique de la langue

1. Si Goldman est innocent, quelles sont, à votre avis, les raisons de l'injustice qu'on lui a faite? Classez ces raisons par ordre d'importance. Comparez votre opinion à celle de vos camarades en préparant un tableau statistique de votre enquête. Par exemple:

a. par précaution . . . . %
b. à cause du caractère non-représentatif du jury . . . . %
c. à cause des opinions politiques de l'accusé . . . . %
d. par racisme (Goldman est Juif). . . . . %
e. autres (citez-les) . . . . %

2. Le procès Goldman ébranle-t-il (shake) votre foi dans le principe du jury? Connaissez-vous des cas où le rôle du jury peut être contesté? Des cas où le jury vient en aide à l'accusé? Racontez.

3. Exercez votre mémoire à retenir certains termes judiciaires français qui font partie du vocabulaire courant en complétant les phrases suivantes:

   1. En France, le jury est assis aux côtés des juges et du _____ de la Cour d'Assises.
   2. La détention préventive se place _____ (avant, après) la condamnation.
   3. Au tribunal, l'affaire a été rapidement jugée: l'_____ a été courte.
   4. Mᵉ Floriot a prononcé une belle _____.
   5. La défense de l'accusé est assurée par un _____ sérieux.
   6. Le Commissaire Maigret fait partie de la _____ _____.
   7. J'ai été interrogé, au début de l'enquête, par un juge d'_____.
   8. Parce qu'il veut protéger l'ordre public, le _____ est souvent sévère pour l'accusé.
   9. Le jury délibère mais un des _____ est toujours indécis.
   10. L'assassin a été condamné en Cour _____.

Exercice d'ensemble

Mise en scène d'un procès d'Assises en suivant la procédure française.

L'action:
La classe suggère les éléments d'un procès. Le thème peut être fondé sur une fiction policière inventée par les étudiants. Elle peut aussi être inspirée par une affaire d'actualité, ou même empruntée à l'histoire ou à la littérature.

Les personnages:
—le prévenu
—le juge d'instruction (une façon d'animer l'action et de suggérer des idées aux autres participants consiste à faire procéder à l'interrogatoire du prévenu par le juge d'instruction)
—le Président de la Cour d'Assises et deux juges (assesseurs)
—l'avocat de la défense
—les jurés et le chef du jury
—les témoins (membres de la famille du prévenu, personnes ayant vu le crime, inspecteur de police chargé de l'enquête). Il doit y avoir des témoins favorables, produits par la défense, et des témoins à charge.
—le greffier
—les journalistes (leur rôle, ainsi que celui du greffier, peut être tenu par ceux des étudiants qui ne sont pas directement engagés dans le procès: leur travail positif consistera à écrire un article sur le procès).

La Procédure:
1. Instruction préalable.
2. Mise en scène de la salle des Assises, selon le plan à la page 92.
3. Les étapes (stages) du procès:
   a. Le public, les journalistes, le greffier, l'huissier, la défense et le procureur sont en place. Le prévenu entre, escorté de deux gendarmes. L'huissier annonce l'arrivée de la cour. Tout le monde se lève pendant que les juges et les jurés prennent place.
   b. L'huissier lit l'acte d'accusation et annonce les témoins qui vont être entendus et interrogés par le Président. Les juges assesseurs peuvent également intervenir. La défense ou le ministère public sont invités à poser des questions eux aussi, mais par l'intermédiaire du Président.
   c. L'accusé peut réagir (react) lorsqu'il entend des dépositions qui le gênent. Le Président lui demande, à la fin des débats, s'il veut ajouter quelque chose à sa défense.
   d. Le jury délibère.
   e. L'audience est reprise pour entendre le verdict et la sentence.
   f. Manifestations du public et de la presse selon le résultat du procès.

Note: L'audience pourra être suspendue pour satisfaire aux exigences d'une période de classe.

7 La Politique

Les Partis politiques en France

"How do you govern a country that has two hundred different kinds of cheese?" General De Gaulle once mused. Yet for a country where political groups seem to proliferate, France has never been comfortable with the idea of political parties. To all those—Royalists, Bonapartists, Republicans, or Gaullists—who have wanted to believe that France was one big family, a country "one and indivisible," parties have always seemed divisive. This distrust has been more pronounced in conservative circles, however, where "partisanship" is associated with the concept of class struggle, the very existence of which the conservatives vehemently deny. To this day, no political group on the Right calls itself a "party"; the preferred terms are "movement" or "union."

For a variety of reasons the two-party system has never taken root on the European continent. Countries such as the Netherlands, Switzerland, and Italy have consistently had as many political parties as France, or even more. Since the founding of the Fifth Republic in 1958, the French party system has become less complex, but still includes five major groups. On the conservative side stand the *Républicains Indépendants* (President Giscard d'Estaing's party) and the Gaullists (*Union des Démocrates pour la République*, or U.D.R.), most of whom regard themselves as "moderates." The two major groups on the Left are the French Communist Party (*P.C.F.*) and the Socialist Party (*P.S.*). Between the Right and Left lies an elusive and fast-shrinking middle ground, the Center. It was long occupied by a number of powerful parties like the Radicals and the Christian Democrats, but since 1958 these have declined in importance.

Initially directed against the stalemated party system's inability to cope decisively with crucial issues like Algeria, the Fifth Republic gradually succeeded in rallying all the right-of-center forces under the charismatic, nonideological leadership of Charles De Gaulle.[c] After 1962, however, the constitutional amendment providing for election of the president by direct popular suffrage created a decisive shift toward presidentialism, and toward bipartisanship as well.

Purely ceremonial before 1958, the presidency has become the most important single office in the land. The presidential race is now increasingly viewed as a winner-take-all situation that can be won only by a broad semi-permanent coalition. This consolidation has been largely achieved on the Right, where the Gaullists—leaderless after the deaths of Presidents De Gaulle and Pompidou—rallied behind a non-Gaullist candidate, Giscard d'Estaing, leader of the *Indépendants*, in the 1974 election. The emergence of a united and credible opposition on the Left, however, hinges on the achievement of a stable alliance between approximately equal numbers of Communists and non-Communists. No plausible bipartisan system is possible that excludes the Communist electorate, which consistently accounts for more than 20 percent of the vote.

Un Nouveau Régime politique———

La V[e] République a été créée contre «le *régime des partis*.» Le nouveau régime, fondé, aux dires de ses promoteurs, parce que la France doit *épouser son temps*, n'est aux yeux de ses adversaires centristes[c] qu'un système de pouvoir personnel et de colonisation de l'État par un *seul parti*. Les partis de gauche l'analysent comme le régime des grands monopoles au pouvoir contre la classe ouvrière et le petit peuple *laborieux*, ou encore comme l'*ultime tentative* de la *classe dirigeante* de résoudre ses propres contradictions: construire une économie capitaliste moderne *en s'appuyant sur les couches moyennes* qui seront pourtant liquidées par la *concentration capitaliste*.

Il apparaît d'abord que le système politique actuel n'est pas né *d'un seul coup* et de la seule volonté d'un homme. Il s'est installé à l'occasion d'une crise qui avait bloqué le fonctionnement du système constitutionnel de la IVe République, mais il a des causes plus profondes.

Sous la III[e] République comme sous la IV[e], le «régime des partis» c'est avant tout le *régime parlementaire* souple, *sans majorité préétablie*, dans lequel le centre des décisions politiques est situé dans les *assemblées élues*. Le parti radical,[c] créé en 1901, n'est qu'un très souple *réseau* de comités électoraux sans influence véritable sur un puissant groupe parlementaire dont la structure extrêmement légère permet de remplir la fonction principale: faire ou défaire les gouvernements pour en refaire un. Ce n'est qu'en 1905, avec le parti socialiste[c] qui s'unifie comme section française de l'Internationale ouvrière, puis en 1919 avec la création de la section française de l'Internationale communiste—le parti communiste[c]—que les grands partis de masse font leur apparition en France. La V[e] République n'a pas donné naissance à d'autres partis de masse.

La V[e] République se constitue en système politique original de 1958 à 1962. La fonction du référendum du 28 septembre 1958 n'est pas de fonder une nouvelle République, elle est de fonder la légitimité démocratique du général De Gaulle, c'est-à-dire de lui donner une autre base que l'appel des *colonels algérois* et un autre but que la solution du «problème algérien.»[1]

En réalité, le nouveau régime est véritablement né en 1962 *de l'élection décidée du président* de la République au suffrage universel direct. En premier lieu parce que l'institution mise en place est d'une grande simplicité; elle correspond bien au besoin *«d'y comprendre quelque chose»* qui était certainement la principale demande des citoyens depuis 1920. En second lieu parce qu'elle est clairement instituée contre le voeu de tous les partis et *sans l'avis du mouvement gaulliste*. Enfin parce qu'elle correspond à la nécessité de concentrer le pouvoir dans un pays à économie capitaliste développée.

Le système politique ainsi institué de 1958 à 1962 exclut-il tout système de partis et plus précisément est-il destiné à éliminer les partis du système politique?

La réponse à cette question est donnée d'abord par la pratique et la réalité: les partis existent

---

[1]En 1958 l'armée française en Algérie luttait depuis des années—dans une guerre brutale, interminable et extrêmement *controversée*—contre les Algériens *revendiquant* leur indépendance; l'opinion publique française était divisée, le gouvernement *balançait*. Au mois de mai l'armée et en particulier certains colonels, partisans intransigeants d'une Algérie française, organisèrent une insurrection à Alger et menacèrent d'envahir la France. La seule personnalité politique capable de négocier avec eux et de dissiper la menace d'une guerre civile était De Gaulle, qui *réclama* une nouvelle constitution fondant la Ve République.

toujours, le mouvement gaulliste lui-même, qui refuse de se nommer parti, en présente tous les traits caractéristiques.

En octobre 1962 l'Institut Français d'Opinion Publique posait ces questions à un *échantillon* de Français représentatifs de la population:

Considérez-vous que les partis politiques sont nécessaires au bon fonctionnement du système démocratique? 53% répondent oui, 26% non, 21% sont sans opinion.

Estimez-vous que les intérêts du peuple sont mieux défendus par:

—l'action des organisations professionnelles et des syndicats: 54% oui,

—l'action des partis politiques: 8% oui,

—l'action des *élus*: 10% oui; 28% sans opinion.

En décembre 1962, le même organisme interroge sur la nécessité de regrouper les partis existants en 2 ou 3 courants; 66% des réponses sont favorables, 10% hostiles, 24% ne répondent pas.

Nécessaires mais inutiles, les partis politiques ont une mauvaise *image de marque* dans l'opinion publique. Elle souhaiterait *s'en passer* mais si elle *fait* plus *confiance aux* groupes de pression (organisations professionnelles et syndicales) pour défendre ses intérêts, elle demeure attachée à un pluralisme des partis à condition qu'il soit simplifié.

François Borella, *Les Partis politiques dans la France d'aujourd'hui*

Vocabulaire

le **régime des partis** *party-dominated system of government (not to be confused with "party system")*
  épouser son temps *to bring oneself up to date*
un **seul parti** *the Gaullists,[c] or U.D.R.*
  laborieux *hard-working*
  l'**ultime tentative** (f) *last-ditch attempt*
la **classe dirigeante** *ruling class*
  en s'appuyant sur les couches moyennes *by leaning on the middle class*

la **concentration capitaliste** = les grands monopoles
  d'un seul coup *all at once*
le **régime parlementaire** *parliamentary system*
  sans majorité préétablie *without a predetermined majority. No single party ever held a majority of seats, therefore coalitions were necessary.*
les **assemblées élues** *elected bodies: the Assemblée Nationale[c] and the Sénat[c]*

le **réseau** *network*
les **colonels algérois** *the colonels from Algiers*
controversé *controversial*
revendiquer *to demand*
balancer *to waver*
réclamer *to require, to insist on*
de l'élection décidée du président *with the decision to elect the President*
«d'y comprendre quelque chose» *to understand something about it*
sans l'avis du mouvement gaulliste

Direct popular election of the President was viewed with misgivings by rank-and-file Gaullists, who feared the French people might turn against the General and end the new regime.
l'échantillon (m) *sampling*
les **élus** (m) *elected representatives*
l'image (f) de marque *image (lit., brand image)*
se passer de *to do without*
faire confiance à *to trust*

INTELLIGENCE DU TEXTE

I. Vrai *ou* **faux?**

1. Le régime français actuel s'appelle la Ve République.
2. Les centristes dénoncent le pouvoir personnel.
3. Pour la gauche, le nouveau régime donne le monopole du pouvoir à la classe ouvrière.
4. Le nouveau régime s'est installé à l'occasion d'une crise.
5. Pendant la IIIe et la IVe Républiques le système des partis triomphe.
6. Le parti radical est un parti de masse.
7. Le parti communiste a été fondé avant le parti socialiste.
8. Un référendum a donné le pouvoir au Général De Gaulle.
9. La majorité souhaitait cette nouvelle constitution.
10. Les Français sont attachés au pluralisme des partis.

II. *Établissez un texte correct en barrant l'un des deux membres de phrase proposés dans les exemples suivants:*

1. Les assemblées élues étaient ⎱ le centre des décisions sous la
   Le président de la République était ⎰ IIIe et la IVe Républiques.
2. La fonction principale du parti radical sous la IIIe République
   était ⎰ de faire connaître son idéologie.
   ⎱ de faire et défaire les gouvernements.
3. Les grands partis de masse font leur apparition en France
   après ⎰ la première guerre mondiale.
   ⎱ la deuxième guerre mondiale.
4. Le général De Gaulle est devenu président ⎰ en 1958.
   ⎱ en 1962.
5. Le parti le plus largement représenté aujourd'hui à l'Assemblée
   nationale est ⎰ le parti communiste (P.C.F.).
   ⎱ le parti gaulliste (U.D.R.).

Politique locale

The governmental bureaucracy (*l'administration*) is a power to contend with in France. Its principal role is that of a mediator, moderating and controlling the country's political and economic forces. But the bureaucracy's functions go far beyond this, for the French state owns and operates a wide range of industrial and financial activities: coal, electricity, gas, railroads, oil companies, tobacco products, automobile production, banks, insurance companies, etc. Modern French bureaucracy is the heir to a centralizing tradition that dates back to the absolute monarchy, but it acquired its present structure during the Napoleonic period. As a technocratic elite it had no particular sympathy for democracy, but reacted to the political fluctuations of nineteenth-century France by developing an ideal of public service, of serving the interests of "eternal France" regardless of specific regimes.

In practice, however, the bureaucracy often found it impossible to draw a precise line between loyalty to the public interest and loyalty to the ruling groups prevailing at the time. Napoleonic *préfets*[c] were the eyes and ears of the government in all the *départements*.[c] As representative government gradually developed, they often became active electoral agents for the incumbent regime, wielding "pork barrel" measures to influence the voters' choice. Though largely curbed today, these practices have not disappeared entirely. The following excerpt illustrates the complex interaction between bureaucratic, political, and economic power in municipal politics.

Démocratie et culture_____

À Chalon-sur-Saône, 52.746 habitants, le pouvoir est aux mains du fils du pauvre. Les enfants de riches, «les *fils à Giscard*,» sont l'opposition. Leurs parents, propriétaires d'industries ou de *grandes exploitations agricoles*, ont voulu offrir à leurs *héritiers* «ce qu'il y a de mieux»: l'université, les grandes écoles,[c] la connaissance des techniques de production et du fonctionnement de la société. À vingt-cinq ans, après avoir pratiqué les livres, les femmes, les alcools et les théâtres, ils reviennent dans leur vieille ville de province pour *prendre la succession de* l'argent et du pouvoir. Très vite, ce sont des chefs: chefs d'ouvriers, chefs d'ingénieurs, chefs de comptes en banque, chefs de famille. Ils ont de belles maisons, de belles voitures, de belles épouses. Cela ne leur suffit pas. Ce sont des hommes d'action, ils veulent aussi *bouleverser* le paysage, laisser leur marque sur la ville. Ils veulent gouverner Chalon. Mais pour exercer ce pouvoir, il leur faut *abattre* un homme. Un homme presque

seul, *instituteur en retraite*, il habite dans un *Logéco* à 600 F par mois. *Socialiste jauréssien,* cinquante-six ans, Roger Lagrange, le fils du paysan.

Roger Lagrange a connu l'itinéraire classique. Brillant à l'école primaire, l'instituteur «le pousse,» il ira à l'École normale d'instituteurs, à la grande ville, là-bas, à Lyon. Très jeune, il porte intérêt à la vie politique, il sera communiste, syndicaliste, puis socialiste. Nommé instituteur dans un village de 300 habitants du département,[c] Essertenne, il y restera vingt-six ans. Il attendra les élections municipales de 1959 pour y être élu maire. L'année suivante, en 1960, il est sénateur socialiste du département[c] et brusquement, à l'âge de quarante-sept ans, cet homme qui n'avait jamais quitté l'horizon de son village se voit *confier* des responsabilités à l'échelle nationale. À Chalon-sur-Saône, pendant ce temps, le maire socialiste allait lentement vers l'impotence. Il proposa sa succession à Roger Lagrange, ce nouveau sénateur socialiste.

Devenu maire de Chalon-sur-Saône, Roger Lagrange administre et développe la ville. Le vieil instituteur se révèle brusquement un homme d'action entreprenant et courageux. Mais les relations du maire avec le sous-préfet[c] qui représente l'État à Chalon, et qui est donc pour lui l'*autorité de tutelle*, «ne peuvent être plus mauvaises.» Son budget de 55 millions, dont 20 millions d'investissements, est l'objet de chicaneries permanentes entre lui et le sous-préfet, car le représentant du ministère de l'Intérieur a lui aussi pour préoccupation principale d'offrir cette ville au parti gouvernemental. Roger Lagrange est bien conscient de l'objectif politique du sous-préfet, mais il ne cherche pas à *envenimer* le conflit. Il reconnaît le représentant de l'administration comme son tuteur vis-à-vis des lois et des réglementations. Quelquefois les interventions politiques sont évidentes et c'est alors un combat politique qui oppose le maire à l'administration, au parti gouvernemental et aux *jeunes loups* de la grande bourgeoisie *chalonnaise*.

L'affaire la plus spectaculaire qui divise la ville en deux camps, qui fait l'objet de toutes les conversations et qui décidera des prochaines élections municipales, est celle de la Maison de la Culture.[c] Elle n'affectera pas l'expansion économique de la ville dans un sens ou dans un autre, elle n'ajoutera pas un seul logement, mais la Maison de la Culture, selon l'orientation qu'elle prendra, marquera de façon décisive le style de la vie chalonnaise.

Dès son accession au bureau de l'Hôtel-de-Ville, Roger Lagrange a intuitivement senti que cette Maison de la Culture pourrait être «la grande affaire du règne.» Toute sa vie *s'est déroulée* dans ce département[c] et il l'a vu se transformer sous ses yeux. On est passé de la misère à la satisfaction des principaux besoins, et pour beaucoup à l'*aisance*. Selon M. le Maire, les *prochaines décennies* se distingueront radicalement des précédentes par un *trait*. La grande masse de la population éprouvera un besoin de *connaissance* et de satisfaction intellectuelle aussi grand qu'était *naguère* la *revendication* «du travail et du pain». La Maison de la Culture pourrait être l'un des instruments qui favorise l'enrichissement d'une vie d'ouvrier. À tout prix, Roger Lagrange veut l'utiliser. *Devrait-il y sacrifier* sa carrière politique. Avant de la construire, Roger Lagrange a voulu au contraire créer le besoin de la Maison de la Culture, auprès de ceux auxquels elle s'adresse, avant qu'elle ne soit construite.

C'est à Francis Jeanson[2] qu'il *a confié* cette tâche. Lagrange avait besoin d'un agitateur d'idées et d'hommes: avec Jeanson, il l'avait trouvé. Francis Jeanson débarqua à Chalon avec une *équipe* de comédiens et de musiciens d'un type nouveau. Ses artistes ne travaillent pas seulement pour le public mais avec le public. Les groupes de travail de musiciens se mêlent à des guitaristes ou des trompettistes des usines chalonnaises. Les ouvriers viennent au début pour *s'améliorer* sous l'autorité d'un maître, puis *au fur et à mesure*, ils prennent l'initiative d'organiser le travail selon leurs besoins.

Le *prétendant U.D.R.*[c] à la succession de Roger Lagrange voit dans l'affaire de la Maison de la Culture un excellent *cheval de bataille* électorale. Cette maison coûte cher, 160 millions. Elle *engouffrera* 80 millions de *subventions* de l'État

---

[2]Animateur culturel,[c] à la suite de son expérience chalonnaise, il écrira un livre dénonçant les contradictions entre la politique culturelle gouvernementale et les réalités de l'application.

La Maison de la Culture,
Chalon-sur-Saône

sur deux ans. La municipalité sera obligée d'emprunter 80 millions sur vingt ans. Il faudra rembourser cet *emprunt*, il faudra payer les intérêts. Et sur qui retomberont ces dépenses, je vous le demande? Sur le *contribuable* chalonnais. Et toute cette *gabegie*, pourquoi? Pour permettre à des agitateurs communistes de venir troubler le calme de notre cité. Avec d'aussi beaux discours électoraux, «l'opposition» U.D.R. est persuadée d'enlever cette mairie à l'opposition.

Roger Lagrange évidemment voit les choses différemment. Pour lui, il s'agit surtout de permettre aux jeunes gens de comprendre mieux le monde dans lequel ils vivent. Il veut se battre pour qu'un nouveau style de vie soit introduit dans la cité.

Se battre est bien le mot. Aujourd'hui, c'est *à coups de* calomnies *placardées à milliers d'exemplaires* dans la ville et éventuellement de *bandes de casseurs* importées pour la bataille électorale que l'on discute. Les vingt-six ans passés dans l'enseignement primaire à Essertenne (300 habitants) par M. le Maire ne lui ont pas donné une grande compétence pour ce genre de conflit. Au cours d'une récente élection, la bande U.D.R. venue assister le candidat gouvernemental avait jugé bon d'*investir* de nuit la maison d'un *adjoint* de Roger Lagrange: probablement pour l'intimider. Ils se postèrent aux fenêtres et frappèrent à grands coups contre la porte de la maison. Terrorisé, l'adjoint téléphona à Roger Lagrange.

—Attendez cinq minutes, répondit M. le Maire. J'arrive. Cinq minutes après, effectivement, la petite voiture de Roger Lagrange arriva. M. le Maire en descendit *ceint de son écharpe tricolore*. Les agresseurs ne comprirent pas ce que venait faire cette écharpe à deux heures du matin, au moment où on voulait faire semblant de *faire parler la poudre*. Ils se retirèrent *écoeurés*.

Ni héros ni brave homme, Roger Lagrange est de ceux qui «*y croient*» encore. Il ne pense pas que la politique *relève des* bonnes oeuvres. Il sait qu'il faut s'y «salir les mains.» Mais il est convaincu que la démocratie n'est pas une *mystification* qu'on utilise avec plus ou moins de perversité. Pour lui, la démocratie est le meilleur moyen pour un peuple de se gouverner et de s'améliorer. Cela impose à l'homme public des responsabilités morales dont il est constamment préoccupé. La démocratie a permis au fils du paysan pauvre de devenir un instituteur «modeste mais honorable,» puis un des responsables de la nation. Roger Lagrange craint de voir un jour toutes les *charges* d'autorité occupées en France par des hommes qui sont peut-être mieux armés que lui, par leur origine, pour faire fonctionner la machine, mais qui n'auront pas ses préoccupations.

Guy Sitbon, «Un maire et sa maison,» *La France sans Paris*

Vocabulaire

«les **fils à Giscard**» *children whose parents belong to the same social class as the wealthy French President Giscard d'Estaing, leader of the Indépendants[c]*

grandes exploitations agricoles *large-scale agricultural concerns*

l' **héritier** (m) *heir*

prendre la succession de *to succeed to (their fathers' . . .)*

bouleverser *to disrupt*

abattre *to knock down*

instituteur en retraite *a retired schoolteacher*

un **Logéco** = logement économique: *a type of low-income housing*

socialiste jauressien *a Socialist[c] in the old, pre-Marxist tradition of French Socialism, as represented by Jean Jaurès (1859–1914)*

l' **autorité de tutelle** *the controlling authority: the central government's power to review or to quash many decisions made by local governments*

envenimer *to poison*

les **jeunes loups** *the Young Turks (i.e., the ambitious sons)*

chalonnais = de Chalon-sur-Saône

se dérouler *to unfold*

l' **aisance** (f) *ease*

les **prochaines décennies** *the next decades*

un **trait** *one feature*

la **connaissance** *knowledge*

naguère *not long ago*

la **revendication** *demand*

Devrait-il y sacrifier *Even at the cost of*

confier *to entrust*

l' **équipe** (f) *team*

s'améliorer *to improve*

au fur et à mesure *gradually*

le **prétendant U.D.R.** *the Gaullist candidate*

le **cheval de bataille** *major issue (lit., war horse)*

engouffrer *to swallow up*

la **subvention** *subsidy*

l' **emprunt** (m) *loan*

le **contribuable** *taxpayer*

la **gabegie** *boondoggle*

à coups de *by means of*

placardés à milliers d'exemplaires *posted by the thousand*

des **bandes de casseurs** *gangs of thugs*

investir *to lay siege to*

l' **adjoint** (m) *assistant*

ceint de son écharpe tricolore *wearing his tricolor sash (his badge of office)*

faire parler la poudre *to resort to violence*

écoeuré *disheartened*

«**y croient**» *have faith*

relever de *to depend on*

la **mystification** *hoax*

la **charge** *office, function*

INTELLIGENCE DU TEXTE

1. Quel paradoxe politique présente la ville de Chalon?
2. Quelle est la carrière normale des fils de riches?
3. Décrivez l'itinéraire de Roger Lagrange jusqu'en 1960.
4. Quelle sorte de maire s'est révélé l'ancien instituteur?
5. Pourquoi le maire est-il souvent en conflit avec le sous-préfet?
6. Quels sont les adversaires du maire quand les interventions politiques sont évidentes?
7. Pourquoi peut-on dire que l'affaire de la Maison de la Culture est spectaculaire?
8. Quel est l'effet sur la ville de la création de cette Maison?
9. Comment M. Lagrange voit-il les prochaines décennies?
10. Comment Roger Lagrange et Francis Jeanson ont-ils créé le besoin de la Maison de la Culture? Donnez quelques exemples.
11. Quel était le cheval de bataille du rival U.D.R. du maire? Pourquoi?
12. Que se passe-t-il dans les campagnes électorales?
13. Quelle méthode d'intimidation avait jugé bon d'employer la bande U.D.R.?
14. Pourquoi M. le maire est-il descendu de voiture «ceint de son écharpe tricolore»?
15. Qu'est-ce que Roger Lagrange pense de la démocratie? De quoi a-t-il peur?

La Presse et la politique

It is through the press and other media that the public acquires most of its information about political issues. In France the government has a monopoly over radio and television, though this monopoly is circumvented by the *postes périphériques*: private radio and TV stations that broadcast from just across the border. The government claims that the information it broadcasts is objective, but there is little doubt that the O.R.T.F. (*Office de Radiodiffusion-Télévision Française*) has propagandized for the government while offering only limited exposure to opposition views. The government insists that the O.R.T.F. must emphasize the administration viewpoint in order to balance the antigovernment bias of the other media. Does this mean that the French press is more outspoken, more corrosive than in other countries, or that the average Frenchman is an avid reader of subversive publications?

Hardly. In France three quarters of the population take home a daily newspaper, but papers carrying a heavy dose of gossip, crime reporting, comic strips, and horoscopes are the overwhelming favorites. Widely read dailies like *France-Soir* and *Le Figaro* are openly favorable to the government. *Le Monde*, considered by some as the world's best newspaper, is a genuinely independent daily that is frequently critical of the government, but always fair and responsible. Only one national daily reflects the views of an opposition party: *L'Humanité*, the Communist Party paper, which accounts for less than 5 percent of the total circulation of all Paris-based dailies. The Socialist Party has no daily of its own.

In general, politically articulate Frenchmen prefer *Le Monde*, or weeklies such as *L'Express* and *Le Nouvel Observateur*. *L'Express* follows a typically "centrist"ᶜ orientation and reflects the views of the "modernizing bourgeoisie"; high-brow and provocative, *Le Nouvel Observateur* is both politically and culturally more nonconformist, and staffed by a uniquely French breed of *intellectuels de gauche*. In a class by itself is *Le Canard Enchaîné*, a well-informed satirical weekly specializing in muckraking gossip. For over fifty years it has maintained a unique style combining puns, cartoons, and other forms of lampooning; it has deflated political reputations and occasionally contributed to the downfall of a leading political figure. On the Far Right, *Minute* specializes in xenophobia and bigotry, and is a virulent critic of the present government and the Left. On the Far Left, vast numbers of small publications proliferate, but few survive commercially or avoid government bans unless associated with a well-known national figure such as Jean-Paul Sartre, who lent his support to *La Cause du Peuple* and more recently to *Libération*.

On the whole the French press offers a varied though predominantly conservative spectrum of opinions, but few Frenchmen seem proud of or pleased with it. Bernard Voyenne, a professor of journalism, analyzes the reasons for this attitude.

La Presse française: une haute idée déçue?

Une expérience assez large nous autorise à dire que, bien souvent, le public français est plus enclin à juger qu'à se renseigner. Sa curiosité à l'égard de la presse est réelle, mais *à éclipses*. Là comme en beaucoup d'autres domaines, si le scandale du jour éveille l'appétit, *voire* la colère, le lendemain on n'y pense plus. Il est surprenant d'ailleurs, chaque fois que la presse est *en cause*, de constater un intérêt à peu près exclusif pour les *dessous* ou les *à-côtés*, tandis que les structures fondamentales sont ignorées.

Dans tous les milieux, quoique pour des raisons différentes, la presse française n'a pas ... très bonne presse. Les bourgeois lui reprochent sa vulgarité, tandis que les travailleurs trouvent qu'elle ne se met guère à leur *niveau*; les gens de gauche la considèrent comme *asservie* aux puissances d'argent et ceux de droite à des *coteries* d'intellectuels; tous se retrouvent d'accord pour l'accuser de *complaisance* excessive à l'égard du

... MONSIEUR UN JOURNAL VRAIMENT OBJECTIF...

C'EST UN JOURNAL QUI DIT TOUJOURS TOUT CE QUE JE PENSE

MOI, LE FIGARO! TOUS LES MATINS.

JE NE VOIS, D'AILLEURS PAS POURQUOI J'IRAIS LIRE DES JOURNAUX QUI SERAIENT EN CONTRADICTION AVEC MES SENTIMENTS.

ON SE LE DEMANDE!

JE RECONNAIS UN BON JOURNALISTE À CE QU'IL TROUVERA TOUJOURS DE NOUVEAUX ARGUMENTS POUR ME FORTIFIER DANS MES CONVICTIONS.

C'EST INCONTESTABLE!

MONSIEUR LE MONDE ENTIER NOUS ENVIE NOTRE PRESSE.

Wolinski

gouvernement. On pourrait supposer que cette situation tienne à l'évolution politique de ces dernières années. Mais la plus rapide enquête montrera *qu'il n'en est rien*: la méfiance, pour ne pas dire plus, à l'égard de la presse est au contraire, en France, une attitude très ancienne, un «cliché» profondément *enraciné*.

En simplifiant à peine, on dirait volontiers que la presse apparaît, *par rapport à* l'ensemble de la société française, comme une sorte de corps étranger, *dévolu à* des fonctions d'une utilité *discutable*, autant que mal définies. On *retient* volontiers ses aspects de superficialité, de scandale, voire de corruption ou de *chantage*. Mais l'on est généralement insatisfait des informations qu'elle fournit et des opinions qu'elle défend, trouvant toujours—*à quelque bord qu'on appartienne*— que l'adversaire est indignement favorisé par les journaux, alors qu'il ignore systématiquement ce que l'on pense être la vérité et la justice.

Entre tous, l'aspect commercial de la presse paraît choquer les Français: ils n'admettent pas que l'on puisse vendre comme une marchandise ni les faits, ni les idées. Et cela pourrait nous mettre sur la *voie* d'une explication: le mépris *affiché* à l'égard des journaux tels qu'ils sont vient peut-être d'une *haute idée déçue*. Cependant, quand la presse échappe aux lois du marché—comme c'est le cas pour la radio et la télévision—on soupçonne alors la politique de la tenir à sa merci, plus encore que ne le faisait l'argent. Disons que la presse française n'a toujours pas trouvé un statut social défini, à la mesure des *exigences* dont elle est l'objet. Sans doute une telle situation est-elle assez générale dans le monde. Mais il semble que *nulle part* elle ne soit plus marquée qu'en France.

Bernard Voyenne, *L'Information en France*

Vocabulaire

à éclipses *intermittent*
voire *or even*
en cause *involved*
les **dessous** (m) *the inside dope, the shady side*
les **à-côtés** *side issues, sidelights*

le **niveau** *level*
asservi *enslaved*
la **coterie** *set, clique*
la **complaisance** *accommodation*
qu'il n'en est rien *that such is not the case*

enraciné *rooted*	à quelque bord qu'on appartienne
par rapport à *with regard to*	*whichever side one is on*
dévolu à *assigned to, devoted to*	la voie *track*
discutable *debatable*	affiché *displayed*
retenir *to remember*	une haute idée déçue *a high opinion*
le chantage *blackmail*	*that has not been lived up to*
	l'exigence (f) *demand*
	nulle part *nowhere*

INTELLIGENCE DU TEXTE

1. Quel effet le scandale produit-il sur les lecteurs des journaux?
2. Pour quels aspects de l'information les Français ont-ils un intérêt presqu'exclusif?
3. Quels reproches font à la presse les bourgeois? les travailleurs? les gens de gauche?
4. Sur quoi sont-ils tous d'accord?
5. La méfiance à l'égard de la presse tient-elle à la situation politique actuelle?
6. Quels aspects de la presse le public retient-il volontiers?
7. Qu'est-ce qui choque le plus les Français à propos de la presse?
8. Quelle explication peut-on trouver à ce mépris des Français pour la presse?
9. Quels sont les moyens d'information qui échappent aux lois du marché en France?
10. Que soupçonne-t-on quand l'information n'est pas commerciale?

Exercices de grammaire

I. Le futur *Mettez les phrases suivantes au* futur.

1. M. Lagrange attend les élections municipales pour être élu maire.
2. M. Giscard d'Estaing est président jusqu'en 1981.
3. Vous lisez *l'Express* en France.
4. Les socialistes gagnent-ils aux élections?
5. Le maire réussit-il à faire construire une Maison de la Culture?
6. Il ne peut pas tenir tant de promesses!
7. Les ouvriers viennent-ils aux spectacles présentés à la Maison de la Culture?
8. Le maire ne va pas à cette cérémonie sans son écharpe tricolore.
9. Les journaux ont cette affaire en première page.
10. Le scandale ne doit pas éclater avant les élections.

II. Le conditionnel *Complétez en employant le* conditionnel *présent ou* l'imparfait *selon le cas.*

1. Si le vieux maire n'était pas là, le candidat U.D.R. _____ _ (être) au pouvoir.

2. Si les enfants _____ (voter), est-ce que cela changerait les élections?

3. _____ (être) -vous content s'il n'y avait plus de publicité à la télévision?

4. Si ce journal ne _____ (se spécialiser) pas dans le scandale, je l'achèterais plus souvent.

5. Si vous aviez un candidat communiste, les gens _____ (voter) -ils pour lui?

6. Si vous connaissiez la politique française, vous _____ (comprendre) ces dessins satiriques.

7. Voteriez-vous pour lui si vous _____ (savoir) qu'il emploie une bande de casseurs?

8. Si la presse n'était pas ce qu'elle est aux États-Unis, ce président _____ (être) encore là.

9. Si les programmes de télévision ne coûtaient pas si chers, nous ne _____ (avoir) pas besoin de publicité.

10. L'O.R.T.F. _____ (être) -elle moins contrôlée si les journaux étaient moins critiques?

III. Le plus-que-parfait *Employez le* **plus-que-parfait** *au lieu de l'imparfait.*

1. M. Lagrange était un brillant élève.
2. Il voulait permettre aux classes populaires d'apprécier la culture.
3. Extraordinaire! Le *Canard Enchaîné* reportait l'affaire sans se moquer!
4. Le parti soutenait le député malgré le scandale.
5. Le ministre croyait que tous les maires seraient derrière lui.

IV. Le conditionnel passé *Complétez en employant le* **conditionnel passé.**

1. Si le préfet avait eu plus d'influence, le candidat _____ (gagner).
2. Il _____ (ne pas devenir) maire si la population ne lui avait pas fait confiance.
3. Si le maire n'avait pas été persévérant, Chalon _____ (ne pas avoir) sans doute sa Maison de la Culture.
4. Il était si obstiné qu'il _____ (aller) à Paris pour obtenir la permission du ministre.
5. On dit souvent que cette ville industrielle _____ (ne pas jouir) de tant de facilités sociales, si les communistes n'avaient pas été au pouvoir dans cette commune depuis quarante ans.

Vocabulaire satellite: La Politique

la **politique** *politics; policy*
le **parti** *party*
la **campagne électorale** *election campaign*

le **politicien** *politician*
le **candidat** *candidate*
l'**adversaire** (m) *opponent*
le **partisan** *supporter*
élire *to elect*
être élu *to be elected*

la **droite,** le **centre,** la **gauche** *the Right, the Center, the Left*
le **réactionnaire** *reactionary*
le **conservateur** *conservative*
le **modéré** *moderate*
le **libéral** *liberal*
le **réformateur** *reformer*
le **révolutionnaire** *revolutionary*

se méfier de *to distrust*
faire confiance à *to trust*
dénoncer *to denounce*
approuver *to approve*
soupçonner *to suspect*
réclamer *to demand*
intimider *to intimidate*
terroriser *to terrorize*
respecter, mépriser l'autorité *to respect, scorn authority*
être le porte-parole de *to speak for*
prendre le pouvoir *to come into office*
faire des réformes *to make reforms*

tous les moyens sont bons *anything goes, all means are justified*
le **scandale** *scandal*
la **corruption** *corruption, bribery*
le **chantage** *blackmail*

l'**éditorial** (m) *editorial*
l'**interview** (f) *interview*
faire un reportage sur *to report on, to cover*
faire une enquête, un sondage sur *to make a survey, a poll of*
interroger *to question*
la **publicité** *advertisements, advertising*

être objectif, subjectif *to be objective, subjective*
avoir des préjugés *to be prejudiced*

Pratique de la langue

1. À quel parti s'identifient la classe dirigeante et la classe ouvrière en Amérique? en France? Pourquoi?
2. Vous êtes un politicien de droite dans une ville comme Chalon. Quels sont vos arguments contre la municipalité socialiste?
3. Vous êtes un politicien de gauche dans le même genre de ville. Quels sont vos arguments contre l'opposition et contre les autorités administratives telles que le sous-préfet?
4. Vous êtes journaliste et vous faites un reportage sur l'affaire de la Maison de la Culture de Chalon. Vous interrogez:
   —Roger Lagrange
   —un responsable syndical
   —Francis Jeanson
   —un patron
   —un ouvrier musicien
   —un casseur
   —un député U.D.R.
   —un(e) touriste américain(e)
5. Réalisez (make) les affiches que l'on peut imaginer dans une campagne électorale comme celle de Chalon en vous inspirant de slogans de ce genre:

NON AUX AGITATEURS COMMUNISTES DE LA CULTURE!
IL JETTE L'ARGENT PAR LES FENÊTRES!
MAIRIE ROUGE CULTURE ROUGE
NON AUX FILS DE GISCARD!
CULTURE POUR TOUS
POUR L'AMÉLIORATION DE LA CONDITION OUVRIÈRE!

6. Quelle attitude des lecteurs de journaux Wolinski satirise-t-il dans le dessin satirique à la page 111?
7. La presse a-t-elle parfois contribué à produire des changements politiques aux États-Unis? Citez des exemples.
8. Y a-t-il une presse à scandales aux États-Unis? À votre avis, qu'est-ce qui fait l'attrait de ce genre de presse?

Sujets de composition

1. Les problèmes politiques sont les problèmes de tout le monde; les problèmes de tout le monde sont des problèmes politiques.
2. Êtes-vous en faveur d'une radio ou d'une télévision non-commerciales? Quels en sont les avantages et les inconvénients? Comment pourraient-elles être financées?

8 Le Français à l'étranger

La Francophonie

Today the total population of those countries where French is spoken daily numbers over 175 million. The French-speaking area in Western Europe includes portions of Belgium, Luxembourg, and Switzerland. The expansion of the French language overseas, on the other hand, results from imperial adventures pursued over nearly four centuries. Scattered remnants of France's colonial empire still survive: French Guiana in South America; Martinique and Guadeloupe in the Caribbean; St. Pierre and Miquelon in Canada; Réunion in the Indian Ocean; Tahiti and New Caledonia in the Pacific. In addition, French continues to be spoken in a much larger number of countries that ceased to be French as far back as the eighteenth century (Canada) or as recently as the 1970s (the Comoro Islands).[1]

France's modern colonial empire was acquired between 1830, when France invaded Algeria, and the end of World War I. It came to an end between 1941, when Syria and Lebanon were promised independence, and 1962, when French rule ended in Algeria. The decolonization process was sometimes violent—as in Indochina and Algeria—but often resulted from a peaceful negotiated settlement. With the exception of Guinea, all the former French territories in sub-Saharan Africa have maintained close economic and cultural ties with France. Most of them still belong to the currency zone of the franc, and in some of them, such as the Ivory Coast, the number of French residents is actually larger than at the time they became independent.

To a greater or lesser extent, France followed a policy of assimilation in her overseas possessions. Before their nations won independence, the

---

[1]For the use of French throughout the world, see the map on p. 118.

presidents of several African states—Senghor of Senegal, Houphouët-Boigny of the Ivory Coast, Sekou Touré of Guinea—were members of the French National Assembly. Education was usually conducted in French at all levels; a hand-picked elite was systematically sent to France to complete its education in the *lycées*, universities, and *grandes écoles*.[c]

France: la deuxième patrie

Dans une enquête sur les étudiants d'Afrique Noire en France, le sociologue et journaliste sénégalais J. P. N'Diaye s'est intéressé à ce que les jeunes Africains installés en France pensent de ce pays et de ses habitants. Voici un *échantillon* de réponses à la question: *Si le cycle d'enseignement que vous poursuivez pouvait être réalisé en Afrique, seriez-vous quand même venu en France?* La majorité des étudiants ont répondu affirmativement. Pourquoi?

—«Pour voir comment vivent les Blancs chez eux et pouvoir confirmer ou infirmer leur supériorité *tant rabâchée dans nos oreilles* en Afrique.»

(Guinée 1 Droit)[2]

—«*Histoire de* connaître le pays dont j'utilise la langue.»

(Dahomey 4 Droit)

—«Oui, je suis venu en France pour connaître le peuple français qui a fait la révolution de 1789 et aboli les inégalités raciales en proclamant les Droits de l'Homme[c] à la face du monde.»

(Guinée 1 Géométrie)

D'autres exemples de réponses à la question: comment trouvez-vous les français dans l'ensemble?

«Aimables et même *compréhensifs* si on est gentil et surtout intelligent.»

(Guinée 3 Architecture)

«Différents des Français d'Afrique, en ce sens qu'ils ne connaissent que le *Nègre évolué* et qu'ils le respectent.»

(Dahomey 3 Techn.)

---

[2]Guinée 1 Droit: étudiant venu de la Guinée, un an en France, poursuit des études de droit.

Le Français dans le monde

1. l'Algérie
2. les Antilles
   (la Guadeloupe,
   la Martinique,
   Saint-Martin)
3. la Belgique
4. le Cameroun

5. le Canada (le Québec)
6. le Congo
7. la Corse
8. la Côte-d'Ivoire
9. le Dahomey
10. les États-Unis
    (la Louisiane,

la Nouvelle-Angleterre)
11. la France
12. le Gabon
13. la Guinée
14. la Guyane
15. Haïti
16. la Haute-Volta

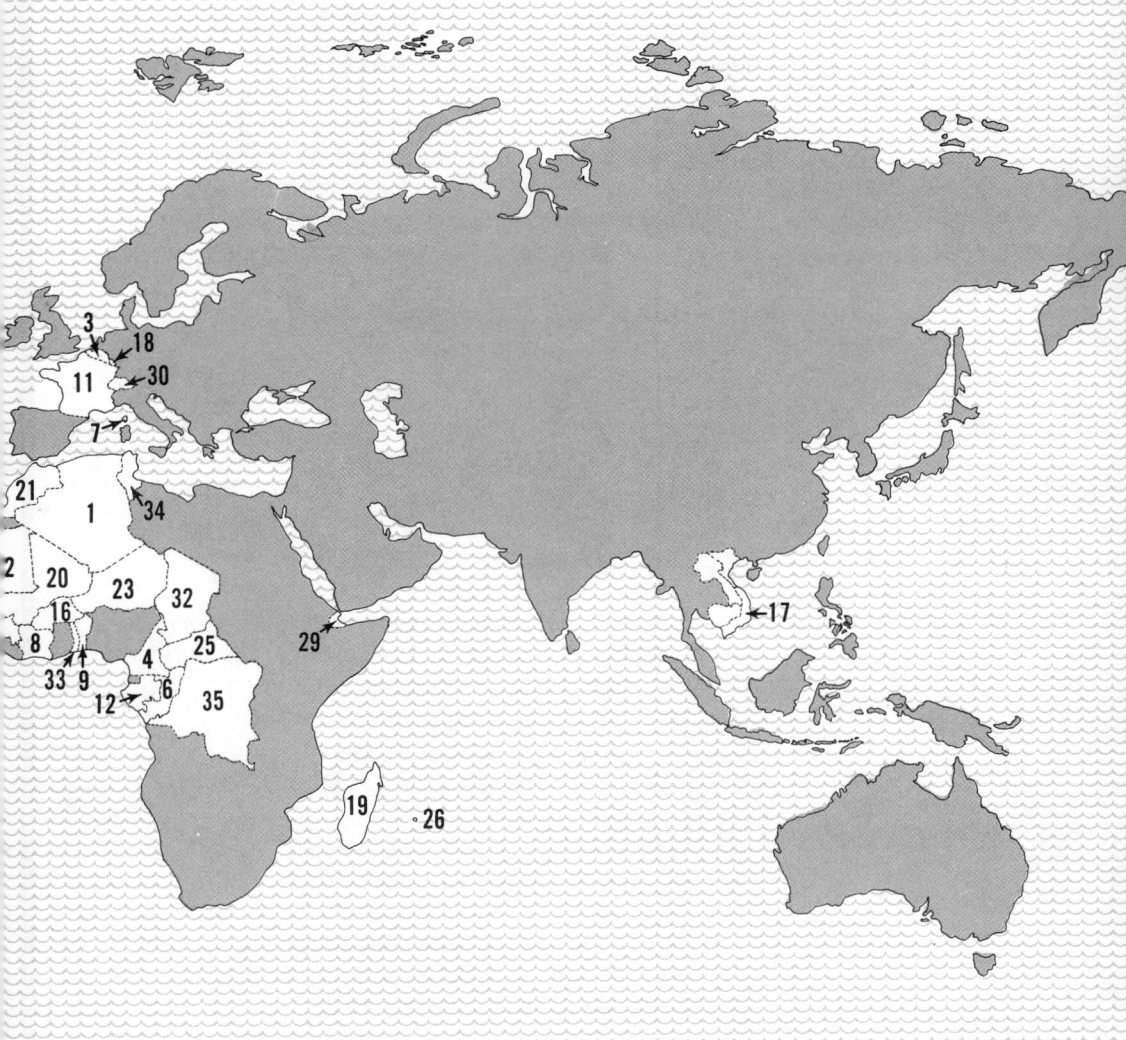

17. l'Indochine
  (le Cambodge, le Laos,
  le Viêt-Nam du Nord,
  le Viêt-Nam du Sud)
18. le Luxembourg
19. la République Malgache
20. le Mali

21. le Maroc
22. la Mauritanie
23. le Niger
24. la Nouvelle-Calédonie
25. la République Centrafricaine
26. la Réunion
27. Saint-Pierre et Miquelon

28. le Sénégal
29. les Somalis
30. la Suisse
31. Tahiti
32. le Tchad
33. le Togo
34. la Tunisie
35. le Zaïre

«*Accueillants* . . . mais un racisme latent *n'est pas loin d'être décelé* chez certains, en particulier chez les propriétaires d'*immeubles*.»

(Côte d'Ivoire, Sciences)

«Je n'ai pas eu le temps ni l'occasion de les juger sérieusement, mais il me semble que le Français de la rue est sympathique, que le bourgeois est réservé et méfiant. Je n'ai pas souvent rencontré le Français *bavard*, révolutionnaire que j'imaginais avant mon arrivée. Il m'a paru blasé et d'une indifférence égoïste.»

(Guinée 1 Math.)

«Ils sont paternalistes ceux qui ont plus de 30 ans. Les autres sont plus faciles à fréquenter parce qu'ils n'ont pas de préjugé.»

(Côte d'Ivoire 2 Techn.)

«Individualistes avant tout, *fourbes* dans leur comportement vis-à-vis des Africains et de l'homme de couleur en général. Le Français moyen n'aime pas l'étranger *quel qu'il soit*. Même au sein de l'extrême-gauche, on dénote un certain *sectarisme*.»

(Gabon 4)

«Trop préoccupés par l'argent et le plaisir. Trop bêtes pour comprendre les problèmes des autres peuples. Ils sont intoxiqués par la grande presse.»

(Sénégal 4 Sciences soc.)

«Avant tout, un goût *effréné* de l'argent et des «*valeurs*.» En plus paternalistes, *ignorant* les questions de politique étrangère en général et de l'Afrique en particulier. Fiers de leur passé, convaincus que la France est le pays de la liberté, de la démocratie et de l'antiracisme. Ils se considèrent comme très hospitaliers et s'étonnent que les ex-colonisés n'aient pas de *reconnaissance* pour les «*bienfaits*» qu'ils leur ont apportés.»

(Sénégal 4)

«Trop *foncièrement* individualistes pour qu'on puisse les juger. Peut-être la société française est traumatisée profondément par la civilisation technicienne. Le Français place volontiers son pays au centre du monde en dépit des situations historiques. Le Français est un intellectuel, un idéaliste d'une autre époque.»

(Dahomey 2)

J. P. N'Diaye

Vocabulaire

l'**échantillon** (m) *sampling*
tant rabâchée dans nos oreilles *so tiresomely repeated*
histoire de *a matter of*
compréhensif *understanding*
le **Nègre évolué** *the educated black*
accueillant *gracious, hospitable*
n'est pas loin d'être décelé *is readily discernible*
l'**immeuble** (m) *apartment house*

bavard *talkative*
fourbe *deceitful*
quel qu'il soit *whoever he may be*
le **sectarisme** *sectarianism*
effréné *unbridled*
les «**valeurs**» *assets*
ignorer *to be ignorant of*
la **reconnaissance** *gratitude*
le **bienfait** *benefit*
foncièrement *fundamentally*

INTELLIGENCE DU TEXTE

1. Qu'est-ce qui intéresse le plus les étudiants qui ont répondu à la première question: le pays, les gens, la langue?
2. Quel rôle leur connaissance de l'histoire de France joue-t-elle dans leur intérêt pour ce pays?
3. Certains sont avant tout sensibles à une communauté culturelle avec la France. Sur quoi est-elle basée?
4. Dans les réponses à la deuxième question, la première impression est-elle en général favorable aux Français?
5. Remarquent-ils une différence entre les Français de France et ceux d'Afrique?
6. Faites une liste des qualités (good points) que les étudiants trouvent chez les Français et, en face, une liste des défauts qu'ils leur reprochent.
7. Les pays suivants sont francophones: vrai ou faux? (Consultez la carte à la page 118 si nécessaire.)

l'Algérie   la Rhodésie
le Nigeria   le Tchad
la Côte d'Ivoire   le Sénégal
la Sierra Leone   le Ghana
le Mali   le Togo

Français de la périphérie

France still retains a small number of overseas possessions and a number of former dependencies now incorporated into the French Republic as overseas departments in much the same way as Hawaii and Alaska became the forty-ninth and fiftieth states of the Union. There are four such overseas departments: Martinique, Guadeloupe, French Guiana, and the Indian Ocean island of Réunion. Their inhabitants are French citizens, and they vote in legislative and presidential elections just like other Frenchmen.

   The French presence in the Caribbean dates back to the seventeenth century—Martinique came under French control in 1635—and has left many traces. Haiti fought a successful revolution against France and became independent in 1804, but remains a French-speaking state today.

The majority of the population of the four overseas departments are of non-European stock; most are of African descent, but those in Guiana include Amerindians, and Réunion absorbed immigrants from almost every land bordering upon the Indian Ocean. As a result, each of these territories has developed a distinctive but decidedly hybrid culture. In Martinique, for example, standard French has long been the official language, but it exists side by side with Créole, which includes obsolete and distorted French words along with African words and syntax.

The French West Indies have produced their share of politicians, civil servants, scholars, and artists. For many years the speaker of the French Senate was a West Indian, Gaston Monnerville. Another West Indian, Félix Eboué, was the first (and only) nonwhite governor of French Equatorial Africa. Three writers—the novelist Édouard Glissant; Aimé Césaire, the poet and politician who first coined the word *négritude*; and Frantz Fanon—have achieved worldwide celebrity.

Born in 1925 at Fort-de-France, Martinique, Frantz Fanon was trained as a physician and psychiatrist. His first book, *Peau noire, masques blancs*, was published in 1952. Assigned to a hospital in Algeria, Fanon soon became a sympathizer, then an active participant, in the Algerian liberation struggle. *Les Damnés de la Terre* (The Wretched of the Earth), which has been called "the Bible of Third World revolutionaries," first appeared in 1961, one year before Fanon's death at the age of thirty-seven.

In *Peau noire, masques blancs*, from which the following excerpt is taken, Fanon analyzes the plight of the "peripheral Frenchman." He writes with corrosive irony and a colorful, vigorous style.

Gloire et ignominie du débarqué_

Le Noir qui entre en France change parce que pour lui la *métropole* représente le *Tabernacle*; il change non seulement parce que c'est de là que lui sont venus Montesquieu, Rousseau et Voltaire, mais parce que c'est de là que lui viennent les médecins, les *chefs de service*, les innombrables petits potentats—depuis le *sergent-chef* «quinze ans de service» jusqu'au *gendarme originaire de Panissières*. Il y a une sorte d'*envoûtement à distance*, et celui qui part dans une semaine à destination de la métropole crée autour de lui un cercle magique où les mots Paris, Marseille, la Sorbonne, Pigalle représentent les *clés de voûte*. Il part et *l'amputation de son être* disparaît *à mesure que le profil du paquebot se précise*. Il lit sa puissance, sa mutation, dans les yeux de ceux qui l'ont *accompagné*. «*Adieu madras, adieu foulard . . .*»

Maintenant que nous l'avons conduit au port, laissons-le *voguer*, nous le retrouverons. Pour l'instant, allons à la rencontre de l'un d'entre eux qui revient. Le «*débarqué*,» dès son premier contact, *s'affirme*; il ne répond qu'en français et souvent ne comprend plus le créole. À ce propos, le folklore nous fournit une illustration. Après quelques mois passés en France, un paysan retourne *près des siens*. Apercevant un *instrument aratoire*, il interroge son père, vieux campagnard *à-qui-on-ne-la-fait-pas*: «Comment s'appelle cet *engin*?» Pour toute réponse, son père *le lui lâche sur les pieds*, et l'amnésie disparaît. Singulière thérapeutique.

Voici donc un débarqué. Il n'entend plus le *patois*, parle de l'Opéra, qu'il n'a peut-être aperçu que de loin, mais surtout adopte une attitude critique à l'égard de ses compatriotes. En présence du moindre événement, il se comporte *en original*. Il est celui qui sait. Il se révèle par son langage. À la Savane, où se réunissent les jeunes gens de Fort-de-France, le spectacle est significatif: la *parole* est tout de suite donnée au débarqué. Dès la sortie du lycée et des écoles, ils se réunissent sur la Savane. Il paraît qu'il y a une poésie de cette Savane. Imaginez un espace de deux cents mètres de long sur quarante de large, limité latéralement par des *tamariniers vermoulus*, en haut l'immense monument aux morts, la patrie reconnaissante à ses enfants, en bas, le Central-Hôtel; un espace de *pavés inégaux*, des cailloux qui roulent sous les pieds, et, enfermés dans tout cela, montant et descendant, trois ou quatre cents jeunes gens qui s'accostent, se quittent.

—Ça va?

—Ça va. Et toi?

—Ça va.

Et l'on va comme ça pendant cinquante ans. Oui, cette ville est *lamentablement échouée*. Cette vie aussi.

Ils se retrouvent et parlent. Et si le débarqué obtient rapidement la parole, *c'est qu'on l'attend*. D'abord dans la forme: la moindre faute est saisie, *dépouillée*, et en moins de quarante-huit heures tout Fort-de-France la connaît. On ne pardonne pas, à celui qui *affiche* une supériorité, de *faillir au devoir*. Qu'il dise, par exemple: «Il ne m'a pas été donné de voir en France des gendarmes *à chevaux,»* et le voilà perdu. Il ne lui reste qu'une alternative: se débarrasser de son *parisianisme* ou mourir au pilori. Car on n'oubliera point; marié, sa femme saura qu'*elle épouse une histoire*, et ses enfants auront une anecdote à affronter et à vaincre.

Frantz Fanon, *Peau noire, masques blancs*

Vocabulaire

la **métropole** *mother country*

le **Tabernacle** *the shrine, the holy of holies*

le **chef de service** *department head*

le **sergent-chef** *master sergeant*

le **gendarme originaire de Panissières** *the policeman from Panissières (a small town in central France)*

un **envoûtement à distance** *distant magical charm*

la **clé de voûte** *keystone*

l' **amputation (f) de son être** *the truncation of his personality*

à mesure que le profil du paquebot se précise *as the steamer's outline comes into focus*

accompagner *to see (someone) off*

«Adieu madras, adieu foulard . . .» *the best known Creole folk song of the French Caribbean islands*

voguer *to sail*

le **«débarqué»** *the returnee*

s'affirmer *to assert oneself, to reveal oneself*

près des siens *to his family*

l' **instrument (m) aratoire** *farming tool*

à-qui-on-ne-la-fait-pas *not easily taken in*

l' **engin** (m) *device*

le **lui lâche sur les pieds** *drops it on his feet*

le **patois** *regional dialect*

en original *so as to attract attention*

la **parole** *the chance to speak*

tamariniers vermoulus (m) *decayed tamarind trees*

pavés inégaux (m) *uneven paving stones*

lamentablement échouée *a miserable wreck*

c'est qu'on l'attend *it is because he is expected*

dépouillé *laid bare, exposed*

afficher *to make a show of*

faillir au devoir *to fail to live up to expectations*

à chevaux *error for* à cheval

le **parisianisme** *Parisian way of speaking*

elle épouse une histoire *she is marrying a man with a tarnished reputation*

INTELLIGENCE DU TEXTE

1. Qu'est-ce qui arrive au Martiniquais qui entre en France?
2. Qui sont les Français, morts ou vivants, que le Noir connaît avant de partir?
3. Que crée autour de lui celui qui part pour la métropole?
4. Que lit-il dans les yeux des autres Martiniquais?
5. Que fait le «débarqué» dès son premier contact?
6. Comment le «débarqué» essaie-t-il de se montrer supérieur aux autres?

7. Racontez l'anecdote qui illustre de façon amusante et ironique les rapports entre un «débarqué» et son père.
8. Montrez que les rapports entre les jeunes gens qui sortent des écoles et qui se retrouvent «sur la Savane» sont superficiels.
9. Que se passe-t-il si le «débarqué» fait une faute?
10. Quelle alternative reste-t-il à celui qui a fait une faute?

Les Canadiens français

In 1763, in the peace settlement following the Seven Years' War, Louis XV lightheartedly surrendered all French claims to Canada and the Mississippi valley in order to recover Martinique and Guadeloupe. That choice did not seem absurd at the time: Voltaire had remarked that it was hardly worthwhile for England and France to fight over "a few acres of snow," while Madame de Pompadour valued Canada only as the source of her furs. So the French aristocrats and senior officials went home, leaving behind their poorer compatriots.

Over the next two centuries, immigrants—including many American Loyalists—poured into Canada, but few were absorbed into the French Canadian community, which expanded almost exclusively because of its own demographic vitality. From an initial population of some 65,000, the French Canadians have grown to over six million, or about 30 percent of the total population of Canada. Taking into account the thousands of French Canadians who migrated to New England in the nineteenth century, this means that this vigorous community virtually doubled its numbers over each successive generation.

The bulk of the French Canadian population lives in Canada's largest province, Québec. The Québécois have had their own government—comparable to that of an American state—for over one hundred years, but they regard themselves as a nation because they have preserved a common language, a common culture, and a sense of their collective identity. Many of them also viewed Québec as an oppressed nation, although Canada's Governor General and Prime Minister are both French Canadians. The roots of this feeling are largely economic: French Canadians have a lower average income and a higher unemployment rate than the rest of the country. In a city like Montréal the more affluent sections are English-speaking, while the poorer neighborhoods are French. Similarly the entrepreneurial and managerial elites are predominantly English-speaking, but the labor force is almost exclusively French. Until very recently, learning English was an absolute precondition of upward social mobility for the French Canadians.

The notion of an independent Québec is not exactly new, but during the mid-1960s it acquired an unprecedented vehemence attended by occasional terrorism. Emotions ran high when General De Gaulle visited Canada in 1967 and ended his prepared speech in Montréal with the provocative cry, "Vive le Québec libre!" Separatist movements have combined to form the Parti Québécois. The party has failed to generate widespread support for independence, but many of the issues raised are now being tackled by the incumbent provincial government. One such issue has been to attempt to establish French as the official language of the province, and to generalize its use throughout the entire educational system.

The French Canadian question is a complex one; the texts that follow will shed some light on it. The first, by Canadian novelist Claude Jasmin, expresses the emotional attachment of the Québécois to France, and illustrates some of the historical dimensions of the problem. The second is from *Nègres blancs d'Amérique*, probably the most widely known formulation of French Canadian grievances. Written in prison by the radical separatist Pierre Vallières, it denounces the conditions that have allegedly reduced the French Canadians to the condition of second-class citizens.

Le Droit à l'héritage

Et nous avons fini par oublier que nous étions fils de France, petits-fils de *Navarre* et de *Normandie*, de *Bretagne* et du *Berri*. Or, *je me dresse* maintenant et je pose la main droite sur toute la France et je réclame mon héritage, ma part, j'ai droit à *Corneille* et à *La Fontaine, Renan* est mon parent, *Pasteur* est de ma famille, *Lumière* est Français et je suis Français aussi. On avait intérêt à me faire oublier l'héritage le plus riche de la terre, celui de ma mère France. Je réclame fables et romans, *Balzac* et *Daudet*, j'ai droit au *Cid*, j'ai droit à *Musset* et à *Lamartine*, j'ai droit aux grands *Ardennais, Taine, Michelet* et toi, *Rimbaud*.[3] Notre histoire est plus longue qu'ils le disaient. L'imposture est grave, ils faisaient de nous de tristes orphelins et on imaginait souvent, ma foi, que nous étions nous-mêmes *peaux-rouges arrosés de baptême*, habitants nés spontanément après que *Cartier eut planté* sa croix en *Gaspésie*, au bout du Golfe. Or nous sommes des colons, fils de colons et notre *berceau* est tout entier là-bas, il est riche et puissant d'histoires *navrantes* et exaltantes. Il est *gravé de* misères et de périls, d'horreurs aussi bien entendu mais encore de grands hauts faits. Et nous allions oublier à jamais d'être fiers. On nous a fait *ramper* assez longtemps, il faut vite se dresser, il faut que jeunesse de France et jeunesse

---

[3]Taine, Michelet et Rimbaud étaient tous trois subversifs à leur façon. Comme les *savants* cités ci-dessus, ils ont été les précurseurs de la pensée moderne.

du Québec se rencontrent, il faut que l'esprit français puisse s'essayer encore une fois de ce côté-ci de l'Atlantique. Avec avions et satellites, nous irons au moins aussi vite que l'*aviron,* sur le Mississipi de *Joliette, Marquette* et *La Vérendrye.* Debout Français d'ici!

Claude Jasmin, *Rimbaud, mon beau salaud*

Vocabulaire

Navarre, Normandie, Bretagne, Berri *French provinces*

se dresser *to rise up*

Corneille *seventeenth-century playwright, author of* Le Cid

La Fontaine *seventeenth-century poet, author of* Les Fables

Renan *great nineteenth-century historian*

Pasteur *great nineteenth-century scientist*

Lumière *one of those credited with inventing cinematography*

Balzac, Daudet *nineteenth-century novelists*

Musset, Lamartine *Romantic poets of the nineteenth century*

Ardennais *native of the Ardennes, territory bordering on Belgium*

Taine, Michelet *great nineteenth-century historians*

Rimbaud *a Symbolist poet and forerunner of modern poetry*

le **savant** *scientist*

les **peaux-rouges** *Redskins*

arrosés de baptême *sprinkled in baptism*

Cartier *sixteenth-century explorer of Canada*

eut planté = avait planté *(passé antérieur)*

la **Gaspésie** *Gaspé peninsula*

le **berceau** *cradle*

navrant *heartbreaking*

gravé de *engraved with*

ramper *to crawl*

l' **aviron** (m) *oar*

Joliette, Marquette *discoverers of the Great Lakes region (1673)*

La Vérendrye *eighteenth-century explorer of the northern prairie states*

INTELLIGENCE DU TEXTE

1. Que réclame Claude Jasmin?
2. Quels sont ses sentiments à l'égard des grands écrivains et des savants français?
3. Qu'est-ce que les Canadiens Français ont pris l'habitude d'imaginer?
4. Jasmin dit: «On avait intérêt à me faire oublier l'héritage le plus riche de la terre.» De qui parle-t-il? Quel intérêt avait-on à faire cela?

La Révolte

—Quelqu'un ne devient-il pas «capable» parce qu'il a de «l'instruction»? Et cette instruction, qu'il a acquise à l'université, ne l'a-t-il pas payée très

cher? Avec quel argent? Où son père a-t-il pris cet argent? Comment se fait-il que son père ait des revenus supérieurs à ceux de *la moyenne* des gens? Comment a-t-il pu devenir médecin ou industriel? Où le père de son père a-t-il pris l'argent nécessaire pour faire instruire son fils? Et où le père du père de son père . . .» se demande Un Autre.

«Et puis, pourquoi mon père, à moi, n'a pas pu me faire instruire, m'envoyer à l'université? Pourquoi mon père à moi et le père de mon père ont-ils toujours «*tiré le diable par la queue*»? Et pourquoi les écoles des quartiers ouvriers sont-elles sales, mal équipées, humides, comme si elles avaient été construites pour vous dégoûter des études? Et pourquoi les salaires des travailleurs sont-ils si bas, et le coût de la vie tellement élevé qu'à quatorze ou seize ans il faut, comme son père, chercher un emploi, vendre à l'heure ou à la semaine sa force de travail, et accepter, comme des *dons* du Ciel, les travaux les plus pénibles, parce qu'ils vous font gagner quelques *piastres* . . . que vous dépenserez aussitôt à la *mercerie*, à l'épicerie du coin, au cinéma, chez le médecin . . . et *à la taverne* quand, au bout de six mois de cette vie de chien, vous irez y *noyer* les rêves de votre jeunesse dans la bière et le bruit? Pouvez-vous m'expliquer, cher docteur, comment il se fait qu'il y ait tant de tavernes à Montréal et tant d'*ivrognes* dedans? Pouvez-vous m'expliquer pourquoi on y rencontre surtout des ouvriers, des «pas instruits,» et des chômeurs? Et pourquoi ces tavernes sont plus nombreuses dans l'Est français que dans l'Ouest anglais? . . .»

—Il doit y avoir une explication à tout cela, se dit et se redit Joe. C'est impossible que tous nous autres, de l'est de la ville, de Saint-Henri et de la Pointe Saint-Charles, on ne soit qu'une bande d'«*arriérés*.» Et que tous ces maudits riches de Westmount, d'Outremont, et de Ville-Mont-Royal, soient plus intelligents que nous autres. Tenez, par exemple, mon «boss»: il ne sait même pas que Cartier faisait de la politique pour le compte des compagnies de chemins de fer.[4] Il ignore l'histoire

---

[4]Sir George Cartier (1814–73), homme d'état Canadien-Français et défenseur de la confédération. Gros actionnaire d'une compagnie de chemins de fer, il fit voter des subventions gouvernementales pour les chemins de fer en difficultés financières.

de son pays et prend des contes de fées pour des événements réels. L'autre jour, bien sérieux, il m'a dit que son père connaissait bien Ringuet, «l'auteur de *Maria Chapdelaine*,» qu'il m'a dit! Comment ces maudits *bornés*-là peuvent-ils s'enrichir si rapidement, tandis que moi, qui prends encore des cours du soir et qui m'intéresse à tout ce qui se passe et à tout ce qui s'écrit, j'en suis encore à *rembourser* mes dettes? Ma femme, *en plein* XXe siècle, est obligée d'aller «faire des ménages» pour payer les études de *mon plus vieux* que je ne suis même pas certain de pouvoir envoyer au collège, l'an prochain. Et pendant que nous autres, on *crève*, ces *écoeurants*-là nous disent de nous instruire! Je suis fatigué de les entendre nous *faire la morale*. Si ça continue, je vais *expédier* l'un de ces bourgeois-là dans l'autre monde. Si je ne l'ai pas déjà fait, c'est que, voyez-vous, je ne suis pas sûr *que cela serve à grand-chose. Il faudrait s'y mettre à plusieurs* et leur *régler leur compte*, une fois pour toutes, à toute cette «gang» de maudits sans-coeurs d'exploiteurs de . . . Il y a assez de dynamite au Québec pour tous les *faire sauter* en même temps. Mais les gars ont peur. Quand je me fâche au syndicat, le président me coupe la parole, car il ne veut pas que les gars fassent des bêtises, qu'il dit. Et les gars *s'en laissent imposer,* parce que monsieur le président est le grand ami de l'agent d'affaires! On est *écoeurés* d'être traités comme des enfants par les patrons et par le syndicat. À partir de maintenant, ils vont nous écouter ou bien on va leur *casser la gueule*! J'espère que les gars vont *se tenir les coudes*. Il est *mauditement* temps qu'on prenne nos responsabilités et qu'on arrête de faire nos révolutions dans les tavernes pour les faire dans nos usines. J'ai hâte qu'un jour, au Parc Lafontaine, un gars de chez nous, un *débardeur*, tiens . . . ou un *bûcheron*, oui, un bûcheron, un gars solide, se place devant nous autres, des milliers de travailleurs rassemblés là et qu'il *entonne* la Marseillaise[c] ou *le Chant des Partisans*, parce qu'*icitte* on n'a pas encore de chants comme ceux-là, et puis que ce bûcheron-là nous crie: «Aux armes, Québécois!» Et que tous ensemble, comme un seul homme, nous répétions: «Aux armes, Québécois!»

Pierre Vallières, *Nègres blancs d'Amérique*

Vocabulaire

la **moyenne** *average*
  tirer le diable par la queue *to be hard up*
le **don** *gift*
la **piastre** (*French Canadian*) *dollar*
la **mercerie** *notions store*
  à la taverne = au café
  noyer *to drown*
 l'**ivrogne** (m) *drunk*
  arriéré *mentally retarded*
  Maria Chapdelaine *a novel by Louis Hémon*
le **borné** *person of limited views*
  rembourser *to pay back*
  en plein *in the middle of*
  mon plus vieux *my oldest child*
  crever (argot) = mourir
 l'**écoeurant** (m) *bastard*
  faire la morale *to moralize*
  expédier *to send*
  que cela serve à grand-chose *that it would help much*
Il faudrait s'y mettre à plusieurs *We ought to set about it, a bunch of us*
régler leur compte *to settle their account*
faire sauter *to blow up*
se laisser imposer *to let oneself be imposed on*
écoeuré *fed up*
casser la gueule *to bust (someone) in the jaw*
se tenir les coudes *stand shoulder to shoulder*
mauditement *damn well*
le **débardeur** *longshoreman*
le **bûcheron** *lumberman*
 entonner *to strike up (a song)*
le **Chant des Partisans** *a song of the French Resistance*
icitte = ici (*Canadianism*)

INTELLIGENCE DU TEXTE

1. Pourquoi Vallières demande-t-il comment certains ont pu devenir médecins ou industriels?
2. Selon lui, comment sont les écoles des quartiers ouvriers?
3. Pourquoi doit-on chercher un emploi à quatorze ou seize ans?
4. Qui sont les ivrognes des tavernes de Montréal?
5. Où se trouvent, en principe, les ivrognes, les «arriérés» et les gens intelligents dans cette ville?
6. Quelle anecdote raconte l'auteur concernant la culture du «boss»? Pourquoi?
7. Quels moyens violents l'auteur est-il tenté d'employer?
8. Quelle image l'auteur se fait-il du commencement de la révolution?
9. Comment pourrait-on caractériser le ton et le langage de ce texte? Quel effet produisent-ils sur le lecteur?

Exercices de grammaire

I. Les pronoms relatifs
A. *Remplacez le tiret par le pronom relatif* **qui, que, dont, où** *selon le sens.*

  1. Il respecte chez les Français le peuple _____ a fait la Révolution.
  2. La taverne _____ se rencontrent les ouvriers canadiens s'appelle «Aux Fils du Québec.»

3. Il y a beaucoup de reproductions de la croix _____ Jacques Cartier a plantée en Gaspésie.
4. L'étudiant sénégalais vient en France pour voir le pays _____ il utilise la langue.
5. Où se trouvent les Français bavards et révolutionnaires _____ j'imaginais?
6. Y a-t-il de la sympathie entre les jeunes gens _____ s'accostent dans les rues de Fort-de-France?
7. Frantz Fanon, _____ le livre *Peau noire, masques blancs* a été traduit dans de nombreuses langues, est mort jeune.
8. Le fils _____ je ne suis pas certain de pouvoir envoyer au collège est pourtant intelligent.
9. La Guadeloupe, voilà un pays _____ je voudrais aller!
10. Les Canadiens _____ je parle sont d'origine bretonne.

B. *Remplacez le tiret par* **ce qui** *ou* **ce que** *selon le cas.*

1. Il vient en France pour mieux comprendre _____ fait la base de son éducation.
2. Je m'intéresse à _____ les Africains pensent de la France.
3. _____ j'ai vu à Montréal m'a étonné.
4. Tout _____ est exotique m'attire.
5. La France vous a-t-elle donné _____ vous désirez?

II. Les démonstratifs
A. *Complétez en employant* **celui, celle, ceux, celles.** *Ajoutez* -ci *ou* -là (**celui-ci, celle-là,** *etc.*) *s'il y a lieu.*

1. On ne pardonne pas à _____ (the one) qui affiche une supériorité.
2. Ce quartier est francophone mais dans _____ (this one) on parle anglais.
3. On n'entend pas souvent des chants comme _____ (those).
4. Un des étudiants vient de Côte d'Ivoire mais ce n'est pas _____ (this one).
5. _____ (Those) qui font des études en France sont curieux des pays étrangers.
6. Les bourgeois anglophones ne nous comprennent pas et un de _____ (those) est notre patron.
7. Les jeunes Français sont sympathiques aux Africains, mais _____ (those) qui ont plus de trente ans sont paternalistes.
8. La vie n'est pas toujours facile pour _____ (the one) qui quitte son pays.
9. Ces Algériennes parlent français mais _____ (these) savent encore l'arabe.
10. J'ai trouvé une taverne sympathique mais pas _____ (the one) que tu m'avais indiquée.

B. *Complétez en employant* **c'est** *ou* **il est.**

1. Ville-Mont-Royal, _____ un quartier de Montréal.
2. Je crois que _____ injuste de punir un homme parce qu'il parle une langue différente.
3. La Martinique, _____ de là que vient le rhum.
4. _____ à Dakar que j'ai rencontré le président Senghor.
5. _____ Louis Hémon qui a écrit *Maria Chapdelaine*.

Vocabulaire satellite: Le Français à l'étranger

la **patrie**   *homeland*
la **patrie d'adoption**   *adopted home-land*
la **métropole**   *mother country*
la **colonie**   *colony*
le **colon**   *colonist, settler*
l'**indigène**   (m, f)   *native (of any country)*

être économiquement sous-développé   *to be economically underdeveloped*
être exploité   *to be exploited*
un **pays en voie de développement**   *a developing country*
un **pays industrialisé**   *an industrialized country*

souffrir d'un complexe d'infériorité   *to have an inferiority complex*
manquer de confiance en soi   *to lack self-confidence*
se sentir étranger à   *to feel alien to*
dépaysé   *out of one's element, not at home*
déraciné   *uprooted*

ignorer, réclamer son héritage (m)   *to be ignorant of, to claim one's heritage*
avoir droit à   *to have a right to*
être fier de   *to be proud of*
être conscient de   *to be aware of*

franciser   *to gallicize, to Frenchify*
angliciser   *to Anglicize*
américaniser   *to Americanize*
francophone   *French-speaking*
francophile   *French-loving*
francophobe   *French-hating*

chauvin *chauvinistic*
patriote *patriotic*
paternaliste *paternalistic*
condescendant *condescending*
réservé *reserved*
méfiant *suspicious, distrustful*
accueillant *hospitable*
sympathique *likable, congenial*
avoir l'esprit borné, ouvert *to be narrow-minded, open-minded*

Pratique de la langue

1. Les étudiants africains observent-ils des différences dans le comportement des Français (jeunes, bourgeois, etc.)? Pensez-vous que les mêmes jugements s'appliqueraient dans votre pays?
2. Quels sont les aspects de la culture française que les jeunes Africains jugent le plus sévèrement? Sont-ils tous particuliers à la France?
3. Aimeriez-vous visiter l'Angleterre pour les mêmes raisons que ces Africains veulent voir la France?
4. Par des citations précises, montrez comment l'ironie de Fanon s'exerce sur les différents snobismes qu'on rencontre à la Martinique.
5. Dans le même ouvrage, Fanon raconte sa surprise quand, arrivé en France, une petite fille s'est écriée en le voyant: «Oh! un nègre!» Comprenez-vous la surprise de ce Français de la Martinique?
6. D'après les deux textes présentés, pourquoi les Canadiens Français ne semblent-ils pas avoir pu réaliser un héritage qui les rend fiers?
7. Qu'est-ce qui exaspère le plus, à votre avis, un révolutionnaire comme Vallières?
8. Mettez en scène un groupe de discussion à la télévision où se rencontrent les francophones suivants: étudiants africains, martiniquais, réunionais, canadiens de diverses opinions. Un journaliste dirige les débats sur le thème suivant: Que pensez-vous de la France? Voulez-vous rester francophone? Êtes-vous heureux de votre parenté (kinship) avec la France?

Sujets de discussion ou de composition

1. Pourquoi les émigrants ont-ils tendance à oublier leur héritage? à le réclamer? Citez des exemples, discutez.
2. Est-ce que l'Amérique de nos jours souffre d'un complexe d'infériorité vis-à-vis l'Angleterre? Si oui, à quels égards? Si non, en a-t-elle jamais souffert dans le passé? Discutez.
3. Étant donné le fait que vous devez suivre un cours de langue étrangère, pourquoi avez-vous choisi le français? Est-il question de culture française, d'utilité, de snobisme, ou est-ce que les heures du cours arrangent bien votre emploi du temps? Expliquez.

4ème PARTIE

Vie Culturelle

9 *La Langue*

Français, franglais ou gallo-ricain?

Since the early 1960s, representatives from all French-speaking countries have met every other year, in meetings called the *Biennales de la Langue Française*, to exchange information and devise solutions to the problems of French-speaking communities throughout the world. A recent example of such cooperation was the dispatching of teachers from Québec, Belgium, and France to help the state of Louisiana implement its new bilingual education program.

Inevitably, this effort by French-speaking people throughout the world to maintain their cultural identity has led them to take a defensive attitude toward English, which today has replaced French (now second) as the most widely used international language. The French have always been much concerned about their language and its purity. Over the centuries French has in fact absorbed a large number of Italian, Spanish, German, Dutch, and English terms, the attempt to preserve the language against the unrestricted influx of such elements dates back to the seventeenth century. The *Académie Française*,[c] founded by Cardinal Richelieu in 1635, was given the task of normalizing the language, of expurgating unwarranted borrowings, and of certifying contemporary usage. The Academy was also instructed to develop a grammar and a comprehensive dictionary of the French language, two projects which have been under permanent review ever since. It is also supposed to rule upon pronunciation.

The French people remain unusually sensitive to correct usage (*le bon usage*). Daily newspapers such as *Le Monde* and *Le Figaro* carry regular columns devoted to language problems, and readers frequently write to inquire about the propriety of certain idioms. When queried about correct usage, any self-respecting Frenchman with a minimum of education will

135

gladly offer a ruling—which he will often base, however, on a mysterious "sixth sense" attuned to *l'esprit de la langue.*

Since the end of World War II, French has been subjected to an unprecedented onslaught of foreign terms and idioms, of which the overwhelming majority are American. In 1964 Étiemble, a noted scholar and critic, vigorously denounced this creeping subversion in his well-known essay *Parlez-vous franglais?* In the English-speaking world Étiemble's essay was dismissed as a manifestation of France's traditional Anglophobia, to be paralleled with the strictures of General De Gaulle against "les Anglo-Saxons." But Étiemble did not systematically oppose the borrowing of English words; rather, he denounced the uncritical adoption of English terms where adequate French equivalents existed, and the subtle distortion of French syntax under the influence of English—two problems long recognized by the French Canadians.

Still, Étiemble's campaign against *le franglais* clearly reinforced De Gaulle's efforts to restore France's prestige and self-respect, and the government soon joined in the campaign to contain the influx of English. This policy was pursued by De Gaulle's successors, and in December 1975 produced a law enjoining all public agencies—including the state radio and television network—from using any foreign terms other than those approved by the *Académie Française.* It remains to be seen, of course, whether everyday usage can be reversed by a stroke of the pen, and whether official norms will percolate down to the masses.

L'Académie française appuie une offensive contre le «franglais»___

La grande offensive officielle contre le «franglais,» dénoncé il y a quelques années par le professeur Étiemble, et l'invasion des termes étrangers, *notamment* anglo-saxons, dans la langue française a commencé *avec éclat.*

Fondé en mars 1966 par le général De Gaulle, le Haut Comité pour la défense et l'expansion de la langue française, doublé en 1967 par le Conseil international de la langue française conçu pour faire participer tous les pays francophones à cette *«défense et illustration»* d'une langue parlée sur les cinq continents dans *trente pays,* vient, après six années d'un travail aussi *opiniâtre* que discret, de publier le premier «code» de quelque 350 mots français (souvent retrouvés dans le vieux français) et de néologismes (approuvés par l'Académie française dont la mission depuis Richelieu est de *«dire le droit* en matière de langue») qui devront rem-

placer des termes étrangers généralement anglo-saxons et surtout américains.

Cinquante mots «barbares»

Trois mille cinq cents mots ou expressions effectivement anglaises ou «franglaises» *avaient été répertoriées* et «dénoncées» par quinze commissions de linguistes et techniciens. Finalement, trois cent cinquante termes nouveaux, français ou néologismes, ont été proposés à l'arbitrage des Académies et finalement de l'Académie française. Trois cents seulement ont reçu le «*Nihil obstat*» de la célèbre compagnie.

Il est apparu, en effet, aux commissions et aux académiciens, qu'un nombre important de termes anglais ne pouvaient pas, dans l'état de la langue, être remplacés, ce qui est la preuve d'un grand libéralisme linguistique. Sur les trois cent cinquante mots nouveaux, cinquante *ont été écartés* parce que jugés «barbares,» c'est-à-dire en contradiction avec l'esprit de la langue française. Plusieurs mots anglais, passés dans la langue courante, ont été condamnés surtout parce qu'ils ne permettaient pas une «francisation» complète par la fabrication de dérivés ou la possibilité de conjugaison.

L'Académie et les linguistes admettent que certains termes étrangers sont trop «ancrés» dans la langue pour les *chasser* et que d'autres sont «intraduisibles,» par exemple, marketing, management, drugstore,[c] media.

Pourtant, c'est dans le vocabulaire de la radio, de la télé et des spectacles que les linguistes officiels et académiciens se sont montrés les plus intransigeants. Par exemple, on impose «rétrospectif» pour «flash-back,» «spectacle solo» pour «one-man show,» «message publicitaire» pour «spot publicitaire» et «palmarès» pour «hit-parade.»

Dans l'industrie pétrolière ou aérienne, les équivalents les plus notables sont: «tour de forage» pour «derrick,» «navire citerne» pour «tanker,» «redevance» pour «royalty,» «pipeline» (prononcé à la française) pour «pipe-line,» «gros porteur» pour «jumbo jet,» «boutique franche» pour «tax-free shop.»

Les Français seront probablement surpris d'apprendre que «gas-oil» devra s'écrire désormais «gazole» et auront du mal à dire en six syllabes («navire transbordeur»), ce qu'ils prononcent depuis toujours en trois: «ferry boat,» et «cuisinette» leur semblera moins «chic» que la déjà traditionnelle «kitchenette.» Parmi les mots dénoncés mais conservés, «pipe-line» remporte une victoire malgré les nombreuses tentatives d'imposer ces dernières années «oléoduc.» Dans leur *sagesse* et compétence, les académiciens ont maintenu «pipe-line» en recommandant de le prononcer à la française comme terme général irremplaçable et presque français, puisque «pipe» avait autrefois, en vieux français, le sens de «tuyau» et que «line» c'est «ligne.» «Oléoduc» restera pour les pipelines de pétrole et «gazo-duc» pour ceux *acheminant* les gaz.

Et maintenant la parole est au peuple . . . et aux peuples francophones.

Jean Montardat, Le Soir

Vocabulaire

appuyer *to support*
notamment *more particularly*
avec éclat *with a fanfare*
doublé *reinforced*
«défense et illustration» *An allusion to the* Défense et illustration de la langue française *(1549), a famous essay by the Renaissance poet Joachim du Bellay denouncing the invasion of the French language by Latin and Italian terms.*

opiniâtre *obstinate*
dire le droit *to set the standards*
répertorier *to catalogue, to index*
le **«Nihil Obstat»** *the approval (lit., the Catholic Church's approval of a book for publication)*
écarter *to brush aside*
chasser *to expel*
la **sagesse** *wisdom*
acheminer *to carry, to convey*

INTELLIGENCE DU TEXTE

1. Quel est l'ennemi n° 1 de l'Académie française? Quels sont les termes dans le texte qui suggèrent une atmosphère de bataille?
2. Comment le général De Gaulle a-t-il été mêlé à l'offensive?
3. Quelle est la mission de l'Académie française?
4. À quoi sert ce «code» de 350 mots?
5. Quelle preuve les académiciens ont-ils donnée de leur libéralisme linguistique?
6. Pourquoi *marketing* et *management* ont-ils été admis?
7. Donnez quelques exemples de termes pour lesquels les académiciens ont été intransigeants.
8. Comment s'appelle une petite cuisine en bon français? Et en français «chic»?
9. Pourquoi *pipeline* a-t-il été préféré à *oléoduc*?

L'Enseignement des langues et le monopole de l'anglais————

Une génération «gallo-ricaine»?

Le monopole de l'anglais s'inscrit dans les *chiffres*. En 1963–1964, 76,8% des élèves des lycées avaient choisi l'anglais; ce pourcentage était passé à 79,1% en 1967–1968, à 80,7% en 1969–1970; il a atteint 82,44% en 1972–1973. Seul résiste l'allemand avec 14,66% des choix en 1972–1973. La place de l'espagnol est encore perceptible *à la loupe* —moins de 3%. Les autres langues, toutes les autres langues, européennes ou non, ont disparu de la carte scolaire, au moins comme langue première obligatoire, enseignée et apprise sérieusement.

Jacques Cellard, *Le Monde*

Vocabulaire

gallo-ricain *a parody of the term* gallo-romain, *designating the culture of Roman Gaul;* les Ricains *is* *a nickname for* les Américains
le **chiffre** *figure, number*
à la loupe *under a magnifying glass*

INTELLIGENCE DU TEXTE

1. Donnez une preuve en chiffres du monopole de l'anglais.
2. Quelles sont les autres langues que choisissent les étudiants français?
3. Pourquoi l'auteur dit-il que la place de l'espagnol est perceptible «à la loupe»?

Français ou hexagonal?

Newsmen and academics, admen and computer scientists, bureaucrats and pop singers, sportscasters and politicians all contribute to the production and spread of jargon. Americans seem content to let English teachers struggle with the problem, and admit that today's jargon may well be tomorrow's usage. The French are more bothered by jargon, but they have not been noticeably more successful in containing it. Foreigners well versed in French —and even, on occasion, native Frenchmen—may be nonplused by the language of certain ads and magazine articles. There is a real "communications gap" (another bit of jargon!) between those who feel increasingly "out of it." and those who reassure themselves of their "modernity" by wielding a "sophisticated," abstract language full of convoluted idioms.

Ever since Molière, the French have used irony to deflate obscure and pedantic jargon. In two successive books, *L'Hexagonal tel qu'on le parle* (1970) and *Le Français Kiscose* ("qui se cause") (1975), Robert Beauvais warns humorously against allowing French, a language known for its clarity and accuracy, to deteriorate into gibberish.

Pourquoi «l'hexagonal»? Robert Beauvais l'explique dans l'introduction de *L'Hexagonal tel qu'on le parle*. L'auteur présente ensuite (sur le modèle des manuels Berlitz ou Assimil) un guide de conversation qui doit permettre au Français moyen de comprendre ou de parler ce nouveau jargon.

Parler un nouveau français

La France a six côté voila le nom Hexagone dérivé

le qui precced la verbe

«L'alphabétisation est impérative, exonérée et désacralisante . . .»
Qu'est-ce que cela veut dire?
Cela signifie que l'instruction publique est obligatoire, gratuite et *laïque*.
En quelle langue?
En hexagonal.
C'est la langue qu'on parle dans l'Hexagone.
Qu'est-ce que l'*Hexagone*?
C'est la France.

Mais le mot «France,» *entaché* d'une *affectivité* suspecte, petite-bourgeoise, tend *à basculer* vers le folklore; le langage contemporain lui préfère celui d'Hexagone qui, dans sa pureté fonctionnelle semble mieux adapté à la définition d'une grande nation moderne.

Reconsidérons les notions scolaires traditionnelles. Il y a environ deux mille ans, la France c'était la Gaule. Pendant des siècles, la France a été la France: aujourd'hui la France est encore la France, mais on l'appelle l'Hexagone. Et j'appelle «hexagonal» le langage nouveau qui est en train de s'élaborer à l'intérieur de l'Hexagone, et cela à une telle *cadence* que le français ne sera bientôt plus qu'une langue morte enseignée dans les établissements secondaires, jusqu'au jour où la loi dispensera les jeunes Hexagonaux de son étude. Il sera alors l'affaire de quelques spécialistes, tout comme le latin.

Largement propagé par les moyens de diffusion actuels, Presse, Radio et Télévision, l'hexagonal est en train de gagner les masses auxquelles il s'impose par ces deux vertus à quoi le public contemporain résiste difficilement: la *laideur* et la prétention.

Le Manuel de Conversation Franco-Hexagonal

En Français	En Hexagonal

Dans la rue

En Français	En Hexagonal
Bonjour. Comment va votre père?	Bonjour. Comment va votre géniteur?
Bonjour. Comment va votre petit-fils?	Bonjour. Comment va votre *épigone*?
Ils passent leur examen.	Ils *subissent* leur check-up annuel.
Ils ont l'esprit de famille.	Ils *se réalisent* pleinement dans leur contexte tribal.
Bonjour, jeune homme. Et cette santé?	Bonjour, *enragé*. Et ce métabolisme?

Le couple

En Français	En Hexagonal
Qu'est-ce que tu *comptes* faire aujourd'hui?	Quel est ton *schéma* directeur de la journée?
Nous nous entendons bien, sur bien des points.	Nous avons plusieurs dénominateurs communs.
Tu m'as fait changer d'idée.	Tu *as ébranlé* mon édifice conceptuel.
Voilà qui me donne beaucoup d'espoir.	Voilà *un fait porteur d'avenir*.
Je suis complètement *abruti*.	Je suis complètement *lobotomisé*.
Il y a des couples qui ne sont jamais d'accord.	Il y a des couples qui ont des *exigences* difficilement coordonnables.
Nous sommes faits l'un pour l'autre.	Nous nous inscrivons dans un rapport de complémentarité.

La maison

En Français	En Hexagonal
Elle est au milieu de la campagne.	Elle *s'incruste* dans un *ensemble paysagé*.
Elle est pratique.	Elle est équipée tout confort.
Elle n'est pas éloignée du centre de la ville.	Elle est conçue dans la perspective d'un *trajet-bureau* minimum.
Tout est très confortable.	C'est un festival de confort.

L'automobile

En Français	En Hexagonal
C'est une voiture exceptionnelle.	C'est une *survoiture*.
La *carrosserie* est solide.	Les *tôles sont sans mièvrerie*.

[Handwritten annotations: "trop Contemporain", "more pretentious", "transmitter of genes", "plus relaxed", "more freedom flexible", "example same ideas on many points", "planned out / plus exact", "every thing accounted for", "common denominator like fractions", "like one flew over... operation performed on temporal lobes", "2 people forming a relationship of complimenting", "not a lot of / oposition"]

C'est une voiture familiale qui ne *prétend* pas battre des records.

C'est une voiture qui a du bon sens.

On peut se fier à ce moteur.

Ce moteur présente un haut degré de *fiabilité*.

Je *roule* beaucoup.

Je suis un centaure de la consommation.

Il y a beaucoup de place dans le *coffre* arrière.

Le coffre est vorace. *large appetite*

J'aime les petites voitures rapides.

J'aime les micro-*bolides*.

Robert Beauvais, *L'Hexagonal tel qu'on le parle*

Vocabulaire

scientific ; math, physics
medical
social

laïque (m **laïc**) *nonreligious*

l' **Hexagone** *a jargon term for France (whose shape is in fact a hexagon) long used by schoolteachers, but recently popularized in the media*

entaché *tainted*

l' **affectivité** (f) *emotionalism*

basculer *to tilt, to incline*

la **cadence** *pace*

la **laideur** *ugliness*

l' **épigone** (m) *descendant*

subir *to undergo*

se réaliser *to fulfill oneself*

enragé *rabid (of a dog); enraged, raging. In May 1968ᵉ the most radical of the young demonstrators called themselves* les enragés, *after the name of a radical faction of 1789.*

compter *to plan*

le **schéma** *blueprint, outline*

ébranler *to shake*

un **fait porteur d'avenir** *a fact portentous of the future*

abruti *dazed, stupefied*

lobotomisé *lobotomized*

l' **exigence** (f) *requirement*

paysagé *landscaped (a neologism)*

un **trajet-bureau** *a commutation*

la **carrosserie** *body (of an automobile)*

les **tôles sont sans mièvrerie** *the sheet metal is without fragility*

prétendre *to claim*

la **fiabilité** *reliability (a neologism)*

rouler *to drive*

le **coffre** *trunk*

le **bolide** *meteor; fast-moving object*

used to sound more educated "intellectual"

INTELLIGENCE DU TEXTE

1. Traduisez en français et en hexagonal: «Public education is compulsory and free.»
2. Dans le paragraphe commençant par «Mais le mot «France» . . .» (page 140), quels sont les mots qui montrent l'ironie de l'auteur?
3. Que va-t-il arriver au français, selon Beauvais?
4. Comment s'est propagé l'hexagonal?
5. Selon Beauvais, qu'est-ce qui attire le public contemporain?
6. Dans les exemples tirés du manuel franco-hexagonal, reconnaissez-vous des mots empruntés au vocabulaire des mathématiques? de la physique? des sciences sociales? Quelles expressions vous paraissent particulièrement pédantes ou ridicules?

Communication et bandes dessinées

Tintin, a weekly comic magazine named after the plucky little cartoon character whose adventures have become popular around the world, calls itself *"le magazine des jeunes de 7 à 77 ans."* This is hardly an idle boast: in France, comic-strip enthusiasts come in all shapes and sizes. Lucky Luke—a cartoon cowboy who would not have been out of place in *Blazing Saddles*—was recently featured alongside novelist André Malraux in the sales campaign of a major oil company. With or without the help of famous cartoon characters, products aimed at the teen-age and even adult market are often advertised through comic strips. Popular comic strips are regularly reprinted in hard-cover editions, and have been treated in dissertations and seminars. Budding cartoonists and comic-strip fans constitute a proliferating subculture with its own clubs and magazines (*les fanzines*), and comic strips are even used increasingly in the schools for teaching purposes.

Comic strips appeared in France at about the same time as in the United States, but remained confined to children's magazines until the 1930s. The older tradition of the *images d'Épinal*—melodramatic or religious stories told in sixteen broadly colored frames printed on a single sheet —remained alive until the eve of World War I. Some of the comic strip characters that appeared before World War I (*Bécassine*, *Les Pieds-Nickelés*) have remained popular to this day, though mostly among nostalgic adults. Yet certain current favorites of the younger generation—*Tintin*, *Spirou*, *Babar*—are more than forty years old.

The real revolution in *la B.D.* (*bande dessinée*) has occurred over the last twenty years. Until then, no self-respecting French adult could let himself be seen reading one in public, or even admit his fondness for them. When the now famous *Astérix* appeared in 1961, however, parents were asked to explain to their offspring a host of sophisticated puns, deliberate anachronisms, and tongue-in-cheek Latin quotations. This gave them a perfect excuse to immerse themselves in the adventures of the ornery little Gaul of Roman times—a shrewd champion of Celtic independence—and a refreshing contrast to the much taller but equally ornery (De) Gaulle[c] of modern times.

Now that *la B.D.* had become respectable, comic strips geared to an adult public proliferated. Simultaneously, the traditional art of political cartooning, which traced its origins to Honoré Daumier (1808–79) but had become rather stereotyped in publications like *Le Canard Enchaîné*, was rejuvenated by a new generation of artists (Reiser, Wolinski, Topor, Gébé) who addressed a student audience.

Thus there are now comics and cartoons for every age group and every kind of audience. Whereas both children and adults may read *Tintin* and *Spirou*, younger children might prefer *Pif*, and teen-agers the wacky and colorful *Pilote*, while students—especially of a radical stripe—would probably favor *Charlie-Hebdo*, whose vitriolic satire fears no taboos and has provoked repeated seizures by the government. Even such a serious news weekly as *Le Nouvel Observateur* has on its staff a full-time cartoonist, Claire Bretecher, who also happens to be the first woman in a traditionally all-male profession. Comic strips have also helped transform the language: the Larousse dictionary recently admitted to its prestigious pages the word *Bof!*, an all-purpose expletive (the equivalent of a shrug of the shoulders) which first appeared in comic-strip balloons.

La bande dessinée a maintenant fait son entrée à l'école. *À titre d'expérience*, des professeurs de français et de *dessin* essaient de stimuler la créativité littéraire et artistique de leurs étudiants en les invitant à s'exprimer par le moyen de bandes dessinées. L'article ci-dessous, tiré de *Réalités*, donne un aperçu de cette tentative.

Les Enfants coincent la bulle...

APPRENDRE L'ANGLAIS
par la bande dessinée

Your English is excellent!

Les temps changent. Les consommateurs d'images deviennent producteurs. Les enfants ont décidé de *franchir le pas*. Ils font leurs propres bandes dessinées. *Désormais* la bande dessinée est enseignée à l'école.

Certes, ce n'est encore qu'au *stade* expérimental, mais tout laisse à penser que cette tentative devrait encourager bien des volontaires et que l'enseignement de la bande dessinée pourrait être inclu dans les programmes officiels. Il faut dire que les enfants d'aujourd'hui *baignent* dans un univers d'images comme jamais l'humanité n'en a connu. Un enfant qui dès le *berceau* est mis en présence de la télévision et qui grandit au milieu du cinéma, des photos, des bandes dessinées, fait plus que se constituer un stock considérable d'images en mémoire, il apprend à parler, à écrire, à penser en images.

Ces bandes dessinées par les enfants n'apprennent pas grand-chose aux adultes, mais constituent d'excellents exercices de créativité. Les jeunes enfants sont limités dans leur usage des mots, ils ne *manient* pas toujours très bien la syntaxe et manquent souvent de vocabulaire. Le dessin leur permet de s'exprimer plus aisément. Mais le dessin seul développe le sens esthétique et l'imagination, sans participer clairement à la communication d'un message précis. La bande dessinée est le moyen de leur faire trouver les *voies* et les codes appropriés à la transmission d'un récit ou d'un effet comique. Le fait d'être limité à un petit nombre d'images est également important: les enfants doivent produire quelque chose d'*achevé* dans un *cadre contraignant*. Or chacun sait que la créativité est plus forte si on lui impose de fortes contraintes. Le dessin et l'écriture libres ont des résultats beaucoup plus faibles.

Il est trop tôt pour savoir ce que la pratique de la bande dessinée produira chez les enfants. Il est à souhaiter qu'elle ne se fasse pas au détriment de l'acquisition complète de la langue. Car, si l'on peut penser en images, on pense d'abord en mots. Mais reconnaissons que «Glubs» et «Gasp» en disent aussi long que les «*Sapristi*» et les «*Crénom*» de nos grands-pères et que la bande dessinée constitue un mode d'expression artistique tout à fait original, au même titre que le cinéma ou le roman, et qu'il est toujours bon qu'un enfant apprenne à maîtriser une technique de communication. Cela dit, s'il y a des cours de bandes dessinées à l'école, ce n'est plus Mickey que l'on cachera sous la table, puisqu'il sera au tableau. Alors qui? Victor Hugo? Des *bambins se délectant d'alexandrins* dévorés *à la sauvette* dans le *car de ramassage*? On peut toujours rêver.

Réalités

Vocabulaire

à titre d'expérience *on an experimental basis*

le **dessin** *drawing*

coincer la bulle (argot) *to loaf. A play on words: literally,* coincer = *to corner,* la bulle = *bubble (here, the balloon where captions are printed).*

franchir le pas *to take a decisive step*

désormais *from now on, henceforth*

le **stade** *stage, phase*

baigner *to be immersed*

le **berceau** *cradle*

manier *to handle*

la **voie** *way*

achevé *completed*

un **cadre contraignant** *a limiting framework*

sapristi, crénom *mild swear words*

le **bambin** *tiny tot*

se **délecter** *to delight in*

l' **alexandrin** (m) *alexandrine: the twelve-syllable line that is standard in classical French poetry*

à la sauvette *on the sly*

le **car de ramassage** *school bus*

INTELLIGENCE DU TEXTE

1. Comment les enfants sont-ils devenus producteurs d'images?
2. Qu'est-ce qui arrive à l'enfant moderne dès le berceau?
3. Que permet le dessin aux enfants?

4. Pourquoi le fait d'être limité à un petit nombre d'images est-il important?
5. Quel changement amusant l'auteur imagine-t-il à la fin de l'extrait?

Exercices de grammaire

I. Le subjonctif *Employez le* **subjonctif** *du verbe indiqué.*

1. Croyez-vous que l'hexagonal _____ (être) mieux adapté à la vie moderne?
2. Il est douteux que le français _____ (devenir) un jour une langue morte comme le latin.
3. M. Hexagonal est content que sa voiture _____ (avoir) du bon sens.
4. Il faut souhaiter que nous _____ (être) faits l'un pour l'autre.
5. Je crains qu'il ne _____ (conduire) trop vite ce micro-bolide.
6. Il est important que le français _____ (maintenir) sa pureté.
7. Richelieu voulait que l'Académie _____ (dire) le droit en matière de langue.
8. Je suis surpris que «gas-oil» _____ (s'écrire) maintenant «gazole.»
9. Je suis étonné que «pipeline» _____ (être prononcé) à la française.
10. Faut-il que les enfants d'aujourd'hui _____ (savoir) s'exprimer par le moyen de la B.D.?

II. *Mettez les verbes entre parenthèses au* **subjonctif passé**.

1. Il est remarquable que cet auteur _____ (critiquer) le franglais avec tant d'humour.
2. Je ne pensais pas qu'il y _____ (avoir) tant de dialectes en France.
3. Il craint que son fils _____ (ne pas étudier) la grammaire avec ce professeur qui ne pensait qu'à faire des bandes dessinées.
4. Il est dommage que vous _____ (ne pas lire) Astérix.
5. Il est douteux que Max _____ (aller) au concours de fanzines sans ses dessins.

III. *Complétez les phrases suivantes en employant le* **subjonctif, l'indicatif** *ou* **l'infinitif**.

1. Il faut que l'Académie _____ (choisir) les mots qui sont en accord avec l'esprit de la langue.
2. Un enfant ne peut pas grandir en présence de la télévision sans _____ (apprendre) à penser en images.

3. Nous cherchons une nouvelle technique qui _____ (permettre) aux enfants de s'exprimer plus aisément.
4. Il est clair qu'un certain nombre de termes anglais _____ (ne pas pouvoir) être remplacés.
5. À son avis, l'hexagonal est la meilleure langue qui _____ (être).
6. On a introduit les bandes dessinées dans les écoles pour _____ (stimuler) la créativité des jeunes.
7. Est-il sûr que l'offensive contre le franglais _____ (avoir réussi)?
8. Il est probable que le jargon _____ (disparaître) de la langue en peu de temps.
9. Il condamne vigoureusement cette tentative bizarre, si intéressants que _____ (être) les résultats!
10. J'espère que le haut comité fondé par le général De Gaulle _____ (bannir) de la langue tous ces américanismes barbares!

Vocabulaire satellite: La Langue

la **langue** *language (of a people)*
le **langage** *language (of an individual; vocabulary)*
la **langue courante, parlée** *everyday language, spoken language*
la **langue littéraire, écrite** *literary language, written language*

être **bilingue** *to be bilingual*
être **polyglotte** *to be a polyglot, to speak many languages*

le **dialecte** *dialect*
le **jargon** *jargon*
l'**argot** (m) *slang*

le **néologisme** *neologism*
l'**archaïsme** (m) *archaism*
le **gallicisme** *Gallicism*
l'**anglicisme** (m) *Anglicism*

au **sens figuré** *in the figurative sense*
au **sens propre** *in the literal sense*

l'**orthographe** (f) *spelling*
la **grammaire** *grammar*

un **vocabulaire restreint, large** *a small vocabulary, a large vocabulary*

un **langage pédant, prétentieux** *pedantic language, pretentious language*

un **langage raffiné, soigné** *refined language, polished language*

un **langage barbare, vulgaire** *uncivilized language, vulgar language*

le **bon usage** *correct usage*

l'**esprit de la langue** (m) *spirit of the language*

conserver, bannir *to retain, to exclude*

menacer, protéger *to threaten, to protect*

dériver de *to derive from*

le **dérivé** *derivative (word)*

intraduisible *untranslatable*

irremplaçable *irreplaceable*

la **bande dessinée** *comic strip*

la **caricature** *cartoon*

le **dessin animé** *animated cartoon*

dessiner *to draw, to sketch*

le **dessin** *drawing*

la **bulle** *balloon (in a comic strip; lit., bubble)*

Pratique de la langue

1. Depuis quand l'Académie s'occupe-t-elle de maintenir la pureté du français? Une telle institution vous paraît-elle utile?

2. Certains mots d'origine française sont prononcés en anglais à l'anglaise (*courage, ideal, audience*), d'autres à la française (*gaucherie, vis-à-vis, détente*). Quelle interprétation personnelle donnez-vous de ce phénomène?

3. Existe-t-il dans votre culture un langage comparable à l'hexagonal? Où peut-on le trouver? Citez des exemples.

4. Organisez un concours (contest). Qui écrira
   —la plus amusante phrase de «franglais»?
   —la phrase d'hexagonal la plus prétentieuse?
   —la plus française des phrases anglaises?

5. Par quel échange de conversation pouvez-vous remplir les bulles dans les dessins suivants?

6. Quelles bandes dessinées lisez-vous? Expliquez vos préférences.
7. Pourquoi, à votre avis, les Français sont-ils tellement intéressés par la B.D. actuellement?
8. Dans un groupe de discussion à la télévision, un animateur (M.C.) propose le sujet suivant: «Pour ou contre la B.D. à l'école?» Les participants au débat sont invités à représenter le point de vue de:
   —un professeur d'université qui fait un cours sur l'histoire de la B.D.
   —une institutrice qui utilise des bandes dessinées pour enseigner
   —un inspecteur de l'enseignement primaire
   —un père et (ou) une mère partisans de l'instruction traditionnelle.
9. Pourriez-vous exprimer par une caricature ou par une bande dessinée les situations suivantes:
   —un Québécois vient à Paris pour y entendre parler un beau français

—un fou du volant (a «car nut») explique en hexagonal à un garagiste (mechanic) pourquoi il consomme beaucoup d'essence
—un policier constate qu'à la télévision un des animateurs emploie des mots anglais interdits (forbidden) par la loi. Que va-t-il se passer?

Sujet de composition

Vous allez fonder une Académie américaine pour garder la pureté de la langue américaine contre l'invasion des termes étrangers, notamment français. Votre ennemi suprême: Frenglish. Expliquez l'objet de votre Académie, dressez une liste de termes à bannir, proposez des termes proprement «américains»—même des néologismes—pour les remplacer.

10 La Scène et les Lettres

Le Renouveau du théâtre en France

Of all the classic forms of artistic expression, theater shows the greatest promise of renewal in France. Subsidized, criticized, scrutinized, the theater is alive and well—and living not only in Paris, but also all over France. Briefly, there are three major currents in modern French theater. The *théâtre de boulevard* is the commercial theater, the Broadway of Paris, specializing in comedies designed to entertain. The classical tradition is represented by the state-supported *Comédie Française* (also known as «*la maison de Molière*»), which operates several theaters in Paris and takes its productions to the provinces and abroad. The repertoire of the *Comédie Française* also includes a sizable number of foreign and twentieth-century plays, which it stages in a traditional manner.

The French government's most remarkable contribution to the theater revival has been the financing of new repertory companies: the *Théâtre National Populaire* (T.N.P.), the *Théâtre de l'Est Parisien* (Tep), the *Théâtre de la Cité à* Villeurbanne, etc. Currently twenty-one such repertory companies—including one traveling company, the *Tréteaux de France*, familiar to many Americans—are promoting modern theater throughout the country.

This renaissance would not have been possible without a galaxy of dynamic personalities such as Jean Vilar, Roger Planchon, Georges Wilson, Guy Rétoré, Jean-Louis Barrault, and others. Most of them first-rate actors as well as talented directors, they renewed the repertoire and introduced revolutionary methods. Jean Vilar was the true pioneer; in addition to creating and heading the *T.N.P.*, he was instrumental in launching major festivals at Avignon, Aix-en-Provence, and Arles. Other festivals then multiplied, including the *Festival du Marais* in Paris. As a result of Vilar's

151

initiative, today the theater season opens in July, under the sunny skies of Avignon.

The French government finances still other theatrical and cultural events. It subsidizes private theaters like the company of Madeleine Renaud and Jean Louis Barrault, housed in the *Gare d'Orsay*, a former railroad terminal; it finances the first production of talented young authors (it was in this fashion that Samuel Beckett first became known); it supports cultural decentralization through such agencies as the *Maisons de la Culture.*[c] Furthermore, thanks to the rich cultural programming of the O.R.T.F.,[c] French viewers can regularly watch live telecasts of plays staged in Paris or at the festivals.

No panorama of the French stage would be complete without mention of mime and pantomime. This age-old tradition was saved from extinction in the nineteenth century by Gaspard and Charles Debureau, father and son, whose *Théâtre des Funambules* is featured in Marcel Carné's famous film, *Les Enfants du paradis*. In our time this tradition has reached unprecedented perfection through the work of the world-renowned mime Marcel Marceau. French schools of mime, such as the one headed by Jacques Lecoq, attract students from all over the world.

Les trois extraits qui suivent donneront un *aperçu* de l'oeuvre de Vilar, d'un récent festival de théâtre et des aspects de l'art du mime définis par Marceau lui-même.

La Grande Aventure du théâtre populaire

On ne dira jamais assez ce que l'art dramatique français doit à Jean Vilar, l'homme qui créa le Festival d'Avignon en 1947 et prit en main la *barre* du Théâtre National Populaire en 1951. Il dit alors: «Il s'agit de *faire en sorte que* le théâtre redevienne de nos jours une passion.» Grâce à lui, des milliers de nouveaux spectateurs se sont passionnés pour le Théâtre, surtout dans la jeunesse et dans des couches sociales qui l'ont littéralement découvert depuis quinze ans. Chaque hiver, les vastes couloirs du *Palais de Chaillot débordent* de spectateurs aussi enthousiasmés par le Théâtre que le furent les Grecs du Théâtre de Dionysos ou les Anglais du Théâtre du Globe. Oui, c'est Vilar qui *a mis en branle* le mouvement actuel de *renouveau* du Théâtre en France.

suburbs
outskirts

Un nouveau public est né, jusque dans nos banlieues parisiennes, si longtemps déshéritées, à *Aubervilliers* (où René Allio a construit une salle et une scène modernes pour le Théâtre de la Commune), à *Villejuif*, à *Saint-Denis*. Le *public populaire* que l'on attendait depuis des années, le voilà; il vient au théâtre. Une preuve entre mille: au premier festival d'Aubervilliers en juin 1961, sur les 3.000 spectateurs, 1.200 assistaient pour la première fois à une représentation dramatique. Le public est là. Il ne cesse d'augmenter.

Et les oeuvres? Dès 1946, Jean Vilar posait la question: *Nous en tiendrons-nous* au répertoire de nos maîtres anciens?... Un homme de théâtre contemporain est-il condamné à n'être autre chose que le conservateur des chefs-d'oeuvre du passé? Que faire?... À toutes ces questions... il n'est, je crois, qu'une réponse et la seule valable. La réponse n'est pas du domaine artistique. Il s'agit donc de faire une bonne société, après quoi nous ferons peut-être du bon théâtre.

Guy Leclerc, *Les Grandes Aventures du théâtre*

Vocabulaire

l'**aperçu** (m) *glimpse*
le **théâtre populaire** *theater for the people*
la **barre** *helm, tiller*
faire en sorte que *to ensure that*
la **couche** *level, class*
le **Palais de Chaillot** *the home of the T.N.P. in Paris*
déborder *to overflow*

mettre en branle *to set going, to initiate*
le **renouveau** *revival*
Aubervilliers, Villejuif, Saint-Denis *working-class suburbs of Paris*
le **public populaire** *the mass audience: working-class people who do not normally go to the theater*
s'en tenir *to limit oneself to*

INTELLIGENCE DU TEXTE

1. Qu'est-ce que l'art dramatique français doit à Jean Vilar?
2. À quoi compare-t-on l'atmosphère du Palais de Chaillot?
3. Comment un nouveau public a-t-il pu naître dans des banlieues comme Aubervilliers, Villejuif et Saint-Denis? Quel est ce public?
4. Qu'est-ce qu'on attend depuis des années? Donnez une preuve du succès de cette expérience.
5. Quelles critiques Vilar adresse-t-il au répertoire?

*la théâtre des Grecs (dionysus)
où du Globe pour les Anglais
Les festivals étaient là
alors les gens dans la public populaire
peuvent attendre*

Avignon, été '75

Chaque été, Avignon devient, pendant un mois, la capitale de la république du théâtre. Il n'y a pas de cloître, de chapelle, de salle qui ne soient occupés par les *tréteaux* du théâtre. Ici, on essaie de ressusciter *Adamov*. Ailleurs, Antoine Vitez fait chanter *Phèdre*. Un peu partout, le mime Marceau bavarde *à son ordinaire*. Les passions ne sont pas moins violentes qu'*au temps du schisme*. La place de l'Horloge est un forum en ébullition; il m'est arrivé de rentrer à l'hôtel, un soir, sous le regard des jeteurs de pierres dans l'air d'Avignon parfumé au *gaz lacrymogène*.

Un événement majeur, dans cette république, c'est le retour de *Wilson*. Vieux compagnon de Jean Vilar, Georges Wilson ne revient pas sans quelques contestations.[c] Ce qu'il rapporte aux fidèles, c'est un spectacle qui utilise le décor architectural naturel, c'est un sens large de la *fête*, c'est le choix d'une grande oeuvre qui touche tout le public, *Othello*.

Le second spectacle de la *Cour d'honneur* est *Coquin de coq*, de Sean O'Casey, *monté* par le Tep de Guy Rétoré. C'est une farce irlandaise anticléricale. Comme la plupart des grosses farces, c'est une petite pièce. On ne rit pas beaucoup de cette farce populaire d'une autre culture. Le rire est bien souvent un produit périssable.

Avignon, c'est encore beaucoup d'autres choses, Avignon continue jusqu'au 9 août, mais, dans l'ensemble, au-delà des proclamations et des discussions, Avignon semble être *à la recherche* d'un théâtre vraiment populaire.

Robert Kanters, *L'Express*

Vocabulaire

les **tréteaux** (m) *(stage) boards*
  Adamov *Arthur Adamov, avant-garde French playwright, highly regarded by French intellectual circles, but neglected by the public at large.*
  Phèdre *a famous tragedy by Racine, here directed in a provocative*
fashion by Vitez
à son ordinaire *in his usual way*
au temps du schisme *the fourteenth-century schism, when Christendom had two rival Popes, one in Rome and one in Avignon*
le **gaz lacrymogène** *tear gas. The excitement generated by some pro-*

ductions has produced riots.

Wilson *the actor Georges Wilson,
former director of the T.N.P.*

la **fête** *here, a celebration of life (an
"in" word)*

la **Cour d'honneur** *the main courtyard*

of the palace

Coquin de coq *O'Casey's* Cock-a-
Doodle Dandy *(1949)*

monté *staged*

à la recherche de *in search of*

INTELLIGENCE DU TEXTE

1. Que devient Avignon en juillet? Pourquoi?
2. Donnez quelques exemples d'événements théâtraux qui s'y passent.
3. Quelle pièce présente Georges Wilson et dans quel décor?
4. Comment les Français réagissent-ils devant la pièce d'O'Casey?
5. Est-ce que le festival a complètement atteint son but?
6. Citez des exemples de réactions extrêmes provoquées par le renouveau du théâtre.

Le Mime et la pantomime

→wellspring

Le Mime n'est pas seulement le langage du geste, mais aussi celui de l'Action qui consiste à définir l'être humain en reflétant ses aspirations les plus secrètes. Le Mime ne doit pas *renier* ses origines, *deny* issu des *sources vives* du peuple, il doit exprimer ses aspirations les plus profondes. Aussi différencions-nous le Mime de la Pantomime.

Le Mime, lorsqu'il représente l'usine, l'arbre, l'eau, le vent, le feu, donne naissance aux symboles de la vie. Son esthétique est riche, mais son langage est encore parfois un peu inconnu du grand public. Il faut que le langage du geste lui devienne familier comme celui des mots. Les mots suscitent des images connues dès notre enfance. Pourquoi le Mime ne serait-il pas pour le public le langage de tous les jours?

counter weight/balance

Le Mime est l'art du *contrepoids*. En s'identifiant avec l'objet, le Mime devient objet, il n'en prend pas seulement la forme mais aussi le poids. Son *moyen* actif est de s'exprimer en *tirant* et en poussant. Lorsque le Mime incarne le vent, il *imprime* avec son corps le poids du vent. Et nous voyons le vent. Lorsque le Mime entre dans l'eau, son corps pousse l'eau. Nous voyons l'eau, le Mime devient Eau. Où se *situe* cet Art? aux frontières mêmes du théâtre. Le Mime, Art du silence et du geste est l'Art de l'Action même et du sentiment, *lié* à la vie de l'homme.

linked

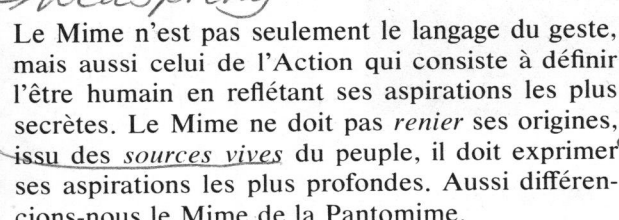

La Pantomime, elle, a d'autres lois. Elle peut être comique et burlesque. Elle traduit beaucoup plus une histoire ou une situation précise. La Pantomime est dramatique car sociale avant tout. Elle place l'homme par rapport à ses *semblables* dans la Société. Elle s'exprime souvent par la satire, elle est comique ou tragique. La Pantomime s'exprime également, non seulement au moyen du corps, mais au moyen du visage. Le masque est traditionnel, le visage est blanc.

Comment le Mime se différencie-t-il de la danse? La danse est l'art du mouvement et de l'élévation. C'est un art aérien. L'art du Mime est celui de *l'attitude*. Le Mime est un art terrestre qui a les pieds constamment *au sol*, son rythme est plus lent. L'Art du Mime est plus dramatique, quand il se libère, il va vers la danse. La danse, lorsqu'elle *s'inquiète* et représente un drame, va vers le Mime.

L'art du Mime se situe entre le théâtre parlant et la danse.

Marcel Marceau, *L'Art de la pantomime*

Vocabulaire

renier   *to deny, to repudiate*
les **sources vives**   *the wellspring*
le **contrepoids**   *counterweight, balance*
le **moyen**   *means*
tirer   *to pull*
imprimer   *to communicate*

lié   *tied, linked*
le **semblable**   *fellow man*
l'**attitude** (f)   *pose, posture*
au sol   *on the ground*
s'inquiéter   *to convey anxiety*

INTELLIGENCE DU TEXTE

1. Quelle sorte de langage est le mime?
2. D'où vient le mime? Quelles sont ses origines?
3. Comment le mime fait-il voir le vent? l'eau?
4. Quelles sont les lois de la pantomime?
5. Comment peut-on comparer le mime à la danse?
6. Citez les expressions que Marceau utilise pour définir l'art du mime.

Vocabulaire satellite: La Scène

le **spectacle**   *show*
la **représentation**   *performance*
la **scène**   *stage; scene*

le **décor**   *set*
le **personnage**   *character*
le **metteur en scène**   *director*
l'**acteur**, l'**actrice**   *actor, actress*
la **mise en scène**   *staging, production*
la **pièce de théâtre**   *play*
le **répertoire**   *repertory*

les **spectateurs** (m)   *audience*
le **public**   *audience, public*
le **programme**   *program*

la **tragédie**   *tragedy*
la **comédie**   *comedy*
la **farce**   *farce*
la **plaisanterie**   *joke*
   jouer un rôle   *play a part*
   monter une pièce   *stage a play*
   faire rire   *to make (people) laugh*
   émouvoir   *to move (emotionally)*

   assister à   *to attend*
   se passionner pour   *to be passionately fond of*
le **prix des places**   *price of tickets*
une **réduction pour étudiants**   *a student discount*
   subventionner   *to subsidize*

   regarder la télévision   *to watch television*
   éduquer le public   *to educate the public*
   intéresser les masses   *to interest the masses*
la **concurrence**   *competition*

Pratique de la langue

1. Aimez-vous le théâtre comme acteur ou comme spectateur? Expliquez.
2. À quel type de théâtre appartiennent les oeuvres suivantes: *Macbeth, Le Bourgeois gentilhomme, Death of a Salesman, La Cantatrice chauve* (The Bald Soprano), *As You Like It, The Taming of the Shrew, A Funny Thing Happened on the Way to the Forum*?
3. Quels sont les avantages d'une politique nationale de soutien (support) du théâtre? Interrogez un acteur du T.N.P., un étudiant parisien, un ouvrier d'Aubervilliers, un spectateur du Festival d'Avignon, un animateur culturel.[c]

4. Avez-vous jamais vu Marcel Marceau ou un autre mime sur scène? à la télévision? Avez-vous déjà vu une pantomime? Racontez.

5. Pensez-vous que la pantomime soit la forme la plus universelle du théâtre? Expliquez.

6. Parmi vous, certains ont des talents de mime. Mimez un sujet (la pluie, une fleur qui sort de terre, un pickpocket), ou une petite scène comique ou tragique. Le reste de la classe identifie ou décrit la scène.

7. Divisez la classe en quatre groupes de travail.

Groupe A: préparez et discutez le programme d'un festival de théâtre qui aura lieu dans votre école ou dans votre université.

Groupe B: préparez et discutez le programme d'un festival de théâtre qui s'adresse à un public populaire et qui aura lieu dans un stade (stadium) de la ville.

Groupe C: ceux des membres de la classe qui ont des dispositions artistiques prépareront des affiches où figurent (par exemple) les mots:

représentation	la fête	plein air
dramatique	le répertoire	chef-d'oeuvre
capitale de la	dramaturge	farce
république du	bouffonnerie	théâtre populaire
théâtre	imprévu	

Groupe D: les journalistes. Ils composeront un compte-rendu (report) des deux festivals et, éventuellement, des manifestations populaires qui les ont accompagnés.

Sujet de composition

Comment intéresser le public au théâtre? Êtes-vous pour ou contre la retransmission de pièces à la télévision?

La Vie littéraire à Paris

In France, literature has always occupied a predominant place among the arts. Frenchmen are highly sensitive to the quality of written expression, which is not confined to "literature" in its narrow sense, but includes private correspondence, political writing, and the press. The same preoccupation with formal excellence applies to oral expression.

This attitude explains why the distinction between literary achievement and prominence in other fields has never been as rigid in France as in the United States. Many French politicians and scientists have been regarded— or have regarded themselves—as writers of some importance. Napoleon tried his hand at literature, with unimpressive results. On the strength of his essays, memoirs, and collected speeches, De Gaulle can rightfully claim a place in the history of modern French literature. Conversely, two well-known French novelists, André Malraux and Maurice Druon, have served as Ministers of Culture in the Fifth Republic. The public's interest in "literature"—in the specifically French sense defined above—is also reflected in the amount of space that popular illustrated magazines like *Paris-Match* devote to stories about writers, both living and deceased.

No place in France is heavier with literary associations than Paris. Though perhaps less narrowly concentrated today than it was before World War II, literary life in Paris is still predominantly linked with the Left Bank and specifically with the Fifth, Sixth, and Seventh Arrondissements,[c] where the major publishing firms are located, and where writers, critics, and journalists still meet to exchange gossip and make or unmake reputations within a relatively small circuit of cafés and restaurants. Writers still do a good part of their work in cafés—a practice dating back to the eighteenth century; Jean-Paul Sartre insists that some of his best writing was done at those ancient literary haunts, *La Coupole* and the *Café de Flore*.

Some seven hundred literary prizes are awarded each year. The most celebrated and sought after is the Prix Goncourt. First awarded in 1903, it originated in a foundation set up by novelist Edmond de Goncourt, who with his brother Jules had animated one of France's most brilliant literary salons during the latter part of the nineteenth century. Every year the ten members of the Académie Goncourt, themselves reputable novelists, meet over lunch at the Drouant restaurant to make their famous award. In 1904 a competing prize, the Fémina, was created, to be awarded by a jury of women. The two other major awards, the *Interallié* and the *Renaudot*—named after Théophraste Renaudot, the founder of French journalism—are purely honorary, but like the others confer prestige on the recipient and guarantee increased sales. Many major French writers owe their initial fame to these prizes, but many others just as important never received any.

Rumor-mongering and well-publicized literary feuds have always attended the award of these prizes, but seldom in such inflamed proportions as in 1975.

Un groupe d'écrivains dénonça violemment la «corruption» dont le jury des prix était l'objet de la part des *éditeurs*. On fit remarquer qu'*à dix reprises* le Prix Interallié était allé à des écrivains publiés chez Grasset. D'autre part, il parut choquant à certains que le prix fût attribué à un auteur, Émile Ajar, déjà au sommet du *palmarès*. Mystérieux nouveau-venu dans la littérature, Ajar refusa toute publicité, n'acceptant que de rares et énigmatiques interviews. C'est dans ce climat de mystère et de tension que le Goncourt se prépare . . .

Mystère, pétards et verrous————

L'attribution du Goncourt et du Renaudot a donné lieu cette année à une agitation peu habituelle. Des mesures de sécurité avaient été prises à l'intérieur

(Dessin de Carelman.)

et à l'extérieur du restaurant où les résultats ont été proclamés sans incident. Une querelle littéraire? *Vous n'y pensez pas*. On a *les batailles d'Hernani* qu'on mérite. Ou plutôt on n'en a plus. Car il ne s'agissait pas d'opposer romantiques et classiques, mais, pour les uns, de savoir qui est Ajar, et, pour les autres de *secouer le cocotier* de *l'édition* afin que de jeunes singes puissent y *grimper*.

Deux *fauteurs* de troubles, à l'opposé l'un de l'autre: ici l'*auteur trop discret* d'un roman éclatant, *La Vie devant soi*. Là un *trublion très voyant* qui a déjà son nom dans les lettres: Jean-Edern Hallier.

Vers la mi-octobre, les murs de Paris reçoivent des graffiti: «Libérez le Goncourt de la corruption!» Pas question de le supprimer, on *y tient*. «C'est du folklore, mais la littérature en reçoit une *oxygénation*!» dira le principal agitateur. Malheureusement, des *vapeurs d'essence* échappées d'une bouteille et fort peu oxygénantes se sont enflammées dans l'appartement d'un des membres de l'Académie: Françoise Mallet-Joris. On arrête un des suspects, le romancier Jack Thieuloy, qui semble payer pour l'ensemble de la bande. Aujourd'hui encore il est sous les verrous, tandis que Jean-Edern Hallier *revendique* auprès du juge d'instruction la responsabilité de cet acte et se plaint de ne pas être inculpé.

Le journal télévisé a profité de l'événement pour pénétrer chez Drouant au cours d'un des fameux déjeuners. C'est celui du 5 novembre.

Grâce au *duplex*, Yves Mourousi fait dialoguer ce jour-là les parties adverses: Jean-Edern Hallier, seul dans son coin, les *Goncourt* autour de leurs victuailles. Le débat tourne à la confusion. Hallier crie: «Libérez Thieuloy, et le prix Goncourt à Pierre Goldman!» même s'il assure aujourd'hui que cette idée n'est pas de lui. L'Académie *rétorque*: «Allez régler vos comptes avec les éditeurs. C'est à eux que vous en avez. Nous, nous sommes des écrivains.» Et, le lundi matin 17 novembre, un cocktail Molotov explose chez Grasset.

Où est la littérature dans tout ce *brouhaha*? Elle ne *trouve son compte* ni dans les *suppositions rocambolesques* qui *se sont tissées* autour d'Émile Ajar, ni dans ce terrorisme *bouffon*, ni dans les portes de la «*taule*» qui se sont refermées sur Thieuloy.

Jacqueline Piatier, *Le Monde*

Vocabulaire

l'**éditeur** (m) *publisher*
à dix reprises = dix fois
le **palmarès** *best-seller list*
le **pétard** *firecracker*
le **verrou** *bolt: here, an allusion to the idiom* sous les verrous: *under lock and key (i.e., in jail)*
Vous n'y pensez pas *You've got to be kidding. (i.e., Why, the idea!)*
les **batailles d'Hernani** *allusion to the stormy 1830 premiere of Victor Hugo's drama* Hernani, *when traditionalists and Romantics scuffled in the theater*
secouer le cocotier *to cut off the dead wood (lit., to shake the coconut tree. Allegedly, Pacific islanders periodically require the elders to climb a coconut tree, then shake it vigorously; if the elders fail to hang on, they are replaced by a younger generation.)*
l'**édition** (f) *publishing*
grimper *to climb*
le **fauteur** *fomenter*
l'**auteur trop discret** *Ajar, the author of* La Vie devant soi, *refused interviews, and in the end refused the prize, too.*
un **trublion très voyant** *a troublemaker much in evidence*
tenir à *to hold on to, to cling to*
une **oxygénation** *a breath of fresh air*
les **vapeurs d'essence** *gasoline fumes. A Molotov cocktail was thrown into the apartment.*
revendiquer *to claim*
le **duplex** *simultaneous telecasting from two separate locations*
les **Goncourt** *members of the Académie Goncourt*
Pierre Goldman *Convicted of armed robbery after a controversial trial (see pp. 90-93.), Goldman wrote a novel while in prison.*
rétorquer *to retort*
le **brouhaha** *hubbub*
trouver son compte *to get one's due*
les **suppositions rocambolesques** *highly implausible hypotheses (it was rumored that Ajar was an escaped convict, etc.)*
se tisser *to be woven*
bouffon *ludicrous*
la «**taule**» (argot) = la prison

INTELLIGENCE DU TEXTE

1. À quoi a donné lieu en 1975 l'attribution du Goncourt?
2. Donnez un exemple d'une querelle littéraire célèbre.
3. Quels sont les fauteurs de trouble dans la querelle autour du prix Goncourt?
4. Veut-on supprimer le Goncourt? Pourquoi y tient-on?
5. Citez au moins deux incidents qui montrent que cette querelle du Goncourt est devenue une petite guérilla.
6. Que disent les membres du Goncourt quand on les accuse d'être liés aux éditeurs?
7. Quelle conclusion le journaliste tire-t-il de cette affaire?

Exercices de grammaire

I. Les possessifs

A. *Complétez en employant* **l'adjectif possessif.**

1. Nous en tiendrons-nous toujours au répertoire de _____ (our) maîtres anciens?
2. Othello a étranglé _____ (his) femme.
3. Lorsque le mime fait semblant de nager, _____ (his) corps pousse l'eau.
4. Chaque été, Avignon rend aux passionnés du théâtre _____ (their) festival favori.
5. Lecoq attire beaucoup de jeunes talents dans _____ (his) école de mime.

B. *Employez la structure* **de + nom** *pour traduire les mots entre parenthèses.*

modèle: C'est _____ (Racine's best play).
C'est la meilleure pièce de Racine.

1. Le théâtre français actuel doit beaucoup à _____ (Vilar's influence).
2. Barrault jouait admirablement le rôle du mime dans _____ (Carné's film): *Les Enfants du paradis.*
3. _____ (Sean O'Casey's farce) n'a pas plu aux Français.
4. _____ (The mime's gestures) évoquaient le vol d'un oiseau.
5. _____ (The Goncourts' decision) a été très discutée.

II. Les prépositions

A. *Remplacez le verbe anglais par un verbe français suivi d'une* **préposition**, *s'il y a lieu.*

1. On _____ (did not laugh at) cette farce d'une autre culture.
2. Avignon _____ (seems to) être à la recherche d'un théâtre vraiment populaire.
3. Je _____ (have attended) tous les festivals d'Avignon.
4. Nous _____ (aren't interested in) les prix littéraires.
5. Certains auteurs _____ (realize) la valeur de la publicité.
6. Même mort, Jean Vilar _____ (does not lack) admirateurs.
7. _____ (Don't miss) la Comédie Française, si vous êtes à Paris!
8. Savez-vous qu'on _____ (thought about) un accusé comme Pierre Goldman pour le Goncourt?
9. Que _____ (did you think of) cette querelle littéraire?
10. Quand je suis passé à Chalon, le T.N.P. _____ (was beginning to) donner une série de spectacles à la Maison de la Culture.

B. *Complétez les phrases suivantes en employant une* **préposition** *adéquate.*

1. Le théâtre populaire est né _____ Jean Vilar.
2. _____ quinze ans, les gens regardent plus la télévision qu'ils ne vont au théâtre.
3. Le mime se situe _____ le théâtre et la danse.
4. Les Goncourt élisent (elect) leur candidat _____ d'une table de restaurant.
5. Le mime s'exprime _____ gestes.
6. Georges Wilson n'est pas revenu _____ quelques contestations.
7. La Comédie Française s'oriente maintenant _____ le théâtre moderne.
8. Les festivals ont lieu _____ juillet et _____ août.
9. La télévision a profité de l'événement _____ pénétrer dans le domaine des Goncourt.
10. Le pape habitait Avignon _____ le schisme.

Vocabulaire satellite: Les Lettres

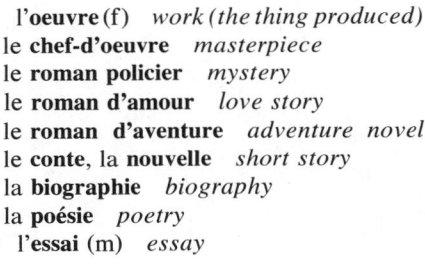

l'**oeuvre** (f)   *work (the thing produced)*
le **chef-d'oeuvre**   *masterpiece*
le **roman policier**   *mystery*
le **roman d'amour**   *love story*
le **roman d'aventure**   *adventure novel*
le **conte**, la **nouvelle**   *short story*
la **biographie**   *biography*
la **poésie**   *poetry*
l'**essai** (m)   *essay*

l'**homme de lettres** (m)   *man of letters*
l'**écrivain** (m)   *writer*
l'**auteur** (m)   *author*
le **romancier**   *novelist*
le **critique littéraire**   *literary critic*
l'**article** (m) **de revue**   *article in a review (not "review article")*
l'**éditeur** (m)   *publisher (not «editor»)*
la **maison d'édition**   *publishing firm*
la **célébrité**   *fame*
la **publicité**   *publicity, advertising*
un **public avide de sensations**   *a sensation-seeking public*

décrire   *to describe*
raconter   *to tell, to relate*

échanger une correspondance *to exchange correspondence*

la **formule de politesse** *conventional form (as used in a letter)*

les **formules classiques pour une lettre**:

Le 10 mai 1976

pour commencer
Cher Monsieur (Chère Madame, Chère Mademoiselle),

Auriez-vous l'amabilité de . . . ?
ou: Je vous remercie sincèrement . . .

pour terminer
Veuillez croire, cher Monsieur, à ma considération distinguée.
ou: Je vous prie de croire, chère Madame, à l'assurance de mes sentiments les meilleurs.

Pratique de la langue

1. L'opinion américaine s'intéresse-t-elle aux prix littéraires? Quels prix connaissez-vous?
2. Connaissez-vous des écrivains qui ne dédaignent pas la publicité, ni même le scandale? Citez-en quelques-uns.
3. Les manifestations parfois violentes qui font partie de la vie du théâtre et des lettres en France vous paraissent-elles un signe de santé? Est-ce que des événements culturels donnent lieu à des manifestations pareilles en Amérique? Si non, quel genre d'événements publics en Amérique provoque des manifestations violentes? Quelles conclusions peut-on tirer concernant les sociétés française et américaine?
4. Faites un sondage parmi vos camarades à propos de leurs lectures. Pourquoi lisent-ils? Quels genres de livres? Quelle recommandation les guide dans leur choix (celle d'un ami, d'un professeur, de la critique? le hasard?)?

Sujet de composition

Pour la plupart d'entre nous, la correspondance est la seule occasion qui nous est donnée de devenir un peu homme (ou femme) de lettres. La plupart du temps, toutefois, nos lettres sont essentiellement des lettres d'affaires. En français, les lettres de ce genre sont astreintes (bound) à un certain formalisme. Elles sont introduites et se terminent par des formules classiques (voir Vocabulaire satellite).

Exercez-vous à écrire de courtes lettres sur les sujets suivants:

a. pour remercier un(e) ami(e) français(e) qui vous a envoyé le Goncourt comme cadeau de Noël

b. pour remercier un professeur qui vous a prêté un livre intéressant ou utile
c. pour demander à un professeur de vous guider dans vos recherches sur un auteur ou un sujet quelconques
d. pour solliciter une lettre de recommandation dont vous avez besoin pour être admis dans un certain programme

11 *Chanson et Cinéma*

La Parole chantée

> En France, tout finit
> par des chansons . . .

France is a major producer and consumer of music. With an output of 52 million records a year, it ranks second only to Great Britain among the Common Market nations. But statistics cannot measure the emotional impact on the French people of a tradition that goes back to the early Middle Ages. From its medieval origins to the present, the *chanson* has mirrored French society, reflecting both its history and the diversity of its local traditions.

In many parts of France, regional cultures and folk traditions remained very much alive as late as the nineteenth century, but were diluted thereafter by the combined effects of industrialization, urbanization, and a centralized government. In recent years, however, France has witnessed a surprising revival of regionalism, partly in reaction to the allegedly excessive centralization of the political system, and partly as an affirmation of cultural pride by ethnic minorities who refuse to surrender the last remnants of their identity. Singers collectively referred to as *la voix des minorités*— Alan Stivell, Glenmor, and Gilles Servat of Brittany; Roger Siffer of Alsace, Julos Beaucarne of Wallonie, Joan-Paul Verdier of Occitanie, etc.—are often heard on the radio and have achieved nationwide success.

To be sure, songs and politics have long been associated in France, and some of the songs have been heard around the world. How many insurrections have been launched to the strains of *La Marseillaise?*[c] Another revolutionary classic, the *Internationale*, was composed in 1888 on a small harmonium by an obscure woodworker, Pierre Degeyter.

Foreigners have long associated the popular French *chanson* with the whining chords of the accordion. This style, though relatively recent, has been a major influence over the past century, contributing some of the best (and worst) elements to the repertory of French popular music. No artist ever gave a more poignant rendition of this type of music, trite as it may be, than the late Édith Piaf, who brought the tradition of the *chanson des rues* to an international audience.

The use of popular music as a vehicle for poetry is another major tradition. Many French singers have put to music poems of Villon, Hugo, Verlaine, Apollinaire, Prévert, Aragon, and others, and have turned some of them into commercial successes. The same artists themselves often write songs of poetic merit. In the 1930s Charles Trenet revived and modernized the tradition of the songwriter-performer, which had included such great names as Béranger and Aristide Bruant. Trenet is recognized today as the indirect progenitor of a whole modern generation of *chanteurs-poètes*. Because of their literary qualities, many of these artists' songs lose their freshness in translation. In the case of the Belgian-born singer Jacques Brel, however, an intelligent adaptation has preserved much of the poetic verve of the original, as demonstrated by the commercial success in New York of the show *Jacques Brel is Alive and Well, and Living in Paris*.

Jacques Brel, qui se tourne aujourd'hui vers la littérature et le cinéma, n'a plus donné de' concerts depuis quelques années. Dans un bref ouvrage intitulé *Brel: Une île au large de l'espoir*, le Québécois Jean-Yves Richard essaie d'expliquer certains des paradoxes que l'on trouve dans l'oeuvre de Brel. «Jef,» la chanson que nous présentons ensuite, illustre précisément certaines de ces caractéristiques. Elle met en scène deux *ratés*, deux ivrognes, mais il s'agit d'une oeuvre tragique et non comique. La chanson oppose aussi la solidité de l'amitié entre hommes à l'incertitude de l'amour. Il s'agit là de thèmes tellement peu familiers dans la chanson américaine que lorsque la chanson a été adaptée aux États-Unis (sous le titre «*No, Love, You're Not Alone*») les traducteurs en ont fait une chanson d'amour classique destinée à être chantée par une femme.

Jacques Brel, l'homme et ses chansons

Brel chante l'amour et *témoigne de* la violence. Il chante l'authenticité et témoigne de la *tricherie*. Il *revendique* la lucidité et témoigne de la peur. Aussi, témoin éloquent de cette coexistence humaine des contraires, l'oeuvre de Brel se prête-t-elle à la naissance de plusieurs *malentendus*. Les catholiques diront: Brel est un *abbé*. Les communistes feront de Brel un marxiste militant. *Les Flamandes* diront qu'il *renie* son pays et hait les Flamands. Les femmes diront qu'il est *misogyne*. Voilà, je crois, un premier malentendu qui s'installe *lors de la rencontre avec* les témoignages de Brel.

Malentendu aussi ce projet de «vivre seul.» Malentendu si on ne sait pas que Brel ne souhaite pas une solitude complète mais accepterait avec lucidité une solitude *de fait*: «je suis *foncièrement* seul» dira-t-il. Cette solitude cependant il la veut *fructueuse*. Elle consisterait en fait à «être loin» du monde pour en «être plus près.» Elle consisterait en un arrêt des *tournées* pour avoir le temps de penser et d'écrire; «écrire des romans, dira-t-il, pour mieux et plus longuement m'exprimer.» Cette solitude consisterait en un arrêt pour mieux saisir l'humain. Elle consisterait en une absence pour donner mieux et répondre plus parfaitement aux hommes. Ainsi m'apparaît la revendication de solitude chez Brel. Ainsi comprise, elle n'est pas un malentendu. Cependant pour l'auditeur moyen, le malentendu subsiste et déjà l'on se répète, *déçu*, que «Brel *démissionne* ou *s'embourgeoise.*»

Certes, tous ces malentendus provoquent et accentuent la solitude de Brel. Mais ce poète qui se dit «convaincu d'être seul actuellement,» comment peut-il cohabiter avec l'auteur des «Vieux,» de «Jef,» de «Quand on n'a que l'amour»? Cette coexistence de l'absence et de la présence est incompréhensible et le malentendu s'intensifie si nous ignorons les capacités révélatrices de l'absence. Ainsi, il faut vivre dans un hôpital où règne trop souvent l'absence complète de tendresse pour découvrir toutes les facettes de la tendresse. Il faut perdre un ami pour découvrir toutes les dimensions de l'amitié. Celui qui n'a pas découvert existentiellement la vérité de cette loi humaine ne pourra jamais comprendre chez Brel la coexistence du poète qui se dit seul et du poète qui chante si bien l'amitié. Pour la majorité de ses auditeurs, ce besoin de solitude demeurera toujours le premier et le plus tenace des malentendus chez Jacques Brel.

Je souhaite à Brel de continuer à porter vaillamment cette solitude qui est sienne. Je souhaite que cette solitude soit toujours féconde en rencontres intérieures et en témoignages lucides de la réalité humaine. Pour habiter un peu cette solitude, je lui laisse le mot de *Braque*: «toute oeuvre d'art est une blessure qui devient lumière.»

Jean-Yves Richard, *Brel: Une île au large de l'espoir*

Vocabulaire

le **raté** *failure, flop*
 témoigner de *to bear witness to*
la **tricherie** *cheating*
 revendiquer *to lay claim to*
le **malentendu** *misunderstanding*
 l'**abbé** (m) *priest*
les **Flamandes** *Flemish women. One of Brel's songs, «Les Flamandes,» pokes fun at them.*
 renier *to repudiate*
le **misogyne** *misogynist. Many of Brel's songs depict faithless women.*

lors de la rencontre avec *when one encounters*
de fait *in fact, real, actual*
foncièrement *fundamentally*
fructueux *fruitful*
la **tournée** *concert tour*
déçu *disappointed*
démissionner *to quit, to give up one's ideals*
s'embourgeoiser *to turn into a bourgeois, to join the Establishment*
Braque *Georges Braque (1882–1963), French Cubist painter*

INTELLIGENCE DU TEXTE

1. Comment Brel est-il un témoin éloquent des sentiments contraires qui animent l'homme?
2. D'après cette présentation de l'oeuvre de Brel, montrez, en vous servant des mots du texte, qu'elle est tout le contraire d'une oeuvre insignifiante, délicate et anonyme.
3. Quelles interprétations diverses donne-t-on de Brel?
4. Quel est le malentendu qui existe à propos de la solitude de Brel?
5. Qu'est-ce que le spectateur moyen pense de la solitude que Brel revendique?

Une Chanson témoin: «Jef»————

Non Jef t'es pas tout seul
Mais arrête de pleurer
Comme ça devant tout le monde
Parce qu'une demi-vieille
Parce qu'une fausse blonde
T'a relaissé tomber
Non Jef t'es pas tout seul
Mais tu sais que tu me fais honte
À *sangloter* comme ça
Bêtement devant tout le monde
Parce qu'une trois quarts *putain*
T'a claqué dans les mains
Non Jef t'es pas tout seul
Mais tu fais honte à voir
Les gens *se paient notre tête*
Foutons le camp de ce trottoir
Allez viens Jef viens viens

Viens il me reste trois sous
On va aller se les boire
Chez la mère Françoise
Viens il me reste trois sous
Et si c'est pas assez
Ben il me restera *l'ardoise*
Puis on ira manger
Des *moules* et puis des *frites*
Des frites et puis des moules
Et du vin de Moselle
Et si t'es encore triste
On ira voir les filles
Chez la madame Andrée
Paraît qu'y en a de nouvelles
On rechantera comme avant
On sera bien tous les deux
Comme quand on était jeune
Comme quand c'était le temps
Que j'avais de l'argent
Non Jef t'es pas tout seul
Mais arrête tes grimaces
Soulève tes cent kilos
Fais bouger ta carcasse
Je sais que t'as *le coeur gros*
Mais faut le soulever
Non Jef t'es pas tout seul
Mais arrête de sangloter
Arrête de *te répandre*
Arrête de répéter
Que t'es bon à *te foutre* à *l'eau*
Que t'es bon à *te pendre*
Non Jef t'es pas tout seul
Mais c'est plus un trottoir
Ça devient un cinéma
Où les gens viennent te voir
Allez viens Jef viens viens

Viens il me reste ma guitare
Je *l'allumerai* pour toi
Et on sera espagnols
Comme quand on était *mômes*
Même que j'aimais pas ça
T'imiteras le *rossignol*
Puis on se trouvera un banc
On parlera de l'Amérique
Où c'est qu'on va aller
Quand on aura du *fric*

Et si t'es encore triste
Ou rien que si t'en as l'air
Je te raconterai comment
Tu deviendras Rockefeller
On sera bien tous les deux
On rechantera comme avant
Comme quand on était beaux
Comme quand c'était le temps
D'avant qu'on soit *poivrots*

Allez viens Jef viens viens viens
Oui oui Jef oui viens

Jacques Brel, *J. Brel, chanteur et poète*

Vocabulaire

t'a relaissé tomber *has left you again*
sangloter *to sob*
la **putain** *whore*
t'a claqué dans les mains (argot) *has deserted you*
se paient notre tête = se moquent de nous
foutons le camp *let's split*
ben = eh bien
l'**ardoise** (f) *the slate (where the customer's accounts are chalked up); i.e., I'll put it on my tab*
moules et frites *mussels and French fries (a popular Belgian dish)*

avoir le coeur gros *to have a heavy heart*
se répandre *to pour it all out*
se foutre à l'eau (argot) *to throw oneself in the river*
se pendre *to hang oneself*
allumer *to light up (i.e., to strike up)*
le **môme** *kid*
même que *even though*
le **rossignol** *nightingale*
le **fric** (argot) = l'argent
ou rien que *or merely*
le **poivrot** *boozer*

INTELLIGENCE DU TEXTE

1. Dans le passé, les chanteurs étaient souvent conteurs d'histoires. «Jef» est une histoire contée en trois minutes. Racontez-la à votre manière.
2. Quelles humiliations a subies Jef? Quels mots montrent qu'elles sont intolérables pour son ami?
3. Quelles sont, à votre avis, les preuves les plus touchantes de l'amitié du copain de Jef?
4. Est-ce que l'ami a ses propres regrets? Lesquels?
5. Quelles sont les répétitions de mots qui ajoutent à l'intensité de cette chanson?
6. Comment, dans cette chanson, Brel donne-t-il l'impression de la coexistence de l'absence et de la présence?
7. Quels malentendus pensez-vous que cette chanson puisse créer?

Vocabulaire satellite: Chanson

les **paroles** (f) *words, lyrics*
  l'**air** (m), la **mélodie** *tune, melody*
le **compositeur** *composer*
le **chanteur**, la **chanteuse** *singer*
le **thème** *theme*
le **répertoire** *repertory*
  s'inspirer de *to draw inspiration from*
  chanter en choeur *to sing together, to harmonize*

  se faire connaître *to make oneself known*
  devenir célèbre *to become famous*
le **«tube»** (argot) *hit record*
  créer un mythe *to create a myth*
  être prisonnier d'une image *to be the prisoner of an image*

la **chanson traditionnelle (populaire, sentimentale)** *the traditional (popular, sentimental) song*
la **chanson des rues** *street song*
la **chanson folklorique** *folk song*
un **style original** *an original style*
une **voix émouvante** *a moving voice*
  s'accompagner à la guitare *to accompany oneself on the guitar*

l'**auditeur** (m) *listener*
le **disque** *record*
l'**enregistrement** (m) *recording*
l'**électrophone** (m) *record player*
le **magnétophone** *tape recorder*
le **haut parleur** *loudspeaker*
le **son** *sound*
  apprécier *to appreciate*
  se distraire *to relax, to entertain oneself*
  être (un) amateur de (musique) *to be fond of (music)*
  raffoler de *to be crazy about*

Pratique de la langue

1. Est-ce que la chanson américaine puise (draw) aussi son inspiration dans le folklore? Donnez des exemples.

2. Les jeunes Français aiment chanter en choeur. Quand chantez-vous en groupe? Quelles chansons?
3. Les chanteurs ont besoin du public, mais souvent ils le rejettent. Pourquoi, à votre avis?
4. On a souvent comparé Édith Piaf et Judy Garland. Est-ce que leur répertoire est semblable? Qu'est-ce qu'elles ont en commun?
5. Connaissez-vous des chanteurs dont la franchise et la lucidité ont parfois choqué le public? Pouvez-vous justifier leur attitude?
6. Si vous deviez composer une chanson, qu'est-ce qui vous inspirerait? Quel style choisiriez-vous?
7. Improvisez le dialogue suivant: un étudiant essaie de persuader son père de lui acheter un électrophone de bonne qualité et, par conséquent, assez cher. Quels seront leurs arguments?

Sujets de composition

1. Peut-on en même temps raffoler du jazz et du rock et être un amateur de musique classique?
2. Que pourriez-vous répondre à cette affirmation: Le rock est destiné à abrutir (stupefy) les jeunes.

Le Cinéma d'auteur

> The French cinema is one
> of the most consistently
> interesting in the world.
> Roy Armes

"For the public, films are just a pastime, a form of entertainment which they have been accustomed, alas, to view out of the corners of their eyes. Whereas for me the image-making machine has been a means of saying certain things in visual terms instead of saying them with ink on paper." Expressed by Jean Cocteau in 1954, this view of literature and film making as related forms of creative expression has long been shared by French writers and directors. Cocteau was not the only writer attracted by the cinema; André Malraux, Jean-Paul Sartre, Marguerite Duras, Alain Robbe-Grillet, and many others have involved themselves—the last two quite successfully—in cinematic creation. Conversely, avant-garde director Jean-Luc Godard, while exclusively a film maker, insists that his movies should be viewed as novels, or rather as essays; he films instead of writing.

The French film maker's tendency to regard himself as an author, rather than just as a director, is reflected in the expression *cinéma d'auteur*, used to designate films strongly stamped by their creator's aesthetic and philosophical views (or, disparagingly, by his ego). Movie stars and their fans are also part of the system, but in France the film maker's name and style are a major box-office consideration; by and large, French moviegoers are more inclined than their American counterparts to select (and remember) a film by the name of the director, rather than by those of the stars. Today directors like François Truffaut, Jean-Luc Godard, Louis Malle, Robert Bresson, Claude Chabrol, Éric Rohmer, Claude Lelouch, and Jacques Tati are familiar to the average Frenchman, as well as to international audiences.

Most of the important contemporary film makers belonged to the experimental group known as *la nouvelle vague* (1958–1968). Often denounced today for its lack of social consciousness and its surrender to Establishment values, the New Wave never emerged as a coherent school, but contributed new approaches and innovative techniques. Documentaries and shorts played an important part in the crystallization of this style. Most directors of the postwar generation began their careers through this type of work—frequently subsidized by the government—and derived from it a sense of film structure different from that of commercial moviemakers. Using hand-held cameras, shooting most of the footage on location, shunning the traditional "arty" style of cutting and editing in favor of a crisp succession of short, self-contained scenes, these young directors achieved a more versatile, more candidly realistic narrative style that can be traced through most of their production, from Godard's social documentaries to the highly intellectualized works of Rohmer or Resnais.

After riding the crest of the New Wave in *Jules et Jim* and *Les 400 Coups*, François Truffaut gradually altered his style to incorporate many traditional techniques of commercial film making. In the process, he has evolved a highly successful mix, combining technical skills provocative enough to interest movie buffs with an entertaining narrative tone that appeals to a broad international public.

Le Cinéma et le public

Au temps des *sorties* traditionnelles du «samedi soir,» les foules qui se pressaient à l'entrée des *salles* sont les mêmes qui, aujourd'hui, restent *en faction* devant leurs postes de télévision. Mais il faut tout de même noter une certaine lassitude à rester devant son *récepteur*. Le cinéma devient une sortie, un but, un moyen de *se dépayser* et de *se délasser*. Nous aurons donc deux sortes de cinéma: des *films de détente* et des *films à thèse*.

On constate alors que l'âge critique de la fréquentation des salles de cinéma en France se situe entre 20 et 25 ans; le mariage, la naissance du premier enfant marquent ou accentuent de façon radicale la *baisse de fréquentation*.

De plus, ce rythme de fréquentation s'élève avec le *niveau* des études. Et il est plus élevé parmi

les spectateurs appartenant aux ménages de patrons, professions libérales et cadres supérieurs que dans les catégories socio-professionnelles moyennes ou modestes. Pourtant, si l'on considère *l'échelle des revenus*, c'est en bas et en haut de celle-ci (c'est-à-dire parmi les personnes relativement les plus aisées et les plus défavorisées à cet égard) qu'on observe la fréquentation la plus régulière.

D'autre part, la majorité des spectateurs interrogés estiment ne pas aller au cinéma aussi souvent qu'ils aimeraient le faire. Mais cette frustration déclarée s'accompagne d'une grande résignation, bien que le désir d'aller au cinéma existe chez les spectateurs qui y vont peu ou moins, à condition que leurs désirs soient sollicités et entretenus.

Cinéma et télévision

Le cinéma est considéré comme une sortie. Et les spectateurs interrogés font bien la différence entre les films qu'ils voient chaque semaine sur le petit *écran* (pour les deux tiers d'entre eux), et ceux qu'ils peuvent voir en allant au cinéma:

— 59%: on choisit ses films;
— 54%: permet de voir des films récents;
— 11%: permet de voir les films dont on parle;
— 38%: on voit mieux les films dans les *salles*;
— 37%: on voit des films en couleurs;
— 36%: on a le plaisir de sortir de chez soi, de voir du monde.

En conséquence la *spécificité* du cinéma par rapport à la télévision apparaît évidente aux spectateurs interrogés: 9% seulement d'entre eux estiment que lorsqu'on a la télévision, ce n'est plus la peine d'aller au cinéma.

Genre d'appréciation par ordre de pourcentage

— 18% films comiques;
— 73% films policiers ou d'espionnage;
— 71% Westerns;
— 66% films historiques;
— 61% films à thèse, «engagés»;
— 58% dessins animés *de long métrage*;
— 51% films d'amour;
— 49% films de guerre—guerres modernes depuis 1939–1945;

—41% comédies musicales;

—34% *films d'épouvante* et de science fiction

Rapport de l'I.F.O.P.,[c] «Où en est le Cinéma en France»
Tendances

Vocabulaire

la **sortie** *outing, night out*
 en faction *glued, (lit: on sentry duty)*
le **récepteur** *television set*
 se dépayser *to remove oneself from
 one's usual surroundings*
 se délasser *to relax*
le **film de détente** *film for entertainment*
le **film à thèse** *film with a message*
la **baisse de fréquentation** *drop in at-*
 tendance
le **niveau** *level*
 l'**échelle** (f) **des revenus** *salary scale*
 l'**écran** (m) *screen*
la **salle (de cinéma)** *(movie) theater*
la **spécificité** *specific nature*
 engagé *politically committed*
 de long métrage *full-length*
le **film d'épouvante** *horror movie*

INTELLIGENCE DU TEXTE

1. Que font les foules d'aujourd'hui le samedi soir?
2. Que devient le cinéma?
3. Quel est l'âge critique du spectateur de cinéma? Pourquoi?
4. De manière générale, dans quels groupes sociaux constate-t-on la fréquentation la plus régulière?
5. Quel est l'avantage d'aller au cinéma plutôt que de regarder la télévision?
6. Dans quelle catégorie rangez-vous les films de Woody Allen? les films mettant en scène James Bond? Bugs Bunny? Dracula? des films comme «Z,» *The Bridge on the River Kwai, The French Connection, My Fair Lady, Love Story*?

Truffaut, critique et réalisateur——

C'était en 1954. Quand deux passionnés de cinéma se rencontraient, ils parlaient *forcément* d'un article qui *avait éclaté* comme une bombe: «Quelle insolence!—Mais les arguments sont si justes. C'est une *attaque en règle* . . .»

Le titre de cet article: «Une certaine tendance du cinéma français.» Il fut publié par *Les Cahiers du cinéma*. Son auteur était un jeune homme né en 1932. Tout le monde sait aujourd'hui qu'après quelques *démêlés* avec l'armée où il s'était engagé *sur un coup de tête*, il *avait été recueilli* par André

Bazin qui fut pour lui plus qu'un père. André Bazin dirigeait *Les Cahiers du cinéma*. Il ouvrit les colonnes de la revue à son jeune protégé. Celui-ci en profita *aussitôt* pour démolir avec virulence ce que tout le monde considérait alors comme le cinéma français de qualité.

Ainsi s'ouvrait une carrière de journaliste qui, jusqu'en 1959, a fait beaucoup de bruit. Le succès de ses articles, le passage *fracassant* du *métier* de critique à celui de *réalisateur*, enfin la réussite de ses films ont fait rêver plus d'un *épigone* ambitieux.

Les idées qu'il défend alors sont devenues si communes qu'il est inutile de s'y arrêter ici: Truffaut défend le cinéma d'auteur contre un cinéma de consommation impersonnel et *dépourvu de* sincérité. La méthode, par contre, mérite d'être retenue, car c'est elle qui va nous introduire à l'oeuvre cinématographique de l'ancien journaliste. Ou plutôt nous verrons que Truffaut réalisateur est resté Truffaut critique.

Sa méthode de travail est *déroutante* et souvent mal comprise: Truffaut progresse par contradictions successives. Il critique. Puis il fait la critique de la critique.

La pensée de Truffaut se construit donc par réactions en chaîne. Ses films aussi. Récemment, il avouait son immense admiration pour Orson Welles, parce qu'il a construit son second film en réaction violente contre le premier. *La Splendeur des Amberson* semble être une critique de *Citizen Kane*. Truffaut ne procède pas différemment: «Je suis toujours en révolte contre le film d'avant . . . *La Peau douce:* c'est l'anti *Jules et Jim*, c'est un *fait divers* passionnel. C'est un film antipoétique, très réaliste, presque à la *Simenon . . .*» Cette méthode critique, en soi, n'est pas nouvelle. On peut même deviner tout ce que Truffaut doit à cet autre enfant terrible[1] qui lui ressemble comme un grand frère, à l'homme qui est photographié avec lui au festival de Cannes 1959, au moment où le

---

[1] *enfant terrible:* ici dans le sens de: *maverick.* Jean Cocteau (1891–1963) était en effet connu pour sa propension à se moquer des valeurs établies tout en honorant la tradition classique. *Les Enfants terribles* est le titre de son roman le plus connu.

jeune *cinéaste* va recevoir le prix de la *mise en scène* pour son premier film, *Les 400 Coups,* le poète qui savait «*jusqu'où on peut aller trop loin,*» le maître en paradoxe: Jean Cocteau qui a si profondément marqué cette génération du cinéma français.

À la source de toute création, il y a chez Truffaut ce même goût de la chose *défendue*, un *pari* à tenir, une *gageure*, la tentation de l'impossible.

«J'aime tout ce qui *brouille les pistes*, ce qui *sème* le doute, je n'aime que les détails inattendus, donc ceux qui ne prouvent rien...J'ai lu que Hitler, qui aimait comme Napoléon *dormir par petites tranches* au milieu du travail, se faisait apporter de vieux *matelas* bien *creux* au milieu; c'est un détail émouvant comme tous ceux qui chez l'adulte renvoient à l'enfance. Si je faisais un film sur Hitler, ce serait épouvantable parce que je m'attacherais trop à ce genre de détails, c'est cela qui exprime le paradoxe de la vie.» Truffaut a publié un livre admirable sur Hitchcock. Il s'intéressait à l'art du metteur en scène. Comment bâtissait-il une *intrigue*? Sur quoi reposait le suspense, etc.?

On devine que, pour Truffaut, ce retour au journalisme—le livre était une *somme* d'interviews avec «le maître»—devait correspondre à un besoin profond. Après avoir réalisé plusieurs films, il avait besoin de réfléchir sur les secrets de son art.

Dans le jeune cinéma français une telle *démarche* est profondément originale. Godard réfléchit en faisant des films. Il ne sépare pas la recherche de l'oeuvre. Il confond, dans un même mouvement, critique et création. Il est essayiste. D'autres ne réfléchissent jamais, *s'accordent* plus ou moins momentanément avec les désirs du grand public, n'en parlons pas.

L'originalité de Truffaut, c'est qu'il veut à tout prix faire un «cinéma-spectacle.» Pour lui, le cinéma doit être populaire, accessible, drôle et tragique, simple, direct. Truffaut veut être un *conteur* moderne. Il n'a aucun mépris pour les histoires. Il pense que le rôle du cinéma est de nous raconter des histoires. Il sait que c'est très difficile. Et de film en film, il perfectionne son *métier*.

Jean Collet, *Le Cinéma en question*

Vocabulaire

forcément *inevitably*
éclater *to explode*
une **attaque en règle** *an all-out attack*
le **démêlé** *tussle, hassle*
sur un coup de tête *on a wild impulse*
recueillir *to take in, to shelter*
aussitôt *at once*
fracassant *smashing, shattering*
le **métier** *craft, skill*
le **réalisateur** *director, film maker*
l'**épigone** (m) *successor*
dépourvu de *devoid of*
déroutant *baffling*
le **fait divers** *news item*
Simenon *Georges Simenon, a famous novelist best known for his mystery stories*
le **cinéaste** *film maker*
la **mise en scène** *direction*

«**jusqu'où on peut aller trop loin**» *"just how far one can go too far"; an expression used by Cocteau to describe his calculated audacities*
défendu *forbidden*
le **pari** *bet*
la **gageure** *wager, dare*
brouiller les pistes *to cover one's tracks*
semer *to sow*
dormir par petites tranches *to take catnaps*
le **matelas** *mattress*
creux *hollowed (from repeated use)*
l'**intrigue** (f) *plot*
la **somme** *collection*
la **démarche** *approach*
s'accorder *to fit in, to be attuned*
le **conteur** *storyteller*

INTELLIGENCE DU TEXTE

1. De quoi parlaient tous les passionnés de cinéma en 1954?
2. Quel âge a Truffaut aujourd'hui? Que savez-vous de sa jeunesse?
3. À quel type de cinéma s'attaquait-il?
4. Pourquoi la double carrière de Truffaut fait-elle rêver?
5. Quelle est l'idée essentielle qu'il défend?
6. Pourquoi sa méthode de travail est-elle déroutante?
7. Pourquoi Truffaut admire-t-il Orson Welles?
8. Donnez un exemple de la méthode suivie par Truffaut d'un film à l'autre.
9. À quelle autre personnalité Truffaut doit-il beaucoup et pourquoi?
10. Pourquoi Truffaut dit-il que «ce serait épouvantable» s'il faisait un film sur Hitler?
11. Quel est le troisième mentor de Truffaut? Qu'est-ce qu'il admire chez celui-ci?
12. Comment l'auteur définit-il le travail de Jean-Luc Godard?
13. En quoi Truffaut est-il original parmi les réalisateurs français actuels?

Exercices de grammaire

I. La voix passive
A. *Mettez les phrases suivantes à la voix passive.*
   modèle: Les critiques ont beaucoup discuté les idées de Truffaut.
   Les idées de Truffaut ont été beaucoup discutées par les critiques.

1. Brel n'a pas déçu l'auditeur moyen.

2. Comment a-t-on interprété cette chanson de Brel?
3. On avait interrogé un grand nombre de spectateurs.
4. *Les Cahiers du cinéma* publiera son article.
5. On comprenait mal sa méthode de travail.

B. *Mettez les phrases suivantes à la* **voix active.**

1. Par qui ce mythe a-t-il été créé?
2. Ce chanteur a été rejeté par le public.
3. Les auditeurs sont-ils choqués par les paroles de cette chanson?
4. La revendication de la solitude chez Brel n'a pas été comprise du public.
5. Cette chanson de Brel sera adaptée par un chanteur américain.

II. Le participe présent
A. *Accordez s'il y a lieu le* **participe présent** *dans les phrases suivantes.*

1. Ce film est une réussite _____ (fracassant).
2. Truffaut aurait tendance à introduire trop de détails _____ (émouvant) dans un film sur Hitler.
3. _____ (Chantant) des chansons traditionnelles, les Compagnons de la Chanson sont restés longtemps populaires.
4. Cette chanteuse a l'air d'une marxiste _____ (militant).
5. Les méthodes de Truffaut sont parfois _____ (déroutant).

B. *Complétez les phrases suivantes en employant une* **forme infinitive.**

1. Jef était peut-être beau et riche _____ (before becoming) un poivrot.
2. Je suis entré dans cette salle de cinéma _____ (without knowing) le titre du film.
3. Hitchcock est devenu légendaire _____ (after making) de nombreux films de suspense.
4. Truffaut faisait de la critique _____ (before making) des films.
5. J'ai passé des heures _____ (watching) *Gone with the Wind.*
6. Nous avons entendu des critiques _____ (attacking) ce film.

C. *Complétez les phrases suivantes par un* **participe présent** (précédé de **en** si nécessaire):

1. _____ (filmer) avec une caméra légère, les réalisateurs créent plus facilement l'impression de la vie réelle.
2. Il réconforte son ami _____ (lui dire) qu'il sera Rockefeller.
3. Les gens riaient _____ (voir) Jef _____ (pleurer) sur le trottoir.
4. Les Français ont des goûts _____ (correspondre) aux miens en matière de cinéma.

III. La construction causative *Complétez le phrases suivantes en employant une forme de* **faire** *au temps convenable. Traduisez vos réponses.*

modèle: Hier, qu'est-ce qui _____ pleurer Jef?
           Hier, qu'est-ce qui faisait pleurer Jef?
ou: **Hier, qu'est-ce qui a fait pleurer Jef?**
           What made Jef cry yesterday?

1. En 1954 un article de Truffaut _____ parler tous les passionnés de cinéma.
2. Si son premier film réussit, ce jeune cinéaste _____ rêver toute une foule de successeurs.
3. De nos jours, les films _____ penser les spectateurs.
4. Il voulait _____ disparaître tout le vieux cinéma.
5. C'est un fait: ce chanteur se _____ connaître en moins de deux ans!
6. L'année passée, ce réalisateur _____ filmer deux films policiers en même temps.
7. Demain nous _____ enregistrer cette musique par un groupe sensationnel.
8. Il _____ toujours lire des revues sur le cinéma par ses étudiants.

Vocabulaire satellite: Cinéma

le **cinéaste** *film maker*
le **réalisateur** *director, film maker*
le **metteur en scène** *director*
la **vedette** *star (male or female)*
le **passionné de cinéma** *movie fan*

réaliser un film *to make a film*
filmer *to film, to shoot*

le **scénario** *script*
le **dialogue** *dialogue*
le **jeu des acteurs** *acting*
le **plan** *shot*
la **musique de fond** *background music*
la **bande sonore** *soundtrack*
le **film à succès** *hit film*
le **film sérieux** *serious film*
le **film engagé** *film of political commitment*
le **film à thèse** *film with a message*
le **film de détente** *film for entertainment*

divertissant *entertaining*
ennuyeux *boring*

émouvant *moving (emotionally)*
subversif *subversive*
pornographique *pornographic*
un **film qui fait rire** *a film that
    makes you laugh*
un **film qui fait réfléchir** *a film that
    makes you think*
éveiller, satisfaire la curiosité *to
    awaken, to satisfy curiosity*

le **réalisme** *realism*
l'**évasion** (f) *escape*
l'**humour** (m) *humor*
la **poésie** *poetry*
la **fantaisie** *fantasy*
la **propagande** *propaganda*

Pratique de la langue

1. Quels types de films préférez-vous voir? Quels types évitez-vous? Pourquoi?
2. Préférez-vous voir un film à la télévision ou dans une salle? Pourquoi?
3. Préférez-vous lire la critique d'un film avant ou après avoir vu le film? Pourquoi?
4. Donnez quelques exemples de «cinéma d'auteur.» Qu'est-ce qui vous plaît ou qui vous déplaît dans ce genre de film?
5. Organisez un groupe de discussion pour essayer de définir selon quels critères un film devrait être jugé.
6. Quel est le film français que vous avez vu le plus récemment? Y avez-vous trouvé des aspects qui vous paraissent typiques du cinéma français? Lesquels?
7. Vous êtes cinéaste et un reporter vous interroge sur votre prochain film. Allez-vous faire un film original ou allez-vous adapter à l'écran un roman ou une pièce de théâtre et, dans ce cas, pourquoi?
8. Imaginez les dialogues suivants: des jeunes passionnés de cinéma rencontrent
   a. les cinéastes François Truffaut, Alfred Hitchcock et Francis Ford Coppola, ou d'autres de votre choix
   b. les acteurs Dustin Hoffman, Raquel Welch, Woody Allen et Jane Fonda, ou d'autres de votre choix

Sujet de composition

Que pourriez-vous répondre à ce genre d'affirmation: Le cinéma moderne est responsable de la violence qui se manifeste aujourd'hui par les crimes.

Index culturel

Académie française   The best known of the five *académies* that together constitute the *Institut de France*. Originally an informal club of writers and critics, it
was granted an official charter in 1635 by Cardinal Richelieu for the purpose of
establishing and maintaining the standards of modern French. The forty members
—nicknamed *les immortels*—are mostly writers, but usually include a small
number of high-ranking churchmen, military men, diplomats, etc. New members
are elected when vacancies occur through death. The attitude of noted French
writers toward the *Académie* has always been ambivalent: some actively seek
membership while others scorn it as a fossilized body.

Allocations familiales   An important part of the French social security system.
They consist of monthly benefits paid by the government to all families with dependent minors. These benefits are based on the number of children in the family
and are extended to all families irrespective of need. The system was initiated in
1940 and was designed to stimulate France's sagging birth rate. Other benefits
extended to families with children include the *prime de naissance*, paid at the
birth of each child, and the *prime de salaire unique*, paid as compensation to
mothers of low and middle-income families who stay home to take care of their
children, and so are unable to work.

Animateur culturel   See Animation culturelle

Animation culturelle   A loose term covering a wide range of activities. It gener-
ally refers to any private or publicly sponsored effort by groups or by individuals
(*animateurs culturels*) to stimulate cultural activities in a given community.
Among the most significant forms of *animation culturelle* are the *Maisons de la
Culture*, the *Maisons des Jeunes et de la Culture*, and the *Centres d'Animation
Culturelle*.

Apéritif   A wine or light alcoholic beverage taken as an appetizer before dinner.
Rather than the hard liquor or cocktails common in the United States, Frenchmen
often have an *apéritif* in a café on their way home from work.

Arrondissement   The city of Paris is divided into twenty administrative units
called *arrondissements*. Each *arrondissement* has a mayor, but these *maires*
have only limited administrative duties. Most *arrondissements* have a distinctive
character and are commonly referred to by number: e.g., «*le seizième*» (the
Sixteenth Arrondissement), a prestigious residential area. Each *arrondissement*
is subdivided into several *quartiers*.

Assemblée nationale   The lower house of the French parliament (whose upper
house is called the *Sénat*). It has a membership of 490, including ten from the
départements d'outre-mer and seven from the *territoires d'outre-mer*. Members
are directly elected for five-year terms. They are called *députés*.

183

Baccalauréat   The nationally administered examination—popularly known as *le bac* or *le bachot*—that comes at the end of *la terminale*, the last year of studies at the *lycée*. The *bac* tests both the student's general knowledge and his grasp of his chosen field of specialization. *Baccalauréat* degrees are awarded in letters (*Bac A*), social sciences (*Bac B*), mathematics and physics (*Bac C*), natural sciences (*Bac D*), computer science (*Bac E*), accounting and secretarial skills (*Bac G*), and various other technical fields (*Bac F, H*). If he passes the exam, the student, now a *bachelier*, will be declared admissible to a university. However, depending on the kind of *bac* he passed, he may be required to enroll in a specific *faculté*.

Bureau de tabac   The sale of tobacco products and matches is a government monopoly in France. Retail outlets for these products are franchised by the government, and are identified by a red sign in the shape of a stylized cigar. *Bureaux de tabac* are also licensed to sell postage stamps.

Cadres   Collectively, management personnel—especially those in private enterprise. Used loosely, the term covers positions ranging from top executives (*cadres supérieurs*) to supervisory personnel (*cadres inférieurs*), and all levels in between (*cadres moyens*). An individual in these categories is sometimes referred to as *un cadre*. The term carries a good deal of prestige in France, connoting competence, effectiveness, dynamism, and high salaries, but also coldness and impersonality. Many cadres are affiliated with a professional union, the *Confédération Générale des Cadres* (CGC).

Centres d'animation culturelle   More modest and less costly than the *Maisons de la Culture*, but pursuing similar goals, the *Centres d'Animation Culturelle* are designed to serve medium-sized cities, including the *villes nouvelles*. Over thirty such centers were in operation in 1976. Not to be confused with the *Maisons de la Culture* and the *Maisons des Jeunes et de la Culture*.

Centristes   Refers to a number of small political groups wedged between the parties of the Left, and the Gaullists and Independents on the Right. These groups, which include the Radicals and Christian Democrats, were much more powerful under the Third and Fourth Republics.

Champs-Elysées   A world-famous Parisian boulevard, running from the *Place de la Concorde* to the *Arc de Triomphe*, with a unique concentration of elegant stores, hotels, theaters, cinemas, cafés, banks, tourist offices, etc. Its places of entertainment draw large weekend crowds.

Collège d'enseignement secondaire (C.E.S.)   The lower section of the French secondary school cycle, intermediary between the elementary school and the *lycée*—roughly, the equivalent of the American junior high school and beginning of high school. The secondary cycle consists normally of six grades numbered in reverse order, the first four of which are taken in the *collège d'enseignement secondaire*. Thus elementary school pupils who hold the *certificat*, or who have been approved by an official board of teachers, begin their secondary studies with the *entrée en sixième*: admission to the sixth or lowest grade of the *collège*. After four years of studies—at the end of the *troisième*—students take an important examination in order to receive the *brevet d'enseignement du premier cycle*, the highest diploma that most young people in France obtain. Thereafter many leave school to start work, while others go on to the *lycée*.

Commune   The smallest territorial unit in France. There were 37,573 communes in 1972, some 24,000 of them with a population of less than 500. Communes are administered by a municipal council elected for six years, and by a *maire* (mayor) whose election is subject to government approval. The government has been encouraging mergers between the smallest communes. Alone among all French cities and towns, Paris is without a mayor and has an administrative status of its own.

Communiste, Parti   The *Parti Communiste Français* (P.C.F.) came into existence in 1921, after a majority of the militants of the *Parti Socialiste* (S.F.I.O.) had voted to join the newly formed Communist International. The Communists were active in the Resistance during World War II, and emerged in 1945 as the largest party on the left, with most of the votes of the workers, and considerable support from intellectuals. They have consistently polled 20–25 percent of the vote in all subsequent elections. In 1972 the P.C.F. concluded an alliance with the *Parti Socialiste*. In February 1976 the French Communist Party formally renounced some basic tenets in its official Marxist creed.

Contestation   Literally, a protest, dispute, or challenge. The word acquired a special dimension in the antigovernment revolts of May 1968 and has retained it to this day. It now covers any attack, verbal or physical, on the system or the Establishment. Because many of the dissenters have been students, the *contestation* is especially directed against the French educational system. As a result, the word *contestataire* (protester, dissenter) has become more or less restricted to young people, somewhat like "yippy" in the United States.

De Gaulle   General Charles De Gaulle (1890–1970), World War II hero and chief architect of the Fifth Republic. When France collapsed before the German attack in 1940, he organized the Free French movement and continued the struggle abroad. Returning after the war, he served as President of the provisional government in 1945–46, then resigned. Contemptuous of the unstable party-dominated Fourth Republic, for some time he led the Gaullist opposition of the Right, then retired from politics, but was summoned to power at last in the crisis of 1958. Elected President of the new Fifth Republic, he gave Algeria and other colonies their independence, and survived the plots and assassination attempts of die-hard supporters of *l'Algérie française*. He ruled France with an authoritarian hand, bolstered by popular support confirmed periodically through referendums. A French traditionalist deeply suspicious of "Anglo-Saxon" influences, he sought to restore French prestige and independence through a foreign policy that diverged ostensibly from that of the United States. He survived the student/worker revolt of May 1968, but resigned in 1969. Aristocratic and aloof, in love with France's past glory but often scornful of her present, he was a complex phenomenon, a figure of international importance, and among Frenchmen, the most powerful personality of his time.

Département   The major administrative division of France, introduced at the time of the Revolution. The *départements* are not self-governing; their only representative institution is a *Conseil Général* with very limited decision-making powers. The central government is represented in each *département* by a *préfet*, who supervises and coordinates the administrative services. As of 1976, there were one hundred *départements*, including four *départements d'outre-mer*: Martinique, Guadeloupe, French Guiana, and Réunion. Artificially created for purely administrative purposes, the *départements* usually lack the cultural and historical associations of the old provinces (Normandy, Brittany, Burgundy, etc.)

Droits de l'homme   In 1789 the National Assembly endorsed a *Déclaration des droits de l'homme et du citoyen* that proclaimed a number of now familiar democratic principles: political and social equality of all citizens; the sovereignty of the people; freedom of opinion and religious belief; freedom of speech and the press; etc. Influenced by the French Enlightenment and the American Declaration of Independence, it is the French Bill of Rights, and has inspired civil libertarians and revolutionaries ever since.

Drugstore   One of a number of English terms officially accepted into the French language by a government decree in 1973. According to the official definition, the French drugstores can offer services not found in American drugstores, such as a liquor department or a travel bureau. By the same definition, drugstores are characterized by their "sophisticated decor."

Facultés   Schools within a university, as for instance the *Faculté des Lettres* (School of Liberal Arts), *Faculté de Droit* (Law School), *Faculté de Médecine* (Medical School). Although they belong to the same university, the different *facultés* may be located in different parts of the city, or even in different cities (e.g., Aix-en-Provence and Marseilles). Thus French students will say «*Je vais à la Fac*» to indicate that they are off to a class.

Foyer   Social center. There are many kinds: some provide supervised recreational facilities for young people; others assist immigrant workers, retired people, the handicapped, etc.; still others provide room and board for single women of modest income. Most such centers are operated by private, nonprofit agencies.

Gaullistes   Owing to De Gaulle's magnetic appeal, the U.D.R. (*Union des Démocrates pour la République*) drew its support from all sections of the French electorate and thus refused to be categorized as a right-wing party. The bulk of its supporters, however, came from traditionally conservative quarters. Ever since De Gaulle's retirement and death, the Gaullists have lost their raison d'être and have been slowly but steadily losing ground: some of their working-class supporters are reverting to the Left, while conservative workers appear ready to switch to President Giscard d'Estaing's *Indépendants*.

Grandes Écoles   Institutions of higher education other than the universities. Unlike the universities, each *grande école* has its own very restrictive admissions policy. Admission is determined by means of fiercely competitive exams (*concours*) that may require two or three years of special preparation after the *baccalauréat*. Being admitted to a *grande école* is regarded as a real achievement. The most famous of the *grandes écoles* are the *École Normale Supérieure* (familiarly known as «Normale Sup»), the *École Polytechnique* (nicknamed «l'X»), and the *École Nationale d'Administration* or ENA, whose graduates are sometimes called «les énarques.»

Grands Ensembles   Large-scale housing projects, generally located in the suburbs and consisting of high-rise apartment buildings with their own shopping centers, schools, theaters, etc. Many were designed for low-income housing (H.L.M.), while others were developed by private realtors for middle to high-income families.

H.L.M.   *Habitations à Loyers Modérés*: low-income housing units financed by the French government to alleviate the postwar housing shortage. Most H.L.M.'s are in the form of multiple-story apartment buildings, usually massed in *grands ensembles*.

I.F.O.P.   *Institut Français d'Opinion Publique*: the leading French institute of public-opinion research. It publishes a review called *Sondages*.

Indépendants, Rassemblement des   A loosely organized conservative party, directly descended from various conservative groups of the nineteenth century. · It was organized in its present form by Valéry Giscard d'Estaing, who became President in 1974. The Indépendants, rather than the Gaullists, are the true conservatives in the French party system.

Lycée   The upper section of the French secondary school cycle, to which students who have successfully completed four years in the *collège d'enseignement secondaire* may proceed. At the *lycée* each student begins to concentrate in a chosen field of specialized studies: letters, social sciences, mathematics and physics, etc. After two years, those students who wish to take the *baccalauréat* exam—passing which permits one to attend the university—pursue a final third year of *lycée* studies, *la terminale*. The *lycées techniques* lack this seventh and last year of secondary studies. More advanced than the American high school, the *lycée* corresponds roughly to a junior college. The system is nationwide; students who cannot commute daily, board at the school, and are called the *internes* (as opposed to *externes*) or *pensionnaires*. Today, for a peculiarly American touch, students of both the *lycées* and the *collèges* can be seen wearing T-shirts bearing the name of their schools: Lycée Bonaparte, C.E.S. Pierre-Curie, etc.

Mai 1968   In May 1968 French university students staged violent antigovernment demonstrations. Initially directed against the antiquated university system, their revolt spread to the *lycées*, became nationwide, and sparked in turn the most massive labor strikes in French history. General De Gaulle promised reforms, then called for new elections; in a conservative backlash his supporters—Gaullists and Independants—won a landslide majority in the National Assembly. But his authoritarian regime had been severely shaken, and he resigned in the following year. Ever since, student unrest has continued to disturb the *lycées*, especially in the Paris area.

Maisons de la culture   Major regional centers for the visual and performing arts. Launched by De Gaulle's Minister of Culture André Malraux, they were meant to disseminate culture outside Paris. Usually they combine a theater, artists' workshops, rooms for art exhibits, music rooms, a film library, etc. Half the cost is borne by the government, and half by the city where the *maison* is located. One *maison* was planned for each of the twenty-two *régions*, but by 1975 only ten had been established, mostly in the northern half of France. Not to be confused with the *Centres d'Animation Culturelle* or the *Maisons des Jeunes et de la Culture*.

Maisons des Jeunes et de la Culture (M.J.C.)   Community centers where young people can learn about and practice a wide range of activities (sports, arts and crafts, discussion groups, amateur theatricals, music, social affairs, etc.). The first M.J.C.'s were created at the end of World War II. More than 1400 such centers have been built since 1961. Not to be confused with the *Maisons de la Culture* or with the *Centres d'Animation Culturelle*.

Marseillaise, La   The stirring marching song of the Revolution that became the French national anthem. It was written in 1792 by a young Army officer, Rouget de Lisle, to rally patriots against the invading forces of Europe's absolute monarchs. It was first sung in Paris by the volunteers from Marseilles, whence its name.

O.R.T.F.   *Office de Radiodiffusion-Télévision Française*: the state-owned and operated radio and television network. The French government has a monopoly over radio and television, but many Frenchmen tune in to the *postes périphériques*, French-based commercial stations that broadcast from just across the nation's borders.

Patronat   Many French *patrons* (employers) are organized into a national organization, the *Conseil National du Patronat Français* (C.N.P.F.), representing some 90,000 firms. Small businessmen are organized into the *Confédération Générale des Petites et Moyennes Entreprises* (C.G.P.M.E.).

Pieds Noirs   A nickname applied to European settlers in North Africa (especially Algeria), who had to return to France when French rule ended. The origin of the term is unclear. Some explain it by the fact that many of the first settlers were so poor that they worked barefoot in the fields. Others suggest that it refers to the distinctive garb of some of them, which included black hose and shoes. The settler community included many people of Spanish and Italian descent; many from Alsace-Lorraine who refused to live under German rule after 1870; and the local Jewish community as well. Bitterly opposed to Algerian independence, many of the Pieds Noirs supported attempts to overthrow successive French governments on this issue. After 1962, when Algeria became independent, most of them resettled in France, especially in the South. They have met with a certain amount of hostility, and have occasionally clashed with North African laborers working in France. Many Pieds Noirs speak French with a distinctive accent and use a number of characteristic idioms.

P.M.U. *Pari Mutuel Urbain*: off-track betting. Betting on horse races is under government control and represents an important source of income for the state. Only the duly franchised branches of the P.M.U. are qualified to accept bets. Other forms of legalized gambling in France include the casinos and the *Loterie Nationale*.

Préfet A high-ranking civil servant representing the central government in each *département*. The administrative services under his jurisdiction are called *la préfecture*, a word also designating the town where they are located. The *préfet* is assisted by a variable number of *sous-préfets*, each of whom is responsible for a section of the *département* and is headquartered in a town referred to as a *sous-préfecture*. There are also *préfets de région*.

Radical, Parti Originally the left or radical wing of the supporters of a republican form of government in late-nineteenth-century France. They organized as a political party in 1901, but were gradually pushed toward the center as the Socialist and Communist parties grew on their left. Traditionally anticlerical middle-class property owners, the Radicals dominated the political scene between the two World Wars, but are now reduced to insignificant numbers.

Régions For purposes of economical planning, in 1964 the 96 *départements* of metropolitan France were organized into 22 regions. The regions are not self-governing; there is an advisory regional council, but public investments in the region are administered by a *préfet de région* who is also the *préfet* of the *département* where the region's administrative headquarters are located. See map on p. 47.

Sénat The upper house of the French parliament (whose lower house is called the *Assemblée Nationale*). The 283 *sénateurs* are indirectly elected for a period of nine years, but elections are staggered so that one-third of the membership is renewed every three years.

S.M.I.C. *Salaire Minimum Inter-Corporation*: the minimum hourly wage, as determined by the government. Popularly, «*un smicard*» refers to the lowest-paid blue-collar worker, and by extension to "the ordinary man."

Socialiste, parti France's present Socialist party (P.S.) was created only in 1971, but the tradition of French socialism predates Karl Marx. In 1905 two independent Socialist groups merged to form a new party affiliated with the (Second) Socialist International: *Section Française de l'Internationale Ouvrière* (S.F.I.O.). The S.F.I.O. was split when a majority of its militants joined the Communist International in 1920, giving birth to the *Parti Communiste Français* (P.C.F.). The S.F.I.O. Socialists remained the largest party on the Left until World War II. From 1945 on, however, the S.F.I.O. was consistently outpolled by the P.C.F. In 1971 the old S.F.I.O. and a number of smaller left-wing groups merged under the name of *Parti Socialiste* (P.S.). Led by François Mitterand, they are now gaining strength comparable to that of the P.C.F. The Socialist electorate is broadly based and comprises a wider and more balanced sample of the French population than that of any other party. It does, however, include a disproportionately large percentage of low-ranking civil servants, schoolteachers, and wine-growers from Southern France. Its support among blue-collar workers is limited to certain categories such as coal miners.

Sous-préfet   See *Préfet*

Syndicats   Union membership tends to be lower in France than in other Western European countries. Unionized wage earners belong for the most part to one of the five major unions (*syndicats*): the leftist *Confédération Générale du Travail* (C.G.T.), the largest of all unions; the C.G.T.–F.O. (Force Ouvrière), which split off from the C.G.T. in 1947; the *Confédération Démocratique du Travail* (C.F.D.T.) and the *Confédération Française des Travailleurs Chrétiens* (C.F.T.C.), both of which grew out of the same Christian labor movement; and the *Confédération Générale des Cadres* (C.G.C.). Employers, small businessmen, and farmers also have their own organizations, which are legally regarded as *syndicats*.

Territoires d'outre-mer (T.O.M.)   From her once extensive colonial empire, France retains seven overseas territories: the islands of St. Pierre and Miquelon near Canada; New Hebrides, Wallis and Futuna, New Caledonia, and French Polynesia in the Pacific; the Terres Australes et Antarctiques in Antarctica; and the territory of Afars and Issas in Africa. The last-named territory is scheduled to become independent in 1977. Another territory, the Comoro Islands in the Indian Ocean, became independent in 1975, but one of the islands voted to remain French and its status is currently under litigation.

U.D.R.   See Gaullistes

Vichy   The government of France during the German occupation of 1940–44, based in the well-known resort city of Vichy and headed by Marshal Philippe Pétain and the right-wing politician Pierre Laval. Under German pressure Laval was made virtual dictator in April 1942, but in November German forces occupied the whole country and the Vichy government's limited autonomy was for all practical purposes abolished. Although the Vichy government had been legally elected, its legitimacy was challenged by De Gaulle's foreign-based Free French government. After the liberation of France, Laval was tried and executed and Pétain was sentenced to death, but the sentence was commuted to life imprisonment.

Villes nouvelles   New satellite cities created to relieve the pressure of overpopulation in metropolitan areas. Five have been developed around Paris; four more are being developed near Lyons, Marseilles, Lille, and Rouen, respectively.

Vocabulaire

This vocabulary contains all words and expressions that appear in the text except articles and identical cognates. Irregular verbs are included as are feminine forms of adjectives and nouns.

Abbreviations

esp.	especially	p.p.	past participle
f.	feminine	p. part.	present participle
fig.	figurative	pl.	plural
impers.	impersonal	p.s.	passé simple
invar.	invariable	subj.	subjunctive

A

abattre to knock down
abolir to abolish
l'**abord** *m* access; **d'—** at first, in the first place, primarily
aborder to land, to approach
abriter to shelter
s'**abstenir** to abstain
accéder à to accede to, have access to
accentuer to stress, to increase
accompagner to accompany
accomplir to perform, to complete
l'**accord** *m* agreement; **être, se trouver d'—** to agree; **d'—!** OK!
accoster to accost, come up to

accrocher to hang up, to hook
l'**accroissement** *m* increase
accroître to increase, to enhance
l'**accueil** *m* reception, welcome
accueillir to greet, to welcome, to accept; **accueillant(e)** gracious
l'**achat** *m* purchase
acheminer to convey
acheter to buy
acquérir to acquire (**j'acquiers, nous acquérons;** *pp.* **acquis**)
l'**acte** *m* deed, act
l'**acteur (actrice)** actor, actress
l'**action** *f* action, deed, effect
l'**actionnaire** *m & f* shareholder
actuel (actuelle) current, present

l'addition *f* bill (in café or restaurant)

adoucir to soften, to alleviate

adresser to address, to direct, to aim; **s'— à** to apply to, to speak to

l'affaire *f* business, affair, concern; **l'— Dreyfus** the Dreyfus case; **les —s** business, trade

l'affiche *f* poster

afficher to post up, to display

affirmer to state, to claim

l'affluence *f* crowd, abundance

affluer to abound, to flock (to a place)

l'afflux *m* massive flow

affreux (affreuse) frightful, ghastly

affronter to face, to confront

afin que so that, in order that

l'agent *m* agent, representative, constable

agir to act; **s'— de** to be the matter; **il s'agit de** it is a matter of, it is imperative to; **de quoi s'agit-il?** what is the issue?

agréable pleasant

agresser to assault

aider to help

ailleurs elsewhere; **d'—** besides, furthermore

aimable kind, nice, amiable

aimer to love, to like; **— bien** to like

aîné(e) elder, eldest, senior

ainsi thus, in this fashion

l'air *m* tune

l'aise *f* ease; **à l'—** at ease

aisé(e) well off

ajouter to add; **— crédit à** to lend credence to

l'alcool *m* alcohol, spirits

l'alimentation *f* food, food section (in a store)

l'allée *f* aisle, alley, walk

allemand German

aller to go (**je vais, il va, nous allons;** *pp.* **allé**)

l'allocation *f* benefit, allowance

allumer to light up, to strike up

alors then, at that time, in that case; **— que** when, even though

l'âme *f* soul

améliorer to improve

amener to bring, to lead; **— à** to persuade

l'ami(e) friend

amical(e) friendly; **amicalement** in a friendly way

l'amitié *f* friendship

l'amour *m* love; **amoureux (amoureuse)** in love

l'an *m* year

ancien (ancienne) old, former, ancient

ancré(e) anchored, rooted

anémié(e) anemic, stifled

anglais English

l'angoisse *f* anguish, anxiety

l'animateur *m* social director, host (on a radio or television show)

l'animation culturelle *f* cultural stimulation, cultural community project

animer to activate, to enliven

l'année *f* year

annoncer to announce

annuel(le) yearly

l'antenne *f* antenna, aerial; **sur l'—** on the air

apercevoir to see, to catch sight of, to perceive (**j'aperçois, nous apercevons, ils aperçoivent;** *pp.* **aperçu**); **s'— de** to notice, to realize, to become aware of

l'aperçu *m* glimpse, outline, summary

apitoyer to cause (someone) to feel pity

apparaître to appear, to become evident

l'appartement *m* apartment

l'appel *m* appeal, call

appeler to call, to call to; **s'—** to be called, to be named

appliquer to apply; **appliqué** studious

apporter to bring, to supply

apprécier to appreciate, to appraise

apprendre to learn, to teach

approuver to approve

appuyer to support; **s'—** to lean

après after; **l'— guerre** *m* postwar period; **l'— midi** *m or f* afternoon

l'arbitrage *m* arbitration

l'arbre *m* tree

l'argent *m* money; **— de poche** pocket money, small change l'**argument** *f* point (in a discussion)

l'**armée** *f* army

armer to equip, to arm

arranger to arrange; **s'—** to get by, to manage

l'**arrêt** *m* stop, interruption

l'**arrêté** *m* (executive) order, decree

arrêter to stop, to arrest; **s'—** to come to a stop

l'**arrière** *m* back part, rear; **en arrière** behind, backward

arriéré(e) retarded, old fashioned

l'**arrivée** *f* arrival, finishing line

arriver to arrive, to happen

les **articles** *m* **de sport** sporting goods

l'**assassin** *m* murderer

asservir to enslave

l'**assesseur** *m* associate justice

assez enough, somewhat, fairly

l'**assiette** *f* food plate

assimiler to assimilate, to treat as similar

assister à to attend, to witness

l'**assurance** *f* insurance, self-confidence

assurer to insist, to assure

l'**astrakan** *m* lambskin fur (coat)

astreint(e) à compelled to

l'**atelier** *m* workshop

attacher to tie; **être attaché à** to be attached to

atteindre to reach

attenant(e) attached, appended, adjacent

attendre to wait, to expect; **s'— à** to expect, to anticipate

attentif (attentive) attentive, heedful

attirer to attract

l'**attribution** *f* conferring

au-delà de beyond

l'**audience** *f* hearing, court session

l'**auditeur (auditrice)** listener

augmenter to increase

aujourd'hui today

auprès de close to, at, by

aussi too, also, as; **— ... que** as ... as

aussitôt immediately; **— que** as soon as

autant as much, so much, as (so) many; **d'— que** especially since; **— que** as much as, as well as

l'**auteur** *m* author

l'**auto(mobile)** *f* car

autonome autonomous, self-governing

autoriser to permit, authorize

l'**autoroute** *f* expressway, superhighway

l'**autostoppeur (autostoppeuse)** hitchhiker; **faire de l'autostop** to hitchhike

autour (de) round, about

autre other; **nous autres** we, us, our people

autrefois formerly, in the past

l'**avance** *f* advance; **en —** early, ahead

avant before, earlier; **d'—** previous

avec with

avenant(e) comely, pleasing

l'**avenir** *m* future

l'**avion** *m* airplane

l'**avis** *m* opinion, advice, view

l'**avocat** *m* barrister, attorney

avoir to have; **en — à quelqu'un** to have some business with someone

l'**avortement** *m* abortion

avouer to confess

axé(e) sur focusing upon

B

le **baby-foot** table soccer

le **bac, le bachot** = le **baccalauréat**

la **baffe** (*argot*) slap

la **bagarre** fight, brawl

la **baguette** narrow stick of French bread

baigner to bathe

le **bain** bath; **la salle de —** bathroom

le **bal** dance, ball

le **banc** bench

la **bande** gang, strip; **— dessinée** comic strip

la **banlieue** suburb(s)

barbare barbaric

la **barre** rod

le **bas** lower part; **en —** (down) below

la **bataille** battle, fight

le **bateau** boat

le **bâtiment** building

bâtir to build

battre to beat; **se —** to fight

bavard(e) talkative

beau, belle beautiful, handsome; **avoir beau . . .** to do (something) in vain

beaucoup (de) much, many

ben = eh bien well . . .

bénéficier de to benefit from

le **besoin** need; **avoir besoin de** to need

bête stupid, foolish; **bêtement** foolishly

la **bêtise** stupidity; **faire des —s** to goof; **dire des —s** to talk nonsense

le **béton** concrete

bien well, adequately; **— des** many; **— que** although

le **bien** good; **les —** goods, property

le **bienfait** good deed

blanc, blanche white

le **blé** wheat

blesser to wound; la **blessure** wound

bloquer to block, to stymie

boire to drink

le **bois** wood

le **bolide** fast moving object

bon, bonne good; **bon à** good for

bon marché cheap

le **bonheur** happiness

borné(e) limited, narrow-minded

la **bouffe** (*argot*) grub

bouger to move

la **boulangerie** bakery

bouleverser to upset

le **boulot** (*argot*) work, job

le **bourg** market town

bourgeoisement in a bourgeois or middle class fashion

bousculer to knock over, to jostle

le **bout** extremity, end part; **au — de** at the end of, after

la **bouteille** bottle

la **boutique** small shop

boutonner to button (up)

le **box** the enclosure where the accused sits in a French courtroom

brader to discount, to sell short

le **bras** arm

brave brave, gallant; **un — homme** a decent man, good old so and so

bref, brève short; **bref** *adv* in short

la **brique** brick

brouiller to mix up, to confuse

le **bruit** noise

brusquement suddenly, curtly

brut(e) raw, gross, undiluted; **1500 francs —** a gross of 1500 francs; **alcool —** straight liquor

le **bûcheron** woodcutter

le **bureau** office, study, desk; **— de poste** post office; **le — de tabac:** see Cultural Index

le **burlesque** slapstick

le **but** aim, goal

la **buvette** small bar

C

ça = cela

la **cabine téléphonique** telephone booth

la **cacahuète** peanut

cacher to conceal; **se —** to hide

le **cadavre** the corpse

le **cadre** frame(work), surroundings, environment; **les —s** management personnel

le **café** café, coffee

le **cahier** copy book

le **caillou** pebble

la **caisse** box, cash box, cash register

le **caissier, (caissière)** cashier

le **calcul** arithmetic

la **calomnie** slander

le **calvaire** calvary

le, la **camarade** pal, friend

le **camion** truck

le **campagnard** countryman, rustic

la **campagne** countryside, campaign

le **canard** duck; (*fig.*) newspaper

la **cantine** cafeteria

capable competent; **— de** able to, capable of

le **car** bus

la **carcasse** hulk

le **carrefour** crossroads

la **carrière** career

la **carrosserie** chassis

la **carte** map, bill of fare

le **cas** case, affair

casser to break

catégorique blunt

la **cause** cause; **à — de** because of

causer to talk, to chat

la **ceinture** belt
célèbre famous
cent (one) hundred
cependant however, meanwhile;
— **que** while, although
le **cercle** circle, club
certain(e) certain, some, definite; **un** — some, one; **certains** some (of them)
certainement certainly
certes of course
cesser stop, cease
chacun(e) each, every one, each one, everybody
chahuter to cause a rumpus, to heckle
la **chaleur** heat, warmth
la **chambre** room
le **champ** field
le **chandail** sweater
changer d'avis to change one's mind
la **chanson** song
le **chant** song, hymn
le **chapeau** hat
chaque each, every
charger to load; — **de** to charge with, to entrust with
le **château** castle
chauffer to heat; **faire** — to heat up
chausser to shoe; **chaussé** shod; la **chaussée** surfaced road
le **chef** leader, head, chief; — **de service** bureau chief, division chief
le **chemin** way, road
la **chemise** shirt
cher (chère) dear, expensive
chercher fetch, look for; — **à** to try to
le **chercheur** researcher
chétif, chétive puny, weak
chez at (someone's place), among, with; — **soi** at home; — **eux** at their home, in their case
la **chicanerie** quibbling
le **chien** dog
choisir to choose
le **choix** choice; **de** — first rate
le **chômage** unemployment
chômer to be unemployed; **le chômeur** unemployed man
choquer to shock
choyer to pet, to coddle
le **ciel** sky, heaven

le **ciment** cement
le **cimetière** cemetery
le **cinéma** cinema, movie theater
la **circulation** traffic
circuler to move about, travel
citadin(e) of, relative to, the city; **le** — city dweller
la **cité** city
citer to quote, to cite, to subpoena
le **citoyen** citizen
clair(e) clear; **clairement** clearly
le, la **client(e)** customer, patron
le **cloître** cloister
clos(e) closed
cloué(e) nailed
le **coeur** heart; **sans** — heartless
cohabiter to live together with, to coexist
la **coiffe** bonnet
le **coin** corner
coincer to corner, to wedge
la **colère** anger
le **collège** secondary school high school
le **collégien (la collégienne)** student of a collège
le **colon** settler, colonist
la **colonne** column
combien how many, how much
le **comédien (la comédienne)** actor, actress
comme like, as, such as
commencer to begin
comment how
le **commerçant** shopkeeper, tradesman
le **commerce** trade, business
commettre to commit (a crime)
commode convenient
commun(e) commonplace
la **communauté** community
la **commune** township
la **compagnie** company, firm; **en** — **de** together with
le **compagnon, la compagne** companion, mate
complaisant accommodating, obliging
le, la **complice** accomplice
compliqué(e) complicated
le **comportement** behavior
comporter to comprise, to call for; **se** — behave
le **compotier** fruit dish
compréhensif, compréhensive understanding

comprendre to understand, to include (*pp.* **compris**); **y compris** including; **tout compris** (all) inclusive

le **compte** account; **régler son —** to settle accounts; **trouver son —** to find one's due, not be shortchanged

compter to count

concerner to concern, to affect; **concernant** concerning

concevoir to conceive (**je conçois, nous concevons, ils conçoivent;** *pp.* **conçu**)

le **concitoyen** fellow citizen

conclure to conclude (*pp.* **conclu**)

le **concours** competitive examination

la **concurrence** competition

condamner to condemn, to sentence

conduire to lead, to drive; **se —** to behave; **la conduite** behavior

la **confection** making (of an object)

confier to entrust, to confide

la **confiserie** confectionery, candy

le **conflit** conflict

le **confluent** confluence, intersection

confondre to merge, to mix up

le **congé** holiday, leave

la **connaissance** knowledge, acquaintance

connaître to know (*pp.* **connu**)

la **connerie** (*argot*) stupidity, blooper

conscient(e) conscious; **la conscience** consciousness

le **conseil** advice, council

la **conséquence** outcome, consequence; **en —** in accordance, accordingly

conserver to retain, to preserve

considérer to consider, to regard; **la considération** regard, esteem

la **consommation** consumption; **de —** consumer-oriented; le **consommateur** consumer

consommer to consume, to use up

constater to observe, to recognize

constituer to represent; **se — en** to organize as

la **construction** building, construction

construire to build

le **conte** tale, short story

conter to tell, to narrate; **le conteur** narrator, storyteller

la **contestation** challenge, questioning

continuer to go on, to continue

la **contrainte** compulsion, duress, constraint

le **contraire** opposite, contrary; **au —** on the contrary

contre against; **par —** by contrast

le **contribuable** taxpayer

convaincre to convince (*pp.* **convaincu**)

convenir to be suitable, to concur, to admit

le **copain,** (la **copine**) pal, buddy

le **corps** body; **— étranger** foreign body

le **costume** dress (of both sexes), man's suit

côte à côte side by side

le **côté** side; **sur le —** on the side; **à — de** next to, side by side with; **les à- —s** side effects, sidelights

la **coterie** clique

la **cotisation** membership dues

la **couche** stratum, layer

coucher lie down, sleep

la **couleur** color

le **couloir** passageway, hallway

le **coup** blow, shot; **donner un — de main** to lend a hand

coupable guilty

la **cour** court of law, courtyard

couramment regularly, commonly

courant(e) commonplace, everyday

le **courant** trend, current

la **courbature** stiffness, muscular ache

courir to run

le **cours** course; **— du soir** evening class; **au — de** during

les **courses** *f* errands

court(e) short

le **coût** cost; **coûteux (coûteuse)** costly

le **couteau** knife

coûter to cost

la **coutume** custom, habit

le **couvent** convent

le **crâne** skull

la **cravate** necktie

le **crayon** pencil
la **crèche** day care center
le **crédit** belief, credibility, credit
  créer to create
la **crème** cream
la **crêperie** pancake house
  crever (*argot*) to croak, to die
  crier to shout
la **crise** crisis
le **critère** criterion, yardstick
le **critique** critic; **la critique** crit-
  icism, reviews (of a book, play)
  croire à to believe (in) (*pp.* **cru**)
  croiser to cross, to run across
la **croissance** growth
la **croix** cross
la **cuisine** cooking, kitchen
la **culpabilité** guilt
  cultiver to farm, to till; **cultivé**
  cultivated, cultured
la **culture** crop, cultivation, culture
  cumuler to combine

D

la **dame** lady
  dans in, into
  débarquer to disembark, to land
  débarrasser to disencumber; **se**
  — de to get rid of
  déborder to overflow
le **débouché** (job) opening
  debout standing up, on one's
  feet; **ça ne tient pas —** it does
  not make sense
se **débrouiller** to manage, to fend
  for oneself
le **début** beginning; **débuter** to
  begin
  déceler to discover, to divulge
le **décor** stage set, scenery, setting
la **découverte** discovery
  découvrir to discover (*pp.* **découvert**); **se —** to take off one's
  hat
  décrire to describe
  déçu(e) disappointed
  défaire to undo
  défavorisé(e) underprivileged
  défendre to defend, to forbid
  définir to define
  dégoûter to disgust
  dehors outside; **en — de** outside of, except for
  déjà already

  déjeuner to lunch
  délaisser to forsake, to neglect
le **délassement** rest, relaxation
se **délecter de** to take delectation in
le **délit** criminal offence, misde-
  meanor
  demain tomorrow
  demander to ask, to ask for; **se —**
  to wonder
  déménager to move (one's
  household)
  demeurer to remain, to stay, to
  reside
la **démission** resignation
  démographique demographic
la **demoiselle** single woman, maid
  démolir to demolish
la **dent** tooth
la **dentelle** lace
  dénudé(e) bare, denuded
  dépasser to pass, to exceed
  dépayser to change one's usual
  surroundings
  dépendre de to depend upon
  dépenser to spend
  dépeuplé(e) emptied of its population
  dépit, en — de in spite of
  dépourvu devoid; **au —** off
  guard, unawares
  depuis since, for (time)
le **dérivé** derivative
  dernier, (dernière) last, latest
  déroutant(e) surprising, con-
  fusing
  dès from as early as; **— que** as
  soon as; **— lors** from then on,
  in that case
  descendre to go down, to get out
  of (vehicle)
la **descente** coming down, going
  down, downhill course
  déshérité(e) underprivileged
le **désir** wish, desire, aspiration
  désirer to wish (for)
  désormais henceforth, from now
  on
le **dessin** drawing; **— animé** animated cartoon film
  dessiner to draw, to design;
  bande dessinée comic strip
  dessous below; **en — de** under;
  ci- — below, hereinafter
  dessus above, on top; **au- — de**
  on top of, over
le **destin** destiny; **destiné(e) à**
  destined to

détendre to slacken; **se —** to relax

détenir to hold, to withhold

la **détente** relaxation

le **détour** deviation, detour

détriment, au — de at the expense of

détruire to destroy

devenir to become, to turn (into)

déverser to pour out

devoir must, to owe (**je dois, nous devons, ils doivent;** *pp.* **dû**)

le **devoir** duty, homework

dévolu(e) à assigned to

dévorer to devour

le **dieu** (les **dieux**) god(s); **Dieu** God

difficilement with difficulty

le, la **diplômé(e)** graduate

dire to say (**je dis, nous disons, vous dites;** *pp.* **dit**); **se —** to think to oneself

le **directeur** manager, director

les **dires** *m pl* sayings; **aux — de** according to

diriger to rule, to administer; **se — vers** to move in the direction of; **dirigeant(e)** directing, ruling; **les dirigeants** the rulers, the directors

le **discours** speech

discret (**discrète**) discreet, able to keep a secret

disparaître to disappear

dispenser to exempt

le **disque** record (phonograph)

distinguer to distinguish; **se — de** to be distinguished from

la **distraction** diversion, relaxation

divers(e) varied; **faits divers** minor news items

diviser to divide

dominer to tower over, to dominate

les **dommages** *m* damages

le **don** gift

donc then, consequently; **que faites-vous —?** whatever are you doing?

donner un coup de chapeau to salute, to raise one's hat

dont of which, whose

dormir to sleep (**je dors, nous dormons**)

la **douane** customs

doucement softly, gently, slowly

la **douceur** sweetness

le **doute** doubt

le **dramaturge** playwright

le **drap (de lit)** sheet

dresser to set up; **se —** to stand up, to rise

le **droit** law, right; **avoir — à** to have a right to, to be entitled to

drôle funny

dur(e) hard, harsh; **durement** harshly

durer to last; **durant** during, for

E

ébranler to shake

l'**ébullition** *f* boiling, boiling point

l'**échange** *m* exchange, swap

l'**échantillon** *m* sample

échapper à to escape; **s' — (de)** to escape (from), to break loose

l'**éclairage** *m* lighting; **éclairer** to light, to illuminate

éclatant(e) dazzling, striking

éclater to explode

écœurer to dishearten, to disgust; **écœurant(e)** sickening; **cet écœurant-là** (*Canad.*) that louse!

l'**école** *f* school

l'**économie** *f* economy, economics

économique economic, economical

écossais(e) Scotch

l'**écran** *m* screen

écraser to crush, to flatten out

l'**écrevisse** *f* crayfish

écrire to write (**j'écris; nous écrivons;** *pp.* **écrit**)

l'**écrivain** *m* (professional) writer

s'**écrouler** to collapse

édifier to build (an edifice)

l'**éditeur** *m* publisher

effaroucher to startle, to frighten

effectivement in fact, as a matter of fact

effectuer to execute, to carry out

l'**effet** *m* effect; **en —** as a matter of fact

l'**effusion** *f* shedding (of blood)

également also, equally

l'**égalitarisme** *m* equalitarianism

l'**égard** *m* consideration; **à l'— de** with regard to; **à cet —** in this respect

l'**église** *f* church

égoïste selfish, self-centered

élaborer to concoct

l'**élévation** *f* lifting

élever to raise, to bring up (children); **s'—** to rise (up); **élevé(e)** high, tall

élire to elect (**j'élis, nous élisons;** *pp.* **élu**); **les élus** *m* elected representatives

éloigner to remove to a distance; **s'—** to move off; **éloigné(e)** distant

emballer (*argot*) to pick up (a girl)

s'**embarquer** to get on board, to embark

embaucher to hire

émerveillé(e) amazed, enchanted

l'**émeute** *f* riot

emmener to take away, to lead away

émouvant(e) moving

émouvoir to move (emotionally) (*pp.* **ému**)

empêcher to prevent

les **emplettes** *f* purchases (from a shop)

l'**emploi** *m* employment

l'**employé(e)** *m & f* employee (*esp.* white-collar); **l'employeur** *m* employer

employer to employ

empocher to pocket

emprunter to borrow

enceinte pregnant

enclin(e) à inclined to

l'**encombrement** *m* traffic congestion

encore again, still

endimanché(e) dressed in one's Sunday best

l'**endroit** *m* place

l'**enfance** *f* childhood

l'**enfant** *m & f* child

enfermer to lock up, to enclose

enfin finally, at last, in short; **enfin!** at last! well!

enflammer to inflame; **s'—** to catch fire

enfoncé(e) deep set

s'**enfuir** to flee, to run away

engagé(e) committed (politically)

engager to hire; **s'—** to enlist, to volunteer

engueuler to bawl out, to abuse

enjoliver to beautify

enlever to take away, to remove

l'**ennui** *m* boredom; **les ennuis** trouble(s)

ennuyer to bore; **s'—** to be (get) bored

l'**enquête** *f* inquiry, investigation, survey

l'**enrichissement** *m* enrichment

l'**enseignant(e)** member of the teaching profession

l'**enseignement** *m* education, teaching (as a profession)

ensemble together; **l'—** *m* the whole; **un —** an aggregate, an ensemble; **les grands —s** clusters of high-rise apartment dwellings

ensuite after, afterwards, then

entasser to pile up

entendre to hear, to listen to, to understand; **s'—** to reach an understanding, to live in harmony

entier, entire whole; **tout —** whole, wholly

entonner to strike up (a song)

l'**entourage** *m* surroundings, entourage

entre between, among

s'**entremêler** to be intermingled

entreprenant(e) enterprising

l'**entreprise** *f* undertaking, business concern

entrer to go in(to), to enter

entretenir to nurture

envers toward, in regard to

l'**envie** *f* craving, envy; **avoir — de** to have a craving for, to want

environ around, about, approximately; **les — ** *m* surrounding area, neighborhood

envisager to consider

envoyer to send

l'**épicerie** *f* grocery store

l'**épigone** *m* descendant, follower

l'**époque** *f* time, time period, era

épouser to marry (someone), to espouse

épouvantable terrible

l'**époux (épouse)** spouse

éprouver to experience, to feel, to test

équilibrer to balance; **équilibré (e)** well balanced, emotionally stable

équiper de to equip with

l'**esclave** *m & f* slave

espagnol(e) Spanish

l'**espoir** *m* hope

l'**esprit** *m* spirit, wit

essayer to try, to try on; **s'— à** to try one's hand at

l'**essayiste** *m & f* essay writer

l'**essence** *f* gasoline

esseulé(e) solitary, lonely

l'**est** *m* east

l'**estime** *f* esteem

estimer to estimate, to be of the opinion (that)

établi(e) established

l'**établissement** *m* the firm, the premises

l'**étage** *m* story, floor (of a building)

l'**étape** *f* stage (of a journey)

l'**état** *m* state, condition

l'**été** *m* summer

étendu(e) extensive

étouffer to stifle, to suffocate

étrange strange

étranger, étrangère foreign; **l'— ** *m & f* foreigner; **à l'étranger** abroad

l'**être** *m* being; **le bien-—** well-being

étroit(e) narrow

l'**étude** *f* study

étudier to study; **l'étudiant(e)** student

l'**évasion** *f* escape

éveiller to awaken

l'**événement** *m* event, occurrence

éventuellement if needed, as needed

évidemment of course, obviously

éviter to avoid

exaltant(e) inspiring

l'**examen** *f* examination

examiner to inspect, to examine

excentrique peripheral, outlying

exécuter to execute, to perform; **s'—** to deliver (a promise), to comply

exercer (un métier, une activité) to practice (a trade, activity)

exigeant(e) demanding

l'**exigence** *f* demand; **exiger** to demand

exigu (-guë) small, confining

l'**exode** *m* exodus

l'**expérience** *f* experience, experiment

expliquer to explain; **s'— par** to be explained, accounted for, by . . .

exprimer to express

extérieur(e) external, peripheral; **l'—** *m* outside; **à l'— de** on the outside of

l'**extrémité** *f* extremity, far end

F

la **fabrique** factory

fabriquer to manufacture

la **façade** facade, front (of a house)

face à face face to face

fâcher to anger; **se —** to get angry

la **façon** fashion, way

le **facteur** factor

faible weak; **— d'esprit** feeble-minded

la **faillite** bankruptcy

la **faim** hunger; **avoir —** to be hungry

faire to do, to make (**je fais, nous faisons, vous faites, ils font;** *pp.* **fait**)

le **fait** fact; **en —** in fact; **tout à —** quite, completely; **hauts —s** great deeds

falloir *impers.,* used only in 3rd person: **il faut, il faudra, il a fallu**) one must . . . , it is necessary to . . .

la **famille** family; **familial(e)** of, relative to, the family

farouche fierce

fatigué(e) tired

le **faubourg** outskirts of a town

faut, il —: see **falloir**

la **faute** mistake; **— de** for lack of

le **fauteur (de troubles)** fomenter

faux (fausse) false, fake

favoriser to facilitate, to favor, to encourage

la **fée** fairy; **contes de —s** fairy tales

la **femme** woman, wife

la **fenêtre** window

la **fermeture** closing time, closing device
le **fermier** farmer
la **fessée** spanking; **donner la (une) — à** to spank
la **fête** feast, celebration
le **feu** fire
la **fiabilité** reliability; **fiable** reliable
fidèle faithful; **les —s** *m & f* the faithful, the fans
fier (fière) proud
se **fier à** to trust, to rely on
la **fierté** justified pride
le **filet** net
la **fille** girl, daughter, whore; **jeune —** girl, young woman
le **fils** son; **petit-fils** grandson
financier (financière) financial
finir par to end in, end by
se **fixer** to settle permanently
le **flipper** pinball machine
flou(e) blurred, hazy
la **fois** time, occasion; **une —** once; **quatre — par jour** four times a day; **à la —** at one and the same time
foncé(e) dark (color)
foncièrement fundamentally, basically
la **fonction** function, duty, office; **en — de** in view of, in terms of
le **fonctionnaire** official, civil servant
le **fonctionnement** functioning, operation
fonctionner to function, to operate
fonder to found
le **football** soccer
le **forage** drilling
la **force** strength; **à — de** by dint of
le **for intérieur (dans son for intérieur)** in one's heart of hearts
les **formalités** *f* formalities
la **forme** outward appearance, shape, form, formalism
formellement formally, expressly
fort(e) strong; *adv.* very, strongly
fou (folle) insane, extravagant
la **foule** crowd
fourmiller to swarm
le **foyer** hearth, family, social center

les **frais** *m* expense(s)
franc (franche) frank, free
frapper to strike, to stun
fredonner to hum
la **fréquentation** attendance
fréquenter to attend, to associate with
le **fric** *(argot)* money, "bread"
le **frigo** refrigerator
froid(e) cold
fuir to flee, to shun

G

gager to wager
gagner to win, to earn, to gain; to reach, to infiltrate
gai(e) merry, cheerful
le **garde** watchman, guard
garder to keep, to retain
le **gars** guy, chap
gâté(e) spoiled
la **gauche** left
se **gaver** to stuff oneself
géant(e) giant
gêner to embarrass, to bother
le **genou** knee; **à genoux** on one's knees
le **genre** kind, gender; **ce — de** that kind of
les **gens** *m* people
gentil (gentille) nice
le **geste** gesture
gifler to slap
glisser to glide, to slip
la **gloire** glory
le (la) **gosse** kid
le **goût** taste, preference
goûter to taste, to appreciate
gouverner to rule, to govern
la **grâce** grace; **de mauvaise —** with visible reluctance; **— à** thanks to
grand(e) big, large, great
grandir to grow up
gratuit(e) free of charge
grave serious
graver to engrave
grelotter to shiver
le **grenier** attic
la **grève** strike (labor)
grignoter to nibble (away)
grimper to climb
gros (grosse) big, stout, heavy

guère hardly, not very, not much, hardly any

la **guerre** war

le **guichet** window (of a bank, post office, box office)

le (la) **guichetier (guichetière)** clerk at a window

les **guillemets** *m* quotation marks

la **gymnastique** gymnastics, exercise

H

habiller to dress (someone); **s'—** to get dressed

l'**habitant** *m* dweller, resident

l'**habitation** *f* dwelling

habiter to dwell, to reside; to populate

l'**habitude** *f* habit, custom

habitué(e) used, accustomed

habituel(le) usual, customary

la ***haine** hatred; **haineux (haineuse)** hate-filled

*****haïr** to hate (**je hais, nous haïssons;** *pp.* **haï**)

les ***halles** *f* covered marketplace

le ***hameau** hamlet

*****happer** to grab, to catch

le ***hasard** chance, accident

la ***hâte** haste; **hâtif (hâtive)** hasty

*****haut(e)** high, loud; **en —** up (on top), upstairs; **du — de** from the height of; **le —** the top, the upper part

la ***hauteur** height, level

l'**hebdomadaire** *m* weekly paper or magazine

l'**hésitation** *f* hesitancy

l'**heure** *f* hour

heureux (heureuse) happy

l'**histoire** *f* story, history

l'**hiver** *m* winter

l'**homme** *m* man

la ***honte** shame; **faire —** to put to shame

*****hors (de)** out of; **— saison** out of season

hospitalier, hospitalière hospitable

la ***houle** swell (of waves, of a crowd)

---

* = h aspiré

humain(e) human; **l'—** *m* essence of humanity

humaniser to humanize

humide damp

I

ici here (*Canad.:* **icitte**)

l'**idée** *f* idea

l'**image** *f* picture, image

imagé(e) vivid, picturesque

l'**immatriculation** *f* registration (plate) of a car

l'**immédiat** *m, dans* **—** for the present, as a first priority

l'**immeuble** *m* building

immigré(e) immigrant

implanter to plant, to graft

impliquer to implicate, to imply, to involve

imposer to prescribe, to impose

l'**imposture** *f* deception, swindle

l'**impôt** *m* tax, taxation

l'**impotence** *f* infirmity

imprimer to impress, to (im)print, to impart

impuissant(e) powerless

inattendu(e) unexpected

inconnu(e) unknown

incontestable undeniable

l'**inconvénient** *m* drawback, disadvantage

incroyable incredible

l'**inculpé** *m* the accused, the defendant

indignement shockingly

indiquer to indicate, to point to, to point out

l'**industrie** *f* industry, industrial plant

l'**industriel** *m* factory owner

inégal(e) unequal; **l'inégalité** *f* inequality

infirmer to invalidate

l'**infirmier (infirmière)** nurse

l'**ingénieur** *m* engineer

innombrable countless

inquiet (inquiète) anxious; **inquiétant(e)** disturbing

l'**inquiétude** *f* anxiety, concern

s'inscrire to register; **— dans** to be inscribed in, to be a part of

installer to set up, to install; **s'—** to settle (down) l'instant *m* instant; **pour l'—** for the moment, at this point

l'instruction *f* education

instruire to educate

interdit(e) forbidden

intéresser to interest; **intéressant(e)** interesting

l'intérêt *m* interest

intérieur(e) inner; **intérieurement** inwardly

l'intérieur *m* inner part; **à l'— de** inside (of)

interroger to ask, to question, to poll, to quiz

interrompre to interrupt

intoxiqué(e) brainwashed

intraduisible untranslatable

l'intrigue *f* plot (of play, novel)

inutile useless

l'investissement *m* investment

irlandais(e) Irish

irremplaçable irreplaceable

isoler to isolate

issu(e) de born of, emanating from

l'itinéraire *m* itinerary, career

l'ivrogne *m & f* drunkard

J

le **jardin** garden

le **jardinier** (**jardinière**) gardener

jeter to cast, to throw; **— la pierre** to cast (the first) stone, to criticize; **les jeteurs de pierres** *m* stone throwers

le **jeu** game; **mettre en —** to bring into play, to set in action

jeune young; **les —** young people

la **jeunesse** youth

jouer to play

jouir de to enjoy

le **jour** day; **de tous les —s** everyday

le **journal** newspaper; **— télévisé** television news

la **journée** day, daytime

le **jugement** judgment, trial

juger to judge, to try, to believe

jumeau (**jumelle**) twin

la **jupe** skirt

le **juré** juror; **jurer** to swear

juridique legal, juridical

le **jus** juice

jusque, jusqu'à as far as, until, even; **jusqu'à ce que** until (+ clause)

juste right, to the point, well founded; *adv* rightly, precisely

K

le **kilo = le kilogramme** kilogram (2.2 pounds)

le **kilomètre** kilometer (.62137 mile)

L

là there; **—-bas** over there

laborieux (**laborieuse**) hard working

lâche cowardly; **un —** a coward

laid(e) ugly

laïque lay, secular

laisser to let, to leave, to lead

le **lait** milk

le **langage** speech, language

la **langue** language, tongue

le **lapin** rabbit

large broad, wide

la **lassitude** tedium

laver to wash

le **lecteur** (**la lectrice**) reader

léger (**légère**) light

la **légitimité** legitimacy

le **lendemain** next day

lent(e) slow

la **lettre** letter; **à la —** literally

lettré(e) lettered, well-educated

la **leucémie** leukemia

lever to lift, to raise; **se —** to rise

la **liaison** linkage, connection

se libérer to free oneself

la **librairie** bookstore

libre free; **le —-service** self-service store

lier to tie, to link

le **lieu** place, location; **au — de** instead of; **en premier —** in the first place; **donner — à** to give rise to; **les lieux** *pl.* site, location

la **ligne** line

lire to read (**je lis, nous lisons;** *pp.* **lu**)

le **lit** bed

le **livre** book
la **location** rental, rent
le **logement** housing, lodging
la **loi** law, act (of legislature), rule
 loin far
le **loisir** leisure, free time
 long (longue) long; **le — de** alongside; **au — de** during the whole course of (time)
 longuement at length
 louer to rent; to praise
 lourd(e) heavy; **lourdement** ponderously
le **loyer** rent, rental price
 luisant(e) shiny, glowing
la **lumière** light
la **lutte** struggle
le **luxe** luxury
le **lycéen, la lycéenne** student of a lycée[c]

M

le **magasin** store; **grand —** department store
 maigre thin, skinny
la **main** hand; **aux —s de** in the hands of
la **main d'œuvre** manpower, labor force
 maintenant now
 maintenir to uphold, to hold back
la **mairie** town hall
 mais but
la **maison** house, establishment; **à la —** at home
le **maître** master, teacher
 maîtriser to master
 majeur(e) major, of age (legal)
le **mal** evil, harm, ailment; **faire (du) —** to hurt, to harm; **avoir du — à faire quelque chose** to have difficulty in doing something; **les maux** *pl.* ailments
 mal *adv* badly, ill; **— à l'aise** ill at ease
le **malaise** discomfort, uneasiness
le **malentendu** misunderstanding
 malgré in spite of
le **malheur** misfortune
 malheureusement unfortunately
le **mandat** postal money order
 manger to eat
 manier to handle

la **manifestation** (*argot:* **la manif**) street demonstration
 manifester to exhibit, to take part in a demonstration
 manquer to miss (a target); **— de** to lack
le **manteau** coat
la **marchandise** goods, merchandise
la **marche** step (of stairs), act of walking
le **marché** market(place), deal; **— du travail** labor market; **les lois du —** rules of a market economy; **bon —** cheap, inexpensive
 marcher to walk; to work; **ça marche!** it works!
le **mari** husband
le **mariage** marriage, wedding
se **marier** to get married
la **marque** mark, brand
 marquer to mark, to leave a mark on
la **masse** mass; **mouvement de —** mass movement
le **matelas** mattress
la **maternelle** (i.e. **l'école —**) kindergarten
la **matière** material
le **matin** morning
 maudit(e) damned, blasted; **le maudit** (*Canad.*) that blasted fellow
 mauvais(e) bad, wrong, poor (quality, taste)
 mécontent(e) dissatisfied
le **médecin** physician
la **méfiance** suspicion
 méfiant(e) suspicious, distrustful
 meilleur(e) better; **le (la) meilleur(e)** the better (of 2), the best
le **mélange** mixture
 mêler, se — de to interfere with, to meddle in
 même same, self, very; *adv.* even; **ici-—** in this very place; **— pas** not even; **— si** even if
la **mémoire** memory
le **ménage** household, housekeeping; **faire des —s** to work as a housekeeper
 mener to lead (**je mène, nous menons**)
 mentir to lie (**je mens, nous mentons**)

le **mépris** scorn; **mépriser** to despise

la **merci** mercy; **tenir à sa —** to hold at one's mercy

mériter to deserve

merveilleux (merveilleuse) wonderful

les **messageries** *f* parcel delivery service

la **messe** mass (church)

la **mesure** measure; **à la — de** commensurate with; **à — que** as, in proportion as, even as

la **métamorphose** transformation

le **métier** trade, craft, skill

le **métrage** length; **un court —** film short; **un long —** full length film

le **métro** subway

le **metteur en scène** director (stage, film)

mettre to put, to set, to place **(je mets, nous mettons;** *pp.* **mis)**

le **meurtrier** murderer

(le) **midi** noon, south; **le Midi** the South of France

mieux *adv.* better; **le —** best

mièvre fragile, affected (style)

le **milieu** middle, milieu, environment; **les —x** *pl.* spheres, circles

militer to be (politically) active, to militate

un **millier** a thousand or so; **des —s** thousands

le **mineur** minor (age), miner

le **ministre** minister, secretary of state

la **mise en place** setting, installation

la **mise en scène** staging, direction (play, film)

la **misère** extreme poverty

la **mode** fashion (clothes)

modéré(e) moderate

le **modernisme** modernity

modeste modest, unpretentious, mediocre

les **mœurs** *f* mores, customs

moindre lesser; **le —** the slightest

moins less; **— de** less than; **le —** least; **au —** at least; **tout au —** at the very least

le **mois** month

la **moisson** harvest, harvesting

la **moitié** half; **à —** halfway

momentanément temporarily

le **monde** world, people; **du —** people, company; **tout le —** everybody

la **monnaie** change (of cash)

monter to go up, to walk up; **— et descendre** to walk up and down

la **montre** watch (clock)

montrer to show; **se — +** *adj.* to prove, to show oneself...

se **moquer de** to make fun of

le **morceau** piece

mort(e) dead; **les —s de 14-18** the dead of World War I

le **mot** word

mourir to die **(je meurs, nous mourons, ils meurent;** *pp.* **mort)**

se **mouvoir** to move, to stir

moyen (moyenne) average, medium

le(s) **moyen(s)** means

N

la **naissance** birth

naître to be born **(je nais, nous naissons;** *pp.* **né)**

le **navire** ship

navrant(e) sad, heartbreaking

né(e) born (see **naître**)

néanmoins nevertheless

le **néant** nothingness

nécessaire necessary

la **nécessité** need, necessity

le **nègre** negro

néo-rustique fake rustic (style)

nettoyer to clean

neuf (neuve) new

neutre neutral

nier to deny

n'importe quel(le) any

le **niveau** level

les **noces** *f* wedding

noir(e) black

le **nom** name; **au — de** in the name of

le **nombre** number

nombreux (nombreuse) numerous

nommer to name, to appoint; **se —** to be named, to be called

le **nord** north

notamment especially, among others

noter to observe, to note
nouer to tie (a knot); **— des connaissances** to make acquaintances
nouveau (nouvel, nouvelle) new
noyer to drown (someone); **se —** to drown (oneself), to get drowned

O

l'**obéissance** *f* obedience
l'**objet** *m* object
obligatoire compulsory
obtenir to obtain, to get, to secure
l'**occident** *m* West, western world
occupé(e) busy, employed, occupied
l'**œil** *m* (*pl.* **les yeux**) eye
l'**œuvre** *f* work (*esp.* creative work); **les bonnes —s** good works, charities
offenser to offend
offrir to offer
onéreux (onéreuse) costly
opiniâtre obstinate
opposer à to pitch against, to contrast with
l'**opprobre** *m* disgrace
or now, but, whereas
oralement orally
ordinaire ordinary, common, customary
l'**ordre** *m* order; **dans cet — d' idées** in this line of thinking
orphelin(e) orphaned
l'**orthographe** *f* spelling
oser to dare, to venture to
oublier to forget
l'**ouest** *m* west
outre beyond; **en —** besides, furthermore; **territoire d'—-mer** overseas territory
l'**ouverture** *f* opening, gap
l'**ouvrier (ouvrière)** worker (esp. blue collar); **la classe ouvrière** working class
ouvrir to open (*pp.* **ouvert**)

P

le **pain** bread
la **paix** peace

le **pantalon** trousers
la **papeterie** stationery (store)
le **papier** paper
par by, through; **—-ci —-là** here and there, this way and that way; **— ailleurs** in other respects
paraître to seem, to appear (**je parais, il paraît, nous paraissons;** *pp.* **paru**)
le **parc** park; **— à voitures** parking lot
parce que because
pardonner to forgive
le(s) **parent(s)** parent(s), relative(s)
la **parenté** kinship, kin group, relatives
parfois sometimes
parfumer to perfume
parlementaire parliamentary, congressional; **le(s) —(s)** member(s) of parliament, politicians
parler to speak, to talk
parmi among
la **parole** spoken word, speech; **prendre la —** to take the floor; **couper la — à** to interrupt; **la — est à M. X** Mr. X has the floor; **les —s** lyrics (of a song)
la **part** share, part; **d'une — ... d' autre —** on the one hand ... on the other hand; **à —** except for, aside (from), apart (from)
partager to share, to divide
particulièrement particularly
la **partie** part, game
partir to leave, to be off
partout everywhere
le **passé** past, time past
passer to pass, to spend (time); **se —** to occur, happen, take place; **qu'est-ce qui se passe?** What's going on?
se **passionner pour** to become passionate about; **un passionné de . . .** an enthusiast, a fan of . . .
la **pâtisserie** pastry, pastry shop
le **patron (la patronne)** boss, employer; **la —** *fig.*, lady of the house
le **patronat** the employers (as an interest group)
la **pause** break
pauvre poor; **la pauvreté** poverty

le **pavillon** small house
le **pays** country
le **paysage** landscape
paysan (paysanne) peasant
la **peau** skin
la **pêche** fishing
pêcher to fish; le **pêcheur** fisherman
la **peine** penalty, sorrow, difficulty; à — barely, hardly; **valoir la —** to be worth the trouble
pendant during
pénétrer to enter, to penetrate
pénible hard, unpleasant
la **pensée** thought
penser to think
le (la) **pensionnaire** boarder
la **perception** cashing (of a money order)
perdre to lose
le **père** father
périssable perishable
permanent(e) ceaseless, continuing
permettre to permit, to allow, to make possible
le **personnage** character, personality
le **personnel** staff, personnel
la **perte** loss
peser to weigh
petit(e) small, little; les —s the young (of an animal)
pétrifiant(e) petrifying, frightening
pétrolier (pétrolière) relative to oil; **navire —** oil tanker
(un) **peu** (a) little; **à — près** approximately
le **peuple** people; **le petit —** the common people
peuplé(e) populated
la **peur** fear; **avoir —** to be afraid
peut-être perhaps
le **pharmacien (la pharmacienne)** pharmacist
la **phrase** sentence
la **physique** physics
la **pièce** room, play (theatre)
le **pied** foot
le **pignon** gable
la **pilule** pill
la **piste** track
le **pivot** swivel; *fig.* key factor or person

la **place** space, place, room; position, job; public square; **mise en —** positioning, installing
la **plage** beach
plaindre to pity; **se —** to complain
plaire to please, to be agreeable (*pp.* **plu**) **ça me plaît** I like it; **plaisant(e)** pleasing, pleasant
le **plaisir** pleasure
le **plat** dish, plate, course (of a meal)
plein(e) full
pleurer to cry
la **pluie** rain
la **plupart** most, the greatest part
plus more; **le —** most; **ne ... —** no more; no longer; **non —** (not) either; **jamais —** never again; **de — en —** more and more; **en — de** in addition to
plusieurs several, many
plutôt rather
pluvieux (pluvieuse) rainy
le **poids** weight
une **poignée** a handful
le **point** point; **— de vue** point of view; **faire le —** to get oriented
la **pointe** point (of coastline); ball point pen
pointer to punch the time-clock
la **poire** pear
poli(e) polite
le **policier** policeman
la **politique** politics, policy
le **polo** knit shirt
la **pomme de terre** potato
la **pompe** pump
la **porte** door
porter to carry, to wear, to bear
le **porteur** carrier
poser to set down, to place, to ask (a question)
posséder to own; **le possesseur** owner
la **poste** post office
le **poste** job, position
poster to mail; **se —** to position oneself
la **poubelle** garbage can
la **poularde** fowl
la **poule** hen; **le poulet** chicken
pourquoi why
poursuivre to pursue, to go on, to chase

pourtant however, though, yet
pousser to push, to grow
pouvoir to be able, can (**je peux, nous pouvons, ils peuvent;** *pp.* **pu)**
le **pouvoir** power; *fig.* government, regime
pratique practical
la **pratique** practice; **en — in** practice, practically speaking
pratiquer to practice, to be familiar with
le **pré** meadow
préférer to prefer
le(s) **préjugé(s)** prejudice
premier (première) first
prendre to take (**je prends, nous prenons, ils prennent;** *pp.* **pris)**
près (de) near, close (to)
présenter to offer, to present
presque almost, nearly
la **presse** press; **avoir bonne —** to have a good press, a good image
se **presser** to hurry
la **pression** pressure
prêt(e) ready
prétendre to claim
la **prétention** pretentiousness, claim
prêter to lend; **se — à** to lend oneself to
la **preuve** evidence, proof
le **prévenu** the accused, the defendant
le **printemps** spring
la **prise de position** stand (on an issue)
privé(e) private
priver de to deprive of
privilégié(e) privileged
le **prix** price, prize, award
le **procès** trial, lawsuit
prochain(e) next
proche (de) near (to), neighboring
la **proclamation** declaration, manifesto
proclamer to proclaim, to announce
le **procureur** public prosecutor
produire to produce; le **produit** product
les **professions libérales** the professions
profiter to take advantage, benefit; to thrive
profond(e) deep; **profondément** deeply

le **programme** (school) curriculum
le **progrès** progress
la **progression** forward move
la **promenade** walk, stroll
promettre to promise
le **promoteur** promoter, originator (of an idea)
promotion, en — on special (sale)
le **propos** remark; **à — de** in connection with, concerning; **à ce —** in this connection, while we are on this subject . . .
propre clean; own; **— à** peculiar to, characteristic of
le **propriétaire** owner, military
proximité *f,* **à — de** in the vicinity of
le **public** audience, public
publicitaire *adj* advertising
la **publicité** advertising
publier to publish
puis then, afterward, next; **et —** and then, moreover
puisque since, as, seeing that
la **puissance** power, strength
puissant(e) powerful
punir to punish
pur(e) pure; **purement** purely
la **pureté** purity, clearness (of the sky)

Q

quand when
le **quart** quarter, one-fourth part
le **quartier** section of a town, quarter, ward
quel(le) what, which; **— que soit . . .** whatever (whichever, whoever) . . . may be
quelconque any (whatever); ordinary, commonplace
quelque some, any
quelquefois sometimes, occasionally
les **quenelles** *f* fishballs or meatballs
la **querelle** quarrel
la **question** question, issue; **il est — de** the issue is to . . . , there is some talk of; **pas —!** out of the question!
la **quête** search, quest
la **queue** the waiting line; **faire la —** to queue, to wait in line
la **quinzaine** approximately fifteen, fortnight

quitter to leave
quoi que (+ *subj*) what(ever) . . . may . . .
quoique although, though, albeit
le **quotidien** daily paper, daily routine

R

raconter to tell, to narrate
ragaillardir to reinvigorate
la **raison** reason, motive, justification; **avoir —** to be right, justified
rajeunir rejuvenate
ramasser to pick up; **car de ramassage (des enfants)** school bus
ramener to repatriate
rapide swift
le **rapport** report, relationship; **par — à** with respect to, compared to
rapporter to bring back, to fetch
raréfier to make scarce
rarement rarely, seldom
ras le bol (*argot*) up to here; **en avoir —** to be fed up
rater to miss; **un raté** a failure (person)
rattraper to catch up (with)
le **rayon** department (of a store)
le **réalisateur (d'un film)** film maker
réaliser to carry out (*Franglais:* to realize)
la **réalité** reality; **en —** actually
recenser to survey, to take a census of
le **récepteur** (receiving) set (radio or TV)
recevoir to receive, to get, to welcome (**je reçois, nous recevons, ils reçoivent;** *pp.* **reçu**)
la (les) **recherche(s)** research, search; **à la — de** in search of
le **récit** narrative, account
réclamer to demand, to claim, to complain
la **récolte** crop, harvest
la **récompense** reward
reconnaissant(e) grateful, thankful
recueillir to gather, to shelter
redevenir to become again

la **réduction** discount
réduire to reduce
réellement actually, in reality, truly
refaire to remake, to do over again
refermer to close back
réfléchir to reflect, to think, to ponder
refléter to reflect, to mirror
le **regard** look, glance, stare
regarder to look at, to watch
la **règle** rule
la **réglementation** regulating, regulation
régler to regulate, to settle (bill, account)
le **règne** reign; *fig.:* incumbency, administration
le **regroupement** regrouping, consolidation
(se) regrouper to regroup
rejoindre to rejoin, to join, to catch up
relié(e) à linked to
remarquer to observe, to notice, to remark
rembourser to reimburse
remplacer to replace
remplir to fill
remporter (la victoire) to win, to achieve
la **rencontre** encounter, meeting; **à la — de** in discovery of
rencontrer to meet, to run across
le **rendement** output, productivity
rendre to give back, to return, to render (justice)
renforcer to reinforce
renier to deny, to disclaim, to reject
le **renouveau** revival
le(s) **renseignement(s)** information, directions
renseigner to inform; **se —** to make inquiries
rentrer to go (come) home
renvoyer to send back, to throw back
le **repas** meal
le **répertoire** repertory
répéter to repeat
le **répit** respite, breathing spell
répondre to answer, to respond
la **réponse** answer, response
reposer to set down; **se —** to rest; **reposant(e)** restful

représentant representing; **le —** representative

la **représentation** performance (stage)

réprimer to repress, to suppress

reprocher (quelque chose à quelqu'un) to reproach (someone with something)

le **réquisitoire** public prosecutor's concluding speech

le **réseau** network

réservé(e) reserved

résoudre to solve, to resolve

la **responsabilité** responsibility, liability

le (la) **responsable** the person responsible for; the person in charge

ressentir to feel, to experience

ressortir to go (come) out again; to stand out

le **reste** remainder, rest

rester to stay, to remain, to be left

les **restrictions** *f* limitations, reservations

le **résultat** result, outcome; **proclamer les —s d'un concours** to announce the winners of a contest

le **retard** delay; **en —** late, delayed

retenir to retain, to remember

se **retirer** to withdraw

retomber to fall back, to fall down again

retourner to return, to go (come) back; to turn inside out

retransmettre to rebroadcast, to relay

retrouver to meet, to find (again), to rediscover; **se — d'accord** to find oneself in agreement

la **réunion** meeting, gathering

réunir to gather; **se —** to congregate

réussir to succeed; la **réussite** success

le **rêve** dream

se **révéler** to reveal oneself as

revenir to come back

le(s) **revenu(s)** income

rêver to dream

se **révolter** to revolt

rien nothing; **— que** merely, just

rire to laugh; **le —** laughter

risquer to take a chance

la **robe** woman's dress, gown

le **roman** novel; **le romancier** novelist

rond(e) round

rose rosy

rouge red

le **rouleau** roll, roller

rouler to drive (vehicle)

la **route** road

la **rue** street

S

le **sabot** wooden shoe

le **sachet** small bag

sage wise, good; **un enfant —** a good child

s'agir de: see **agir**

saignant(e) rare (of meat)

sain(e) healthy, wholesome

saisir to seize, to grasp

la **saison** season

le **salaire** wages, salary

le (la) **salarié(e)** wage earner

sale dirty

salir to soil, to get dirty

la **salle** hall, (large) room; **— de bain** bathroom; **— (de théâtre)** house

salut! hi! howdy!

le **samedi** Saturday

le **sang** blood; **en —** bloody, raw

sangloter to sob

sans without

la **santé** health

satané(e) devilish, confounded

satisfaire to satisfy

le **savant** scientist

savoir to know (**je sais, nous savons, ils savent;** *pp.* **su;** *p. part* **sachant**)

la **scène** stage, scene, family squabble

le **schéma** outline, blueprint

scolaire (of, relative to) school

le **score** score, tally

sécher un cours to skip a class

secouer to shake

séduire to captivate, to seduce

au sein de in the midst of

le **séjour** stay, residence; **permis de —** residence permit

selon according to; **— que** depending on whether . . .

la **semaine** week

semblable similar

semblant, faire — to pretend

sembler to seem, to appear

semer to sow (seed)

le **sens** sense, direction, meaning; **le bon —** common sense

le **sentiment** feeling, sensation

sentir to feel, to experience, to smell (of) **se — bien** to feel good

séparer to separate

les **séquelles** *f* sequels, aftermath

la **série** series, succession

la **serveuse** waitress

le **service** service, agency, division (in a bureaucracy); **chef de —** division chief; **15 ans de —** 15 years in the (armed) services

seul(e) lonely, single, alone; only

seulement only, except (for the fact) that

sévère stern, strict

si if, while, though

si *(adv.)* so, so much, such, as

le **siècle** century

le **siège** seat, headquarters

signaler to make conspicuous, to point out

signer to sign

la **signification** meaning, significance

signifier to mean, to signify

le **singe** monkey, ape

singulier singular, peculiar, odd

sinon if not, unless, or else

situer to place, to locate; **se —** to be located, to stand

sobre sober, temperate, unadorned

le **sociologue** sociologist

soi oneself, him(her)self, itself

soigner to nurse, to take care of; **langage soigné** polished forms of speech; **cuisine soignée** refined cuisine

le **soir** evening, nightfall, night

la **soirée** evening, evening party, night out

le **soleil** sun

solide robust

solliciter to invite, to stimulate

le **somme** nap

la **somme** sum, whole; **en —** in sum

le **sommeil** sleep

le **sommelier** wine-waiter, cellarman

le **sommet** summit, peak

le **sondage** sounding, public opinion survey

songer to think, to consider, to dream

la **sorte** kind, species; **de toutes —** of all kinds; **faire en — que** to see to it that

sortir to go out; **la sortie** coming out; going out, outing, night out; exit

le **sou** penny; **sans le —** penniless; **des —s** money; **trois —s** very little money; **de quatre —s** two-bit *(adj.)*

le **souci** concern, worry; **sans —** carefree

souffrir to suffer, to endure *(pp. souffert)*

le **souhait** wish; **souhaiter** to wish

soulever to lift (up), to raise (a problem)

soumettre to submit, to subdue *(pp. soumis)*

soupçonner to suspect

souple flexible, lithe (of body)

sourd(e) deaf

sourire to smile

sous under

souvent often

le **spectacle** show; **le monde du —** show business circles

les **subordonnés** *m* underlings, subordinates

la **subvention** subsidy

succéder à to succeed, to come after; **se —** to follow (one another) in succession

le **sud** south

suffire (à) to suffice, to be sufficient (for)

suivant following, according to

suivant(e) next, following

suivre to follow, to attend (a course) (**je suis, nous suivons;** *pp.* **suivi**)

superbe superb, haughty

supérieur(e) higher, upper-ranking, superior

supplémentaire additional

supporter to sustain, to endure, to withstand

supprimer to suppress, to cancel

surprenant(e) surprising

surtout above all, especially

susciter to arouse, to instigate

suspect(e) suspicious, fishy
sympathique pleasant, congenial
le **syndicat** labor union

T

le **tabac** tobacco
la **table** table; **une bonne —** a
  good restaurant
le **tableau** board, blackboard;
  table (chart); painting
le **tablier** apron
la **tâche** task
la **taille** size
se **taire** to be (keep) silent (**je
  me tais, nous nous taisons;** *pp.*
  tu)
  tandis que while, whereas
  tant de so much, so many
  tant que as much as, as long as
  taper, —à la machine to type
  tard late
le **tas** heap; **des — de** lots of
la **taverne** bar, tavern
  tel(le) such, like
la **télé = la télévision**
  tellement so (to such a degree)
le **témoignage** testimony
  témoigner to testify, to show;
  — de to testify to, to attest
le **témoin** witness
le **temps** time, weather; **au — de**
  in the days of; **de — en —**
  from time to time
  tenace stubborn (hard to get rid
  of)
  tenir to hold, to keep (**je tiens,
  nous tenons, ils tiennent;** *pp.*
  tenu); — à to value (**il y tient**),
  to be due to (**cela tient à . . .**)**;
  — de** to take after
la **tentation** temptation
la **tentative** attempt
  tenter to tempt, to attempt
  terminer to finish, to complete
la **terre** soil, earth, ground
  terrestre earth-bound
  terrible awful, dreadful
le **territoire** territory
la **tête** head
le **tiers** (one)-third (part); third
  party
  timide shy
  tirer to pull, to draw, to shoot
le **titre** title; **au même — que** at

the same level as, with as much
  justification as
le **toit** roof
le **tombeau** grave
  tomber to fall
le **ton** tone; **sur ce —** in this tone
  of voice
  tôt early
  toujours always, ever, still
le **tour** turn, spin
la **tour** tower
  tourmenter to torment
  tourner to turn, to mill around,
  to circumvent, to shoot (a film)
  tous see **tout(e)**
le **tout** the whole
  tout *adv.* quite, very; **— comme**
  just as; **— en jouant** while
  playing
  tout *invar.* all, everything; **en —
  pour —** all in all; **à — prendre**
  all things considered
  tout(e), tous, toutes *pl. adj.* any,
  every, all, whole
  traduire to translate, to express
le **train** train, pace, mood; **être en
  —** to be in a good mood;
  être en — de to be in the
  process of (doing)
le **trait** feature
le **trajet** journey, ride
  trancher to slice, to decide
  abruptly, to cut in bluntly
  tranquille quiet, still
  transiter to move (travel)
  through
le **travail** work, labor; **marché du
  —** job market; **groupe de —**
  working party; *pl.:* **les travaux**
  construction work, chores
  travailler to work, to labor
le **travailleur** working man; **les —s**
  workers, the working class
  travailleur (travailleuse) hard-
  working
  à travers, au — de through
  très very, (very) much
  tricher to cheat
  triste sad, deplorable, unsavory
  trop too, too much, too many;
  de — in excess, superfluous,
  unwelcome
le **trottoir** sidewalk; **faire le —** to
  be a streetwalker
  troubler to disturb
  trouver to find; **se —** to be

located; to find oneself (condition)
la **tunique** tunic
la **tutelle** guardianship; administrative control
le **tuteur** guardian; admin. supervisor
tutoyer to address someone as "**tu**" (showing lack of respect, or familiarity)
le **tuyau** pipe

U

s'**unifier** to become unified, amalgamated
uniforme solid, lacking in variety
s'**unir** to get united, to join forces
Untel, Monsieur — Mr. X, Mr. So-and-so
l'**urbaniste** m & f city planner
l'**usage** m use (of something), usage, custom
l'**usager** m user (of a public utility)
user to wear out, to wear down; **— de** to make use of
l'**usine** f factory, industrial plant
usité(e) in use
utiliser to use, to utilize

V

les **vacances** f holidays, vacation
la **vache** cow; (argot) stinker, policeman
vaillamment valiantly
vaincre to overcome, to conquer, to defeat (**je vaincs, il vainc, nous vainquons;** pp. **vaincu**)
le **vaisseau** vessel, ship
la **vaisselle** dishes, crockery, dishwashing
valable valid, sound
la **valeur** value, asset
valoir to be worth, to deserve (**je vaux, il vaut, nous valons, ils valent;** pp. **valu**); **il (ça) vaut mieux** it is better; **faire —** to point out; **ça lui a valu des ennuis** it brought him trouble
varié(e) diverse, varied
vécu: see **vivre**
la **veille** the day before, the eve
la **veine** luck

le **vélomoteur** moped
le **velours** velvet
le (la) **vendeur (vendeuse)** salesperson
vendre to sell
venir to come (**je viens, nous venons, ils viennent;** pp. **venu**)
le **vent** wind; **du —!** beat it!
la **vente** sale
le **ventre** belly, stomach
véritable real, genuine
véritablement truly
la **vérité** truth
vernir to varnish
le **verre** glass; **prendre un —** to have a drink
vers toward
la **veste** jacket
le **vestiaire** cloakroom
les **vêtements** m clothes
vêtir to clothe (pp. **vêtu**)
la **viande** meat
les **victuailles** victuals, food
vider to empty
la **vie** life; **à —** for life
vieux (vieille) old
vif (vive) alive, vivid, sharp; **sur le —** live, candid, from life
le **villageois(e)** villager, village dweller
la **ville** city
le **vin** wine
une **vingtaine** approximately twenty
vint p.s. of **venir**
la **virulence** aggressiveness
le **visage** face
viser to aim, to take aim
vite quickly
la **vitrine** store window
vivre to live (**je vis, nous vivons;** pp. **vécu**)
le **vœu** wish
la **voie** way, track
voir to see (**je vois, nous voyons;** pp. **vu**)
voisin(e) neighboring, next door
la **voiture** car, carriage
la **voix** voice, vote
voler to fly; to steal
les **volontaires** m volunteers
volontiers willingly, readily
vouloir to will, to want, to wish (for) (**je veux, nous voulons, ils veulent;** pp. **voulu**); **en — à quelqu'un** to have a grudge against someone
le **voyage** trip, journey

voyager to travel
vrai(e) real, true
vraiment really, indeed

W

wallon (wallonne) walloon
la **Wallonie** the French-speaking part of Belgium

X

l'**X** nickname of the École Polytechnique
xénophobe xenophobic

Y

y *adv.* there, here; **vous — êtes** you are there; of it, on it, at it; *pron.:* used with all verbs constructed with **à, chez, dans &** other prep. implying location; **je m'— attendais** I was expecting it; **j' — pense souvent** I often think of it; **ça — est!** it's over! that's it!
les **yeux** *m pl.* of **œil**

Z

zut! rats! darn it! fudge!

Le Soir. Texte de Jean Montardat extrait du journal "Le Soir" (Bruxelles) du 19 janvier 1973. (J)

Jacques Cellard: "L'Enseignement des langues et le monopole de l'anglais", from *L'Enseignement des langues et le monopole de l'anglais, une génération 《gallo-ricaine》?*, La Sélection du Monde hebdomadaire, 3–9 avril, 1975.

Robert Beauvais: "Parler un nouveau français", from *L'Hexagonal tel qu'on le parle,* © Librairie Hachette, 1970. (J)

"Les Enfants coincent la bulle", from *Réalités* no 351, avril, 1975.

Guy Leclerc: "La Grande Aventure du théâtre populaire". Extrait de *Les Grandes Aventures du théâtre* de Guy Leclerc aux Editeurs Français Réunis, Paris 1965. (J)

Robert Kanters: "Avignon, été '75", from *Avignon: On est loin d'un théâtre populaire, L'Express* 28 juillet — 3 aout 1975. (J)

Marcel Marceau: "Le Mime et la pantomime", from *L'Art de la Pantomime.*

Jacqueline Piatier: "Mystère, pétards et verrous", from *Goncourt: E. Ajar, Renaudot: J. Joubert,* Jacqueline Piatier, *Le Monde* du 18.11.75. (J)

Jean-Yves Richard: "Jacques Brel, l'homme et ses chansons", from *Brel: une île au large de l'espoir,* Editions France-Québec. (EJ)

Jean Clouzet: "Une chanson témoin: 'Jef' ", from *Jacques Brel* (Poètes d'aujourd'hui no. 119), copyright 1964 avec l'autorisation spéciale des Editions Pouchenel-Bruxelles. (BC)

"Le Cinéma et le public", from *Fiches d'identité du public d'après un rapport de l'IFOP,* Tendance, no. 74 (décembre 1971). (J)ₗ

Jean Collet: "Truffaut, critique et réalisateur", from *Le Cinéma en question,* Editions du Cerf. (BD)